«Todd Duncan es un gran mot[...] coherentes. *Ventas de alta conf[...]* Todd ha logrado a través de lo[...] gar más alto en sus negocios y sus vidas personales. Este libro debe estar en la biblioteca de cualquier profesional».

–BARBARA SANFILIPPO, CSP. CPAE
Autora de *Dream Big! What's the Best That Can Happen?*
Oradora/consultora

«*Ventas de alta confiabilidad* convierte un trabajo en una vocación. Si usted desea establecer un lugar permanente en esta industria y hacer una fortuna, debería llevarse un ejemplar de esta maravillosa guía de Todd Duncan para ganar clientes de por vida».

–DANIELLE KENNEDY
Autora de *Seven Figure Selling* y *Workingmoms.calm*
Entrenadora, consejera y consultora de ventas

«Una de las cosas que aprendimos cuando escribimos *Administrador al minuto* es que las personas pueden absorber mejor la información... y aplicarla a sus vidas... en bocadillos pequeños y digeribles. Todd ha hecho esto mismo en su nuevo libro... Creo que *Ventas de alta confiabilidad* se convertirá en un clásico de la literatura sobre los negocios y el crecimiento personal».

–KEN BLANCHARD
Autor de *El Manager al minuto*®

«Toda persona o compañía que se tome en serio el negocio de las ventas debe leer este libro».

–CARA HEIDEN
Vicepresidenta ejecutiva, Wells Fargo Home Mortgage

«En *Ventas de alta confiabilidad* veo una nueva voz fresca, comprometida con ayudar a las personas a conseguir el éxito y el equilibrio personal».

–ZIG ZIGLAR

«Todd Duncan es uno de esos raros individuos que ha sido capaz de medir su propio éxito más el de cientos de otras personas y traducirlo en un significativo compendio de estrategias y tácticas. *Ventas de alta confiabilidad*... está basado en la realidad, construido sobre la experiencia y repleto del tipo de consejos que ayudarán sin duda a las personas en su búsqueda del éxito».

–KEVIN SMALL
Presidente, Maximum Impact, Inc.

«Creo que el nuevo libro de Todd Duncan, *Ventas de alta confiabilidad*, es un modelo de claridad en el espectro de las ventas y su dirección. Todd describe con una transparencia exacta, cómo puede lograr un profesional de las ventas el éxito y el equilibrio personal, no con teorías ajenas a este mundo, sino con estrategias y herramientas efectivas del mundo real».

–BRIAN TRACY
Brian Tracy International
Autor de *The Power of Clarity*

«Todd ha compartido su inusual chispa y su determinación de triunfar con miles de profesionales de ventas en todo el país y ahora lo ha reunido todo en *Ventas de alta confiabilidad*. Una gran adición a la biblioteca de cualquier ejecutivo».

–TOM HOPKINS
Entrenador en ventas de renombre mundial

«Todd ha destilado más de dos décadas de experiencia y éxito en catorce leyes muy concisas, poderosas y prácticas que pueden hacerle triunfar más allá de sus sueños. Él se limita a presentar los medios... y las vidas particulares y financieras de las personas están siendo impactadas de una manera tremenda».

–JOHN MAXWELL
Autor de *Las 21 leyes irrefutables del liderazgo*

«Cuando haya hecho todo lo que pudo y no puede hacer nada más, su opción es cambiar usted mismo. Los principios bosquejados en Ventas de alta confiabilidad *pueden equiparlo para llegar a ser una persona diferente. Lo que usted desea llegar a ser, puede comenzarlo hoy».*

Karen Ford
Directora internacional independiente de ventas

VENTAS
DE ALTA
CONFIABILIDAD

VENTAS
DE ALTA
CONFIABILIDAD

TODD DUNCAN

GRUPO NELSON
Una división de Thomas Nelson Publishers
Desde 1798

NASHVILLE   DALLAS   MÉXICO DF.   RÍO DE JANEIRO   BEIJING

Caribe-Betania Editores es un sello de Editorial Caribe, Inc.

© 2005 Editorial Caribe, Inc.
Una subsidiaria de Thomas Nelson, Inc.
Nashville, TN, E.U.A.
www.caribebetania.com

Título en inglés:
High Trust Selling: Make more money, in less time, with less stress
© 2002 por Todd M. Duncan
Publicado por Thomas Nelson Publishers, Inc.
Una division de Thomas Nelson, Inc.

ISBN: 0-88113-848-7
ISBN: 978-0-88113-848-1

Traducción: *Rolando Cartaya*

Diseño interior: *Grupo Nivel Uno, Inc.*

Impreso en E.U.A.
Printed in the U.S.A.

3ª Impresión, 10/2007

Para Sheryl, mi esposa

Que tu vida sea llena de salud y esperanza. Que tu fe y valor te levanten más alto que tus desafíos y que el gozo y la paz que hay al confiar en Dios viva en tu corazón para siempre.

Contenido

Prólogo

Por John Maxwell

E l deseo de Todd Duncan de ayudar a las personas a descubrir su propósito y desarrollar el potencial que Dios les dio es aparente en todo lo que hace y su último libro no es la excepción. En los últimos años Todd se ha convertido en un amigo maravilloso. Hemos pasado muchas horas compartiendo nuestras esperanzas para nuestras familias, nuestra visión para nuestras compañías y nuestras metas en la vida. Es obvio para mí que Todd es un gran líder y a medida que usted lea las páginas de este libro sé que también sacará provecho de sus conocimientos como líder.

Ventas de alta confiabilidad no es sólo una reflexión sobre quién es Todd: es un claro retrato de quién desea él que usted, el lector, llegue a ser. Las palabras de Todd, le equiparán con las herramientas necesarias para convertirse en un gran líder en el campo de las ventas. Pero más que eso, también le motivará a optimizar su potencial en la vida. Este libro puede llevarle al próximo nivel y creo que se convertirá en una de las obras medulares para su negocio, así como para la industria de las ventas. Independientemente de su posición actual en ese mundo, *Ventas de alta confiabilidad* es un libro que debe ser leído. Pero le insto a hacer más que leerlo. Comprométase a vivirlo.

JOHN C. MAXWELL
Autor de los éxitos de librería del New York Times
Las 21 leyes irrefutables del liderazgo, El lado positivo del fracaso, Las 17 leyes incuestionables del trabajo en equipo

Introducción

E xisten millones de profesionales de las ventas en la comunidad económica mundial. Y todos ellos, de una u otra manera, se esfuerzan por triunfar. Sé, por mis propios estudios y veintitrés años de observación, que un porcentaje significativo de estos hombres y mujeres fracasarán. A pesar de sus esfuerzos, no serán capaces de hacer suficiente dinero para mantener a sus familias. Se sentirán frustrados, agotados y al final renunciarán a la industria de las ventas. Quizás usted esté luchando con estos problemas ahora.

Pero hay una respuesta al dilema y usted la encontrará en una singular combinación de tres palabras comunes: ventas altamente confiables. ¿Qué significa esto?

Si compró un ejemplar de este libro, entonces es claro que le interesa convertirse en un vendedor más eficaz. Pero tengo mejores noticias para usted: si aplica cuidadosamente los conceptos de ventas confiables y las catorce «leyes» descritas en este libro que gobiernan el éxito en las ventas, su negocio no sólo mejorará: de hecho *explotará*. Puedo decir esto con un grado alto de certidumbre por que no sólo he implementado con gran éxito un método confiable para vender en mi propia carrera, sino que también lo he visto funcionar en las vidas de miles de personas a quienes se lo he enseñado.

Considere a uno de mis clientes, Steven Marshall. Hace una década, Steven ni siquiera podía distinguir la medida del éxito en las ventas. Este año él *es* la medida del verdadero éxito en la profesión de vendedor. Hace diez años, Steven estaba sentado entre el público de uno de mis eventos, con la simple esperanza de atrapar algunas migajas de sabiduría. Este año está en el escenario conmigo, compartiendo su historia y las lecciones que ha aprendido con otros profesionales de las ventas. Hace una década, Steven tenía sólo veintiún años, pero era ambicioso. Este año, cumplió treinta y uno. Y todavía es ambicioso. Después de todo aún le queda mucha vida por vivir. Y la verdad es que debido a que sigue los principios que se le presentan a usted en este libro, su negocio y su vida continuarán siendo más abundantes que lo que la mayoría de los vendedores podría imaginar. Pero por fortuna, no más abundante de lo que *usted* puede imaginar ahora.

Cuando Steven conoció los principios de las ventas confiables tenía veintiún años y sus ingresos estaban por debajo del nivel de pobreza. Él era un vendedor que trataba de triunfar en el despiadado mundo de las ventas sin otra cosa que su ambición y un instinto natural para la persuasión, pero no lo estaba logrando. Estaba muy endeudado y en el informe de sus impuestos del año anterior se reportaban ingresos por valor de unos 10.000 dólares.

Pero a medida que comenzó a sumergirse en las verdades de las ventas confiables y a aplicar las leyes a sus esfuerzos como vendedor, algo inesperado empezó a suceder. La gente comenzó a escucharlo más atentamente. Las ventas se hacían de manera más natural y eran más frecuentes. El éxito en su negocio dejó de ser una esperanza: se había vuelto alcanzable y no sólo desde el punto de vista monetario. Sus ingresos se duplicaron, luego se triplicaron, se cuadruplicaron y continuaron aumentando. Pero más que eso, comenzó a surgir una vida que él nunca creyó posible. Más dinero, pero con él, más tiempo libre. Un mayor éxito, pero con él, una mayor significación. Su triunfo en las ventas comenzó a permitirle el tipo de vida con el que sólo había podido soñar.

Como pudo descubrir Steven, las ventas se logran cuando existe confianza. Pero en la profesión de vendedor el éxito sostenido requiere más que ser una persona confiable, aunque sin duda es por ahí por donde se empieza. El éxito a largo plazo como vendedor se consigue cuando existe una gran confianza, cuando usted es un vendedor altamente confiable que administra un negocio de ventas confiable y cuando para sus clientes está claro que usted es una persona íntegra que no sólo hace lo que dice, sino que también posee los medios para cumplirlo. Una cosa es ser una persona confiable con un negocio de ventas; otra es ser un vendedor confiable con un negocio confiable.

Una persona confiable hará todo lo que esté a su alcance para cumplir lo que ha prometido y eso es muy importante. Pero si una persona confiable no es también un vendedor eficiente a cargo de un negocio de ventas eficiente, la confianza que inspira no pasará de ahí.

Podrá anotarse una o dos transacciones, pero raramente su éxito durará mucho más que eso. Se necesita inspirar una gran confianza para llegar a la cima, bien sea que usted venda automóviles o copiadoras, sombreros o préstamos hipotecarios, calzado o servicios financieros. Y esa gran confianza se diseña, no ocurre accidentalmente. Se gana y se preserva, nunca se obtiene mediante artimañas.

A contrapelo de lo que usted haya leído o le hayan enseñado acerca de esto en su carrera de vendedor, se necesita más que insistencia y halagos para llegar a ser grande en esta profesión. Si *es* un vendedor confiable que administra un negocio de ventas respetable y confiable, *usted triunfará* en la profesión de vendedor... en menos tiempo de lo que cree y con mucho menos estrés del que acostumbra. Más que eso, con una gran confianza de su parte usted escalará a la cima de su industria y se quedará allí.

No fue accidental que Steven Marshall asistiera a mi seminario en 1992 como un vendedor en crisis. Ni es un accidente que usted esté leyendo este libro ahora, en este punto de su carrera de vendedor. Para Steven, mi seminario fue más que un llamado de alerta: fue el medio para empezar una nueva vida. Para usted los principios que encierra este libro pueden ser el medio para realizar *sus* sueños, su oportunidad para cambiar las cosas, para llevar sus ventas a niveles más y más elevados y para disfrutar de la vida que hasta hoy sólo pudo soñar.

Lo que Steven aprendió en 1992 y continúa aplicando en su negocio de ventas hasta hoy es la misma verdad que usted leerá en este libro. Desde 1992, él ha aplicado simplemente a su enfoque de ventas las leyes del vender inspirando una confianza profunda y ha cosechado las recompensas. En este libro se plasman las historias de decenas de vendedores como usted, que aplicando los principios del vender inspirando confianza han recibido de sus empleos y de la vida mucho más de lo que creían posible.

Cuando hablo en algún evento, suelo contemplar con entusiasmo las caras en la multitud y me pregunto: *¿Quién será el próximo Steven Marshall?* Es la misma pregunta que me hago ahora al compartir con usted estas verdades del arte de vender, porque si aplica lo que está a punto de leer, su negocio de ventas cambiará para siempre. Y más que eso, su vida también cambiará. Esa es mi mayor esperanza para usted al comenzar y pido a Dios que sea también la suya.

SECCIÓN I

**ECHE LOS CIMIENTOS PARA CONVERTIRSE
EN UN VENDEDOR ALTAMENTE CONFIABLE**

La ley del iceberg

La verdadera medida de su éxito
es invisible para sus clientes.

¿Dónde se encuentra en su carrera como vendedor? ¿Es usted un veterano de veintiún años con unas pocas historias de éxito... y sin embargo rara vez se siente satisfecho con su trabajo? Quizás ha estado saltando de una plaza de vendedor a otra, con la esperanza en cada ocasión de que las cosas mejoren... pero no mejoran. Quizás apenas ha comenzado su carrera de ventas y desea saber cómo echar buenos cimientos para su éxito futuro... pero no sabe por dónde empezar. Quizás sólo está considerando un trabajo como profesional de las ventas y quiere saber qué le hará falta para triunfar. O tal vez está simplemente hastiado de un éxito mediocre y listo para un año de victorias. Después de todo, cada profesional de las ventas desea ganar más, en menos tiempo y con menos estrés ¿verdad?

No importa qué descripción se ajuste mejor ahora a su carrera de vendedor, nunca es demasiado temprano ni demasiado tarde para llevar a nuevas alturas su éxito y su satisfacción. Y todo comienza siguiendo la ley del iceberg, algo que Steven Marshall cumplió desde el principio de su vida profesional.

En enero del 2000 recibí una carta de Steven y sus palabras revelaban la importancia de seguir la ley del iceberg.

Todd:

He estado escuchando las nuevas cintas sobre maestría y sentí la necesidad de enviarte una nota de agradecimiento por el impacto increíble que tú y tus enseñanzas han tenido en mi vida personal.

Obviamente el crecimiento financiero es la medida más tangible del éxito, pero he aprendido que no es, ni mucho menos, la más importante.

Cuando asistí por primera vez a un seminario tuyo en 1992, mis ingresos daban vergüenza. Mi declaración de impuestos reportaba un ingreso neto de aproximadamente 10.000 dólares, inferior al de un empleado a jornada completa de McDonald's. Hoy en día ingreso cerca de 800.000 dólares anuales y tengo más de 1.2 millones en efectivo y acciones. Me emociona pensar que pude pasar en sólo unos años de cargar una pesada deuda a contar un patrimonio personal de más de 2 millones de dólares.

Para mí, sin embargo, la independencia financiera es sólo una pequeña parte del éxito. Su verdadera medida es ser un padre y esposo amante, mantenerse en buena forma física, sentirse feliz y emocionalmente rico y estar siempre creciendo y aprendiendo. Estas son las cosas más importantes.

Teniéndote como mi mentor, consejero y modelo, he desafiado las probabilidades y establecido nuevas normas para mi carrera y mi vida. De hecho, ahora parece bien equilibrada y poseo una visión clara para el futuro. Gracias a ti siento que tengo conmigo todos los recursos para vivir a plenitud y hacer realidad cada uno de mis sueños. Con el impulso que he logrado, el límite es el cielo.

Gracias,

Steven

Si todo profesional de las ventas siguiera la ley del iceberg como lo hizo y aún lo hace Steven Marshall, en la industria habría indudablemente menos estrés, menos frustración, menos incongruencia y menos insatisfacción, como también más motivación, más confianza, más dinero y mayor realización. Se lo garantizo. En realidad, bien sea usted un ejecutivo, administrador, representante o asistente de ventas, entender y aplicar la ley del iceberg en su carrera de vendedor es *fundamental* para mejorar tanto sus finanzas como su realización. Resulta crucial si su aspiración va más allá de meramente ganarse la vida, si su meta es vivirla lo mejor posible.

Para vender con alta confiabilidad todos debemos comenzar con lo que empezó Steve: asegurando su medida legítima del éxito. Y es que en las ventas las motivaciones lo son todo. Ellas dictan su ánimo, su mentalidad y los pasos que da mientras sirve a un cliente. Y en lo que respecta a establecer relaciones leales y lucrativas, las motivaciones le salvarán o le hundirán. La ley del iceberg prescribe que la verdadera medida de su éxito es invisible para sus clientes puesto que la mayor parte del verdadero éxito de un vendedor ocurre en su interior, no en su exterior. Su realización personal, y no sus finanzas, debe ser la que determine si usted está consiguiendo un verdadero éxito. «La independencia financiera», como escribía Steven en su carta, «es sólo una pequeña parte del éxito».

Digámoslo de esta manera: para que usted llegue a ser un *vendedor* verdaderamente satisfecho y exitoso, debe ser antes una *persona* satisfecha y exitosa.

Piense en sí mismo como un iceberg flotando en una masa de agua. Imagine que la parte del iceberg que se encuentra bajo la superficie representa lo que está en su interior: sus valores, sus deseos más profundos, su misión y su propósito en la vida; mientras que la parte sobre la superficie representa lo que está en su exterior: su puesto de vendedor, sus ganancias, los elogios que le hacen y sus posesiones. Ahora bien, si alguna vez ha leído sobre los icebergs, sabrá que sólo vemos una pequeña parte de su masa sobre la superficie. De hecho, los expertos estiman que como promedio sólo el diez por ciento de toda la masa de un iceberg se muestra visible sobre el nivel del agua. Eso quiere decir que el noventa por ciento se encuentra bajo la superficie y es invisible para quienes nos situamos por encima de ella. En otras palabras, lo que usted ve sobre la superficie del agua no es una representación exacta de esa peculiar masa de hielo, es sólo su extremo visible. Lo mismo sucede con el éxito en el campo de las ventas. Lo que se ve por fuera de su carrera de vendedor no representa exactamente cuán exitoso sea usted.

Imagine ahora qué sucedería si pudiéramos rebanar del iceberg toda la parte que se halla bajo el agua. ¿Qué le sucedería sin ese fundamento? Si se trata de un iceberg denso y sustancial, comenzará a hundirse hasta que se haya sumergido una porción lo bastante grande para recuperar su equilibrio. Puede ser que se mantenga erguido, pero la proverbial punta sería mucho más pequeña que antes. Y la masa de hielo, mucho menos estable y más susceptible de ser desplazada por las mareas. Si se privara de su base a un iceberg frágil y quebradizo, probablemente la punta que aparecería sobre la superficie se desmoronaría. Y sin un fundamento sólido, se convertiría en esclavo de las altas y bajas mareas. En realidad, sin un cimiento sólido, el pequeño iceberg pronto dejaría de ser tal.

De manera similar, sin una base sólida bajo la superficie de su carrera, su éxito externo como profesional de las ventas no será nunca estable ni consistente, incluso si usted lleva tiempo en la industria. Más aun, siempre tendrá dificultades para establecer confianza con sus clientes, debido a que usted mismo no es una persona confiable

> **La mayoría de las personas pueden discernir entre un vendedor a quien sólo le interesa hacer dinero y otro a quien le interesa hacer una diferencia por ellos.**

ni sus motivaciones limpias. Y la mayoría de las personas pueden discernir entre un vendedor a quien sólo le interesa hacer dinero y otro a quien le interesa hacer una diferencia por ellos. Mientras más trate de edificar su carrera de vendedor sin un fundamento adecuado, mayor será la probabilidad de que esta se derrumbe. Observe que el verdadero éxito en materia de ventas no comienza con lo externo: a quién persuadió la semana pasada, cuál fue el monto de sus ventas en el último mes, cuánto ganó el año pasado o cuánto podrá comprar este año. Como en un iceberg, lo que se encuentra sobre la superficie no es confiable. El éxito duradero se construye con la materia interior: quién es usted, en quién se quiere convertir, por qué vende y qué legado espera dejar.

EL MAYOR INHIBIDOR DEL ÉXITO EN LAS VENTAS

Hay que admitirlo, muchas personas se inician en las ventas principalmente porque anhelan un éxito externo, ganar mucho dinero, tener un carro mejor, una casa más grande. Es así como se promueve la mayoría de los puestos de vendedor ¿Cierto? «Venga y trabaje con nosotros y se hará rico», suele ser la forma más común en que le proponen este tipo de trabajo. *Un lindo salario básico con gran potencial para ganar mucho dinero. Ah y hasta le regalaremos unos cuantos miles de opciones de acciones que podrían reportarle millones... cuando la compañía se haga pública.* Seguramente usted ha escuchado este mensaje antes.

Bueno, no me interprete mal. No estoy diciendo que sea malo que un profesional de las ventas quiera ganar más dinero y tener mejores bienes de consumo ¿a quién no le gusta eso? De hecho, el crecimiento material representa una justa recompensa por ser bueno en lo que uno hace. Pero cuando usted trata de construir un negocio exitoso basándose solamente en tales atributos de la punta del iceberg, es probable que su carrera corra una suerte similar a la del iceberg rebanado. Oscilará, naufragará y al final se hundirá o acabará de cabeza.

Durante veinte años he estado entrevistando, entrenando y tutelando a vendedores profesionales y he encontrado que el factor que más se interpone entre un vendedor y el éxito es la *ausencia de propósito*. La mayoría nunca ha podido determinar el porqué de sus carreras. En otras palabras, un alto porcentaje de vendedores insatisfechos llegan a estarlo debido a que sus empleos no están alineados con un mayor sentido de propósito. Y esto se trasluce en sus métodos para hacer negocios, en sus relaciones con los clientes y hasta en sus rostros. El problema es que están tratando de construir sus carreras basándose en lo externo. Están buscando satisfacción interior en cosas exteriores. Pero eso está al revés. Y si bien el anhelo de dinero y bienes materiales (o cualquier otra cosa inferior a un propósito) puede mantener a alguien motivado al principio, cuando empieza a extenderse el tiempo entre una venta y otra, raramente basta para mantenerle a uno a flote.

Seamos francos. Los vendedores profesionales son notorios por el fervor con que trabajan al principio. Nos entusiasma la arrancada y somos gente motivada y ambiciosa. Pero si empieza a desgastarnos el tiempo y las ventas a dificultarse, se vuelve cada vez más difícil mantener la esperanza y el entusiasmo por lo que estamos haciendo. Y al fin y al cabo, probar a hacer algo nuevo nos parece mucho más atractivo que quedarnos donde estamos. El problema con este escenario es que en la profesión de vendedor «algo nuevo» suele significar mantenerse en la vieja plaza, sólo que vendiendo un producto nuevo. Y así el ciclo recomienza. Entusiasmo. Motivación. Ambición. Tal vez una venta aquí y otra allá para mantener viva la esperanza. Pero nada perdura. Con el tiempo, nuestro interés disminuye y es de nuevo hora de irse a hacer otra cosa.

¿Le suena familiar? Prácticamente todo vendedor profesional ha dado una o dos vueltas a este circuito.

Pero si usted ya pasó por eso, como la mayoría de nosotros y desea asegurarse de no regresar, estoy aquí para decirle que hay un remedio para evitar ese círculo vicioso. Se llama «poder para tirar de sí mismo» y es la esencia de la ley del iceberg.

EL PODER PARA TIRAR DE SÍ MISMO

Si nunca se ha tomado el tiempo para determinar el propósito más profundo de su profesión de vendedor, su camino hacia las ventas de alta confiabilidad debe empezar ahí, debajo de la superficie, en su interior, antes de que pueda sentirse verdaderamente satisfecho y triunfante externamente. Pero una vez que identifica su propósito en relación con el éxito y su carrera de vendedor y comienza a alinear dicho propósito con sus metas y actividades, usted genera lo que llamaremos *poder para tirar de sí mismo*, la mayor fuerza motivadora para el trabajo que realiza un vendedor.

> **Para llegar a ser un vendedor exitoso y altamente confiable
> usted debe averiguar primero *por qué* quiere serlo.**

El poder para tirar de sí mismo es la antítesis del poder de la voluntad, el cual es pura energía autogenerada que produce logros a corto plazo, pero que raramente soporta un éxito a largo plazo. Para explotar este poder en su carrera usted debe conocer *por qué* se dedica a lo que hace. Una vez establecido, su respuesta se convierte en la fuerza que literalmente le motiva o tira de usted, en buenos o malos tiempos, cuando las ventas están al rojo vivo y cuando no se vende nada. El poder para tirar de sí mismo es su responsabilidad interior, un recordatorio constante, que clama desde su corazón, de la razón profunda por la que está vendiendo. El problema es que la mayoría de los vendedores profesionales se adelantan. Pasan la mejor parte de su debut tratando de aprehender los «cómo» del oficio. *¿Cómo puedo vender más? ¿Cómo puedo hacer más dinero? ¿Cómo cumpliré con mi meta? ¿Cómo puedo motivar a mi equipo de ventas para que produzca más?* Son todas preguntas legítimas. Pero una carrera exitosa de ventas no debe comenzar por encontrarles respuestas. No basta con saber cómo ser un buen vendedor profesional. Para llegar a ser un vendedor exitoso y altamente confiable usted debe averiguar primero *por qué* quiere serlo.

¿POR QUÉ VENDEDOR? ¿POR QUÉ YO?

La persona que le entrevistó cuando recibió su primera oferta de trabajo como vendedor probablemente le preguntó algo así: «¿Por qué quiere este trabajo?» Haga memoria: ¿Cuál fue su respuesta? De seguro que no dio una respuesta superficial como: «Deseo hacerme rico y comprar muchas cosas buenas». Es muy probable que haya dado una respuesta más inteligente, la haya sentido o no. ¿Qué diría si alguien le hiciera esa pregunta hoy? En serio, ¿se ha preguntado alguna vez: *¿Por qué tengo este trabajo?* Si nunca se lo preguntó, necesita hacerlo. No mañana. No la semana entrante. No cuando «esté menos ocupado». No después que realice la próxima gran transacción. Necesita hacerlo ahora. Y necesita ser sincero consigo mismo y hallar más que una respuesta superficial. Necesita ir al fondo de la cuestión, porque si usted trabaja en ventas sólo por el dinero que potencialmente podría ganar y por las cosas que ese dinero potencialmente podría comprar, es muy probable que no llegue lejos. Con seguridad no va a poder resistir demasiados temporales. Y si por casualidad llega a convertirse en uno de los pocos que consiguen cierto éxito, pese a no haber establecido nunca un propósito mayor, su así llamado éxito le habrá llegado a costa de su satisfacción interior. Lo he visto cientos de veces. Juan el vendedor viene a mí después de diez años en el negocio y se pregunta por qué, a pesar de su jugosa cuenta bancaria y su Mercedes en el garaje, aun se siente interiormente insatisfecho, como si le faltara algo. Es una pena. Pero no tiene por qué ocurrir.

Por favor, no me malinterprete. Yo he sido ese vendedor frustrado. He perdido ventas grandes o no he logrado asegurarlas. He pasado largo tiempo entre una venta y otra. He sido Juan el vendedor. De hecho, fue en ese punto de mi carrera cuando tenía una gran cuenta bancaria, un lindo auto deportivo y una buena casa; cuando finalmente abrí los ojos al daño que estaba causando al vender sólo con el fin de obtener un éxito externo. Aquellos de ustedes que me han escuchado en conferencias quizás recuerden que durante dos años fui un adicto a la cocaína. Y en ese período gasté casi 80.000 dólares en la última droga de moda. Por fuera parecía un triunfador y por eso muchos quizás pensaban que también me sentía satisfecho. Recuerde, yo fui Juan el vendedor. Tenía la jugosa cuenta bancaria, el Porsche Carrera Cabriolet, una bonita casa en la playa, trajes cortados a la medida, costosos artefactos, de todo. Pero lo cierto es que internamente me estaba quedando vacío y mi destrucción era inminente. Por fortuna, escapé de aquel hoyo antes de que fuera demasiado tarde. O para ser más preciso, mi propósito me sacó del hoyo.

Todo comenzó sentado en el sofá una medianoche, después de salir a trotar un rato. Mientras la cocaína zumbaba en mis venas, mi corazón se negaba a calmarse. Cambiando los canales del televisor para relajarme, vi con disgusto a un comentarista deportivo anunciar la muerte súbita, por sobredosis de cocaína, de un joven jugador de baloncesto llamado Len Bias. Tal vez recuerde esa tragedia terrible. Un muchachito que acababa de salir de la universidad y que había sido escogido el día antes en la primera vuelta del reclutamiento por la Asociación Nacional de Baloncesto. Estaba destinado a ser una estrella, pero su estilo de vida le jugó una mala pasada. La noticia me impactó. Esa noche reconocí finalmente mi miopía, y al instante me remonté al origen, a los «porqués» de mi carrera, al propósito sublime que tuve para convertirme en vendedor profesional. Y fue allí donde encontré el poder real para llevar a nuevas alturas mi carrera.

ECHE LOS CIMIENTOS DE SU
ÉXITO COMO VENDEDOR

Es bastante simple: para poder aplicar la ley del iceberg, usted debe consolidarse primero interiormente. Debe fortalecer ese propósito superior de su carrera de ventas a fin de que sea lo bastante fuerte para enfrentarse a los mares tempestuosos de la profesión, lo bastante concentrado para aprovechar las mejores oportunidades y lo bastante leal para asegurar la confianza de sus clientes. Con un buen propósito usted puede establecer un fundamento firme y poderoso para lograr la medida más alta y verdadera del éxito.

Considere el éxito del gigante farmacéutico Merck & Company, Inc. En su libro *Lessons from the Top* (Nueva York: Doubleday, 1999, página 144) los autores Thomas Neff y James Citrin reportaron sus conclusiones después de discutir con el presidente y ejecutivo principal, Ray Gilmartin, la última década de éxito de Merck. Decía Gilmartin:

> Una de las cosas que dijo George W. Merck fue que «las medicinas son para la gente, no para hacer ganancias. Si recuerdan eso, las ganancias vendrán después». Y eso forma también parte de mi propia filosofía personal. Y mientras más presente hemos tenido que producimos medicinas para mejorar la vida de la gente, más ganancias hemos obtenido. Nuestro precio compartido es el premio por haberlo hecho bien.
>
> La revista *Fortune* recientemente evaluó a Merck como una de las diez mejores compañías en que se puede trabajar y en su resumen decía que a los empleados les gusta el hecho de que trabajamos por un propósito altruista. Ellos hablaron con el reportero

acerca de nuestro medicamento de bajo costo para el sida, al cual se le fijó un precio deliberadamente más bajo que los demás inhibidores de proteasa del mercado. Considerando las características del fármaco podríamos haber obtenido más dinero por él. Incluso lo discutimos, pero tuvimos en cuenta la filosofía de George W. Merck y consideramos la necesidad de poner la droga a la disposición de quienes la necesitaban. Así que nos decidimos por el precio más bajo. Y creo que esto no sólo tuvo un impacto positivo fuera de la compañía sino también dentro de ella. Este es un concepto de mucha fuerza. No sólo hablamos de tener un propósito superior, sino que basamos en él nuestros actos... no vamos a consumir nuestro talento o nuestro personal únicamente en la búsqueda de resultados financieros. Tenemos un propósito elevado, con el cual estamos comprometidos.

Ese propósito más profundo fue, es y seguirá siendo el motor del éxito de Merck. Y Ray Gilmartin ha demostrado sin duda que sabe cómo triunfar en la industria de las ventas. Merck es la mayor compañía farmacéutica del mundo, con ingresos que superan los 40.000 millones de dólares y un ingreso neto el pasado año de 6.800 millones. Indudablemente el éxito consumado de Merck & Company es un poderoso ejemplo que nos provoca a seguir la ley del iceberg.

VIVIR LA LEY DEL ICEBERG

Para usted, el éxito en ventas de alta confiabilidad comienza en el mismo lugar que comenzó para los de Merck & Company, donde empieza para cualquier vendedor consumado: con el establecimiento de un propósito superior en la profesión de ventas.

Su propósito fundacional es:

➢ Su motivación medular para pensar y actuar en cada área de su profesión.

➢ Su inspiración más profunda para lograr que las cosas se hagan.

➢ Su juicio crítico para la toma de decisiones.

➢ Su responsabilidad personal ante las personas, su integridad.

Sin un fundamento o propósito que respalde su carrera de vendedor, usted

➤ Sufrirá estrés.

➤ Se sentirá agotado.

➤ Tendrá dificultades para tomar decisiones.

➤ Se servirá demasiado en su plato.

➤ Padecerá de incongruencia en el logro de sus metas.

➤ Sufrirá derrotas al compararse.

➤ Se sentirá apremiado.

➤ Apenas descansará.

➤ Sentirá que la vida se le escapa.

➤ No verá con claridad lo que es importante.

➤ Tendrá la sensación de estar ausente.

Con un fundamento o propósito que respalde su carrera de vendedor, usted experimentará mayor

➤ Pasión: más emoción, entusiasmo y energía.

➤ Poder personal: más motivación y autodisciplina.

➤ Posibilidades de triunfo: una mejor actitud hacia las ventas en general.

➤ Probabilidades de éxito: un drástico incremento en sus probabilidades de triunfar.

➤ Productividad: optimizará sus oportunidades cada hora.

➤ Rentabilidad: mayores ingresos.

➤ Previsibilidad: mayor coherencia en su éxito.

➤ Persistencia: más voluntad para pasar al próximo nivel.

➤ Perseverancia: mayor visión a largo plazo para mantenerse en el juego y tener un buen final.

Hay muchas formas de determinar su propósito en el trabajo, pero según mi experiencia, la manera más efectiva es responder a una pregunta: *¿Qué es importante para mí en el éxito?*

Al determinar su propósito superior empiece por definir la palabra *éxito*. Porque ese es el paradigma con el cual se identifica la mayoría de las personas. Aunque para diferentes personas el éxito tiene significados distintos. Por eso es importante saber lo que significa para usted. A la larga, la respuesta a esta pregunta producirá distinciones más claras, motivaciones más sólidas y razones auténticas para querer triunfar y es ahí donde usted descubre el poder real de su gestión. Hay que excavar profundo. No se detenga en lo primero que le venga a la mente. Mientras más hondo busque, más preciso y profundo será el impacto de su respuesta. He aquí dos ejemplos de mis investigaciones sobre cómo la pregunta ya mencionada en cuanto a qué es importante del éxito produce fundamentos diferentes pero igualmente sólidos sobre los cuales construir una carrera de ventas.

Vendedora A:

Dinero ⇨ Libertad ⇨ Tiempo ⇨ Hacer la diferencia

Vendedor B:

Reconocimiento ⇨ Aceptación ⇨ Excelencia ⇨ Valor añadido

Aunque la Vendedora A respondió inicialmente que su definición del éxito era hacer más dinero, cuando escarbó más profundamente bajo la superficie determinó que la razón por la que quisiera hacer más dinero es que disfruta la libertad que este le ofrece al poder pasar más tiempo con otras personas. Después de indagar aun más, descubrió que su motivación real para pasar más tiempo con otras personas era que deseaba hacer en las vidas de ellas una diferencia significativa. Bingo. Su definición del éxito y la fuente de su poder para tirar de sí misma: hacer una diferencia en las vidas de otros. Como resultado de su descubrimiento, entra ahora cada día a la oficina sabiendo que su propósito es alinear sus acciones de tal manera que al final del día haya podido *hacer una diferencia positiva* en las vidas de las personas con quienes ha hecho negocios, algo para lo cual ella, como vendedora profesional, encontrará oportunidades ilimitadas; algo en lo que sus clientes pueden confiar implícitamente; algo que podrá lograr independientemente del éxito financiero.

Y si bien el Vendedor B pensaba inicialmente que éxito significaba recibir el reconocimiento de sus superiores y colegas, ahora despierta cada día con su mente, energía y recursos concentrados en ofrecer lo mejor a sus clientes de modo que al final del día haya podido añadir valor a sus vidas. De nuevo, una empresa encomiable, un fin digno que puede ser logrado independientemente del éxito financiero.

Usted notará que en ambos ejemplos el vendedor inicialmente definía el éxito en términos muy superficiales. Una dijo que significaba tener más dinero; el otro, ser reconocido por sus logros. Quizás usted, en este punto de su carrera, también define así el éxito. Si es así, no está solo.

Pero observé también que en los dos ejemplos, cuando el vendedor se tomaba tiempo para bucear bajo la superficie, descubría un firme cimiento sobre el cual construir su carrera y en el cual ambos encontraron un poder real para realizar su trabajo. Si usted está dispuesto a zambullirse bajo la superficie para establecer su verdadero propósito como vendedor también podrá erigir su carrera sobre un fundamento sólido como roca. Como resultado no sólo su actitud cambiará, sino que también encontrará que hay un nuevo poder a su disposición. Un poder que no sólo le mantendrá a flote a través de aguas turbulentas, sino que también le guiará en relaciones con clientes que le abrirán las puertas a un océano de verdadero éxito y realización personal. Y un poder que, irónicamente, incluso dará paso a una medida del éxito sobre el nivel del agua que usted nunca había conocido. Cuando sus cimientos bajo la superficie son seguros, todo sobre ella lo será. Crezca debajo de la superficie y todo lo que está por encima se hará más sustancial. Esta es la ley del iceberg. Y es de ella de donde parte toda empresa de ventas de alta confiabilidad.

APLICACIÓN AL LIDERAZGO EN VENTAS

Antes que pueda enseñar a su equipo de vendedores cómo aplicar la ley del iceberg, asegúrese de estar consolidado antes en su carrera. No enseñe algo que no esté practicando. Una vez que sea una realidad en su interior, le recomiendo que programe reuniones individuales con cada vendedor, aun si hacer esto le tomara semanas o meses. En dichos encuentros, proyecte a cada vendedor su visión. Describa los pasos que ha emprendido para reestructurar su carrera de dentro hacia afuera y proporciónele herramientas para hacerlo en su vida. Tenga presente que durante este proceso algunos de sus empleados podrían comprender que la profesión de vendedor no es para ellos. Y si bien su meta no es asustar a nadie, brindar a su equipo las mejores oportunidades para un verdadero éxito les ayudará a armonizar sus carreras con sus propósitos, dentro o fuera de la profesión. Al hacerlo, usted no sólo estará preparando a su equipo para triunfar, sino que también estará desarrollando su propio propósito como líder.

La ley de la cumbre

*Su dirección es el resultado
de su percepción.*

Todo profesional de las ventas conoce bien el fracaso. A decir verdad, estamos más familiarizados con él que con el éxito. Aun los mejores entre nosotros. Y aunque muchos libros afirman que la diferencia entre el vendedor de éxito y el mediocre estriba en algo así como la tenacidad mental o la perseverancia, cuando las cosas nos van mal, ninguna de estas basta para motivarnos a marcar continuamente otro número telefónico. La perseverancia le mantiene activo, sí. Puede incluso mejorar su iniciativa. Pero la perseverancia no toca el resorte de la motivación.

Un cliente mío, llamémosle Dave, es un profesional de las ventas que siempre ha estado motivado para alcanzar la excelencia en su trabajo. Pero esa automotivación no es lo que le ayudó a más que duplicar sus ingresos el año pasado. Durante años Dave asistió a mis conferencias e incluso contrató a un entrenador en ventas para que le ayudara a ser más eficaz y eficiente. Sin duda estaba en la senda correcta y no le faltaban ambición ni entusiasmo. Además, siempre ha contado con las herramientas necesarias para ser un gran vendedor de alta confiabilidad. Es muy sociable, un hombre íntegro y muy atento a los detalles. Pero estas cualidades no bastaban. Algo le estaba impidiendo alcanzar la cima del éxito en su industria. Y ese algo era su percepción equivocada del fracaso.

Lo cierto es que Dave nunca se había propuesto alcanzar un éxito extraordinario, porque le temía a lo que pudiera resultar si fracasaba. Afortunadamente, mientras asistía a uno de mis eventos didácticos, algo en su interior le hizo finalmente comprender. Comprendió que el fracaso no era algo a lo que hubiera que temer, sino algo inevitable cuando nos planteamos metas ambiciosas, cuando intentamos ascender al siguiente nivel de éxito. Él sabía que el fracaso tiene un sabor amargo. Pero también sabía que podía ser beneficioso, y hasta revelador. Para la clausura del seminario, Dave se sentía emocionado por la perspectiva de regresar a su negocio de ventas con un nuevo enfoque sobre el fracaso.

Poco antes de mi presentación, había dejado de reunirse con su tutor, el cual le estaba ayudando a realizar los cambios necesarios en su enfoque empresarial para mejorar sus resultados. El escaso éxito le había desilusionado. Pero después del evento contrató inmediatamente a un nuevo tutor de ventas. Durante las primeras reuniones descubrió que, al tratar de mantenerlo todo bajo su control, en un esfuerzo por evitar el fracaso, había estado actuando como si fuera su propio ayudante. Después de eso lo primero que hizo fue contratar a una ayudante y delegar en ella una considerable porción de sus tareas diarias. No sabía entonces que este paso representaría una primera oportunidad para probar sobre la marcha su nueva percepción del fracaso.

Aunque Dave había realizado un trabajo minucioso de evaluación, entrevista y discusión de expectativas con su nueva ayudante, ella no resultó ser la persona indicada para el cargo. Esto enojó a Dave, había fracasado y sentía que había abandonado a la muchacha. Pero con ayuda de su tutor, aprendió que este fracaso en realidad le ayudaría a comprender mejor el tipo de persona que necesitaba para el puesto. Aplicando esta lección, Dave contrató a otra asistente y la entrenó esta vez en todos los trucos del negocio. Pero ¿sabe qué pasó? Que a ella le gustó tanto este negocio que en lugar de quedarse como ayudante decidió aspirar a una plaza como la de él. Esta vez Dave se sintió un poco traicionado, pero entendió la posición de ella. Le permitió renunciar para que aspirara a otro puesto. Sabía que eso era lo correcto. Una vez más Dave asimiló la lección del contrato fallido y siguió adelante, buscando otra asistente, la tercera en sólo unos meses. Esta vez sí dio en el clavo. Con la ayuda de su tutor delegó varias responsabilidades en su nueva asistente, dejando libre más de su tiempo para dedicarse a estrechar relaciones con prospectos y clientes.

Actualmente, la percepción de Dave sobre el fracaso es más realista. Aunque no le gusta cometer errores, ¿a quién le gusta?, procura aplicar continuamente las lecciones que cualquier revés en el negocio le pueda enseñar. Y si usted piensa que él no ha logrado hacer una diferencia en su éxito, vuélvalo a pensar. Sus ingresos del año anterior a que cambiara su percepción del fracaso se aproximaban a los

200.000 dólares. Este año hará cerca de 500.000 dólares y continúa firmemente en pos de convertirse en el primer vendedor de su compañía en ganar un millón de dólares el año próximo.

Para continuar como Dave —escalando pináculos más altos de éxito, a pesar de los fracasos pasados y la probabilidad de que aparezcan más en el horizonte—, usted necesita más que dedicarle tiempo a su negocio. Requiere más que resistencia mental o iniciativas fervientes. Le hace falta más que capacidad para darse ánimo. Porque lo que *necesita es inspiración en su corazón.* Cuando el cielo se le venga encima, si no es que ya se ha desplomado sobre usted, precisará un fundamento sobre el cual afirmarse que sea más sólido que la elasticidad mental. Reponerse una y otra vez es admirable; pero si eso es todo lo que sabe hacer, su carrera de ventas siempre se sentirá como si saltara en un trampolín. Arriba y abajo. Arriba y abajo. Mucha más actividad que productividad, mezclada con desorientación ocasional y una pérdida frecuente del equilibrio. Esa no es una buena manera de vivir su carrera de vendedor.

> **Para avanzar continuamente desde sus cimientos hacia el éxito, usted necesita más que perseverancia: debe tener una percepción correcta del fracaso.**

Para resistir los peores temporales, para no perder la inspiración de continuar escalando la cumbre del éxito, a pesar de los reveses, para mantener la confianza de sus mejores clientes, su gestión debe afirmarse sobre un pedestal recio como el acero. Y si recuerda el capítulo anterior, la ley del iceberg postulaba que su pedestal más sólido es su propósito, su definición medular del éxito. La ley de la cumbre lleva esto un paso más allá. Prescribe que para avanzar continuamente desde sus cimientos hacia el éxito, usted necesita más que perseverancia: debe tener una percepción correcta del fracaso.

En el campo de las ventas su propósito hace por su éxito algo más que echar los cimientos. Con la percepción correcta del fracaso, su propósito actúa también como su brújula, dirigiéndole y reorientándole constantemente hacia la cumbre del éxito. Como resultado, los fracasos no socavan su estabilidad. Faltar a una reunión con un asociado clave, ser rechazado por un cliente potencialmente valioso, no poder satisfacer la necesidad de otro, olvidar una importante llamada telefónica; todas estas cosas pueden atrasar por un tiempo su

paso. Pero tales fracasos nunca deben disminuir su motivación reba-
jar su autoestima, o destruir sus relaciones con los clientes.

«El fracaso», decía el poeta William Arthur Ward, «es una demora,
pero no una derrota. Es un desvío temporal, no un callejón sin salida»
(John Cook, editor, *The Book of Positive Quotations*, Fairview Press,
Minneapolis, 1997). Los vendedores son seres humanos, lo cual equivale a decir que somos tan imperfectos como cualquiera. Usted debe
comprender esto para poder asumir una actitud proactiva hacia el fracaso. Algunas veces va a perder, no lo dude. Y cuando acepte esa realidad, empezará a entender que para que un vendedor escale la cumbre
del éxito no es un requisito *dejar* de fracasar. La clave está, por el contrario, en *utilizar* el fracaso para alumbrar la senda del éxito.

Los errores nunca deben quitarle la inspiración para continuar.
De hecho, con una percepción correcta del fracaso, usted debe sentirse *más* motivado a vender después de un error. Y eso se debe a que,
si está aplicando la ley de la cumbre, no percibirá un error como un
paso atrás, sino como una pausa para reorientarse, una oportunidad
para hacer un cambio positivo. Según esta ley, una equivocación
suele ofrecerle una orientación más precisa hacia la cima que cualquier grado de preparación. Y si alcanzar la cumbre le inspira, aprender cómo alcanzarla más efectivamente no será una perspectiva
decepcionante.

La ley de la cumbre no sugiere que usted pueda sencillamente fracasar una y otra vez y luego terminar mágicamente en el éxito. No es
así de simple y no hay nada de magia en ello. Esta ley tampoco suge-
re que cuando cometa un error, contrate una orquesta, ordene bocadillos, hornee una torta y se ponga a celebrar. Debemos admitir que
no nos gusta cometer errores. A nadie le gusta. Mejor dicho, suele ser
muy frustrante. Pero lo que sí dice la ley de la cumbre es que cuando usted percibe el valor inherente en sus errores, es capaz de corre-
gir continuamente su itinerario hacia el éxito con cada uno que
comete. En otras palabras, con una percepción adecuada, el fracaso
le debe convertir en un mejor escalador.

UNA NUEVA PERCEPCIÓN DEL FRACASO

Al contrario de lo que usted podría pensar, ser un vendedor de alta
confiabilidad no consiste en evitar errores. La travesía hacia el éxito
está pespunteada de derrotas; es más, mantener un negocio próspero,

confiable, no consiste necesariamente en perder con menos frecuencia que los demás. De hecho, suele ocurrir que las personas de más éxito han fracasado más que la mayoría. Para avanzar hacia la cumbre del éxito como vendedor y establecer un negocio digno de la confianza de cualquier cliente, usted debe reconocer el papel positivo que desempeña el fracaso en su ascenso.

Cuando hablo ante vendedores profesionales, suelo hacer una pregunta que despierta una ola de risitas nerviosas, seguida por una ovación. Es esta: ¿Cuántos de ustedes experimentan una «renuencia a las llamadas telefónicas»? Casi todo profesional de las ventas que pasa tiempo pegado al teléfono, y esos somos la mayoría porque es allí donde se inicia la mayor parte de las ventas, ha experimentado cierto grado de renuencia a llamar. Y si no sabe de qué estoy hablando, intente escoger al azar un número de la guía telefónica, para tratar de venderle su producto a la persona que está del otro lado de la línea. La renuencia a llamar por teléfono es esa sensación que usted sentirá tan pronto comience a marcar el número. ¿Por qué la siente? Porque su método de vender alimenta la desconfianza y usted lo sabe. La mayoría de las personas no son tan ingenuas como para regalar el dinero que se han esforzado por ganar a alguien a quien nunca han visto, por no hablar de alguien a quien no le tienen una confianza preestablecida.

En términos simples, la renuencia a llamar es la inclinación natural a evitar la perspectiva de un rechazo; y en este ejemplo particular significa no querer llamar a una persona que no tiene ninguna razón previa para confiar en usted y luego tratar de venderle algo que quizás ni siquiera necesita. Es fácil ver por qué tantos vendedores son reticentes cada día a levantar el teléfono.

Quizás ahora usted piense: *Las llamadas en frío son cosa del pasado; actualmente la mayoría de las llamadas se hace a pistas preestablecidas.* Y aunque la profesión de vendedor ha hecho bien en enmascarar la práctica de las llamadas en frío, refiriéndose a las listas telefónicas como pistas preestablecidas, la verdad es que esa renuencia a llamar continúa presente aun cuando se trate de llamadas con posibilidades, no importa si se las han facilitado o usted las ha establecido. Y eso se debe a que todavía escucha un «No» con más frecuencia que un «Sí» y su mente está preprogramada para esquivar tanto como le sea posible las llamadas que acaban en «No». Piense por un momento en el mundo ajeno a la profesión de vendedor.

Es más, piense en el mundo ajeno a los negocios y encontrará que nuestras mentes tienden a reaccionar todas del mismo modo ante el potencial de rechazo, no importa cuál sea la situación.

Considere el reino de las citas amorosas. No creo que haya una persona en el planeta que no haya sentido cierta sensación de renuencia a asistir a una cita a ciegas. Después de todo, se trata de dos personas que nunca se han conocido y que deberán permanecer juntas por un par de horas, con grandes expectativas por parte de sus amigos de que algo va a «funcionar». Pero generalmente no funciona ¿cierto? Se producen momentos de silencio en los que ambos se dedican a mirar su plato o admirar la decoración del restaurante. Existen situaciones incómodas donde el sarcasmo de él es malinterpretado como un pensamiento rígido. A veces él se ríe de algo que ella ha dicho con la más seria de las intenciones. Está también la sensación incómoda de que podríamos tumbar una copa o dejar caer un tenedor, o arrojar una albóndiga fuera del plato y está por último la presión que ambos sienten para que la conversación no se detenga, esa idea fija de que es necesario seguir hurgando en lo profundo de la mente y encontrar otra pregunta ingeniosa o provocadora.

Por supuesto, a veces las citas a ciegas tienen finales felices, pero es más común que al final ambas partes deseen que nunca hubieran ocurrido. Y es por eso que a la mayoría no le gustan. El potencial de fracaso es más alto que lo normal. Aun con la actitud más optimista las citas a ciegas provocan reticencia e inhibición. Y lo mismo sucede con la profesión de vendedor.

Si usted aún trata de vender con el prejuicio de que la tenacidad mental o una actitud optimista le ayudarán a sobrevivir en tiempos desagradables, siempre le frenará una sensación de renuencia. Esto se debe a que, le guste o no, su mente le recordará de manera natural los fracasos pasados. Especialmente si nunca ha sabido aprender de ellos.

La renuencia a llamar por teléfono se basa en el temor al fracaso. Pero no importa lo que usted haga, siempre va a ser para vender llamadas imperfectas. La gente le rechazará. Echará a perder reuniones con clientes potenciales. Se le olvidarán las cosas. Todos somos imperfectos. Todos fracasamos. Y en la profesión de vendedor, las probabilidades de fracasar no son pocas. Si bien existen formas proactivas de mejorar su estilo y métodos de venta para incrementar las probabilidades de establecer confianza (algo que discutiremos en los próximos capítulos), la única manera de enfrentar el fracaso es cambiar su perspectiva. Usted puede procurar fracasar con menos frecuencia; pero esto generalmente le llevará a proponerse metas menos ambiciosas o que no le hagan correr demasiado riesgo.

Sin embargo cuando escale en pos de la cima del éxito tendrá que contar con el riesgo de fracasar. No hay manera de evitarlo y la única forma de combatir el fracaso es decidirse a verlo como una oportunidad para mejorar su orientación. Una oportunidad para hacer la llamada, o sostener la reunión o hacer la presentación mejor la próxima vez. Una oportunidad para establecer una confianza más auténtica con sus próximos clientes.

Si lo piensa bien, verá que es una de las mejores maneras de ascender: aprender de sus propios fracasos. ¿Verdad? Y a pesar de lo que pueda pensar sobre las personas más exitosas en su campo, ninguna de ellas ha podido hacer las cosas perfectamente la primera vez. Muy pocos lo han logrado en la segunda o hasta en la tercera. Siga tratando. En realidad, el fondo de la cuestión es que los vendedores profesionales de más éxito pasan sus carreras mejorando poco a poco con cada paso de ascenso hacia la cumbre. Vender con alta confiabilidad es una obra que nunca acaba, un proceso de mejoramiento que abarca toda la carrera. Y es así como los mejores vendedores alcanzan la cima, una y otra vez.

UNA NUEVA SICOLOGÍA DEL ÉXITO

Antes de discutir cómo convertirse hoy en un gran profesional de las ventas, es importante definir lo que significa la «cumbre». Muchos vendedores cometen el error de ver las cosas externas como la cima del éxito. Es cierto, los buenos vendedores ganan suficiente dinero para comprar artículos caros, pero no ven lo externo como la cima de su profesión. Accesorios externos como dinero, recompensas y premios, son privilegios del éxito; pero el tenerlos no significa que ya se alcanzó la cumbre. Los grandes vendedores contemplan la cumbre del éxito a través de un lente totalmente diferente. De hecho, la suya se encuentra en una montaña muy diferente.

Los mejores vendedores conciben la cumbre del éxito como el producto de un mejoramiento constante, de afilar continuamente las herramientas de su oficio, de fijarse una y otra vez metas más ambiciosas en el campo que escogieron. Lo cierto es que un vendedor de éxito que no esté mejorando tampoco está triunfando.

Es muy fácil ser mediocre. Es mucho más fácil quedarse quieto que continuar escalando. Es también mucho más fácil bajar la pendiente que subirla. Basta con que no mejore en el curso de su carrera, con tratar de evitar cualquier perspectiva de fracaso. Con que se convierta en un experto en hacer las cosas en la forma en que siempre las ha hecho. Es más cómodo. O mejor aún, con seguir haciendo lo que hace la mayoría. Llamar siempre de la misma manera. Y contemplar luego todos sus problemas y frustraciones como riesgos ocupacionales, parte inseparable del despiadado mundo de las ventas.

Si usted piensa así, nunca alcanzará la cumbre del éxito como vendedor, porque tiene una perspectiva obstruida. Su distancia actual hasta la cumbre no se mide por la cantidad de dinero en su cuenta bancaria. No puede verla con los ojos físicos. Su distancia a la cumbre se expresa en cuán lejos ha escalado desde su última venta o venta fallida. Y a veces sus mayores pasos hacia la cumbre les pisan los talones a sus peores errores.

> **Alcanzar la cumbre del éxito en la profesión de vendedor no consiste tanto en lo que usted recibe por escalar como en quien llegue a ser usted por dedicarse a escalar.**

Trate de explicárselo así: Alcanzar la cumbre del éxito en la profesión de vendedor no consiste tanto en lo que usted recibe por escalar como en quien llegue a ser por dedicarse a escalar. En el capítulo 1 aprendió que el verdadero éxito llega como resultado de una realización interna (bajo la superficie), no externa (sobre la superficie). Por tanto, alcanzar la cumbre del éxito es cuestión de incrementar continuamente su nivel de realización y satisfacción interior mediante su desempeño. En otras palabras, cuando se alcanza una cumbre de éxito en el campo de las ventas, otra más alta aparece ante su vista y así sucesivamente. En realidad, no hay límite para la cantidad de cumbres que usted puede alcanzar en su carrera de vendedor. Si bien es cierto que puede decidir dejar de escalar en cualquier momento, los mejores nunca dejan de hacerlo. Se sienten siempre alentados a mejorar continuamente. A elevar la confianza a niveles más y más altos. Tal como ellos lo ven, donde el fracaso existe, existe también una cuesta que subir. Y como resultado de esta mentalidad, su éxito nunca deja de crecer.

CONVIÉRTASE EN UN ESCALADOR
DE PRIMERA CALIDAD

Si alguien sabe cómo rendir al máximo, ese es Jamie Clarke, cuya subida al monte Everest en 1997 se detalla en el extraordinario filme biográfico *Above All Else*. Desde los doce años, Clarke soñaba con subir al pico más alto del mundo. Su deseo y determinación le llevaron al fin a la ominosa montaña en tres ocasiones diferentes, para intentar alcanzar su cima. En el primer intento, sin embargo, no lo logró. Él y su equipo de escaladores se vieron forzados a abortar el ascenso a unos 1.000 metros de la cumbre, debido a fuertes vientos de 200 kilómetros por hora. Desafortunadamente, el invierno había comenzado temprano y para asegurar su supervivencia se vieron obligados a iniciar el descenso sin haber llegado a la cima.

En su segundo intento, Clarke fracasó cuando el escalador que iba en la vanguardia se sintió demasiado fatigado como para escalar los últimos 162 metros, el equivalente a unas dos cuadras. Imagínese la frustración cuando de nuevo el equipo se vio forzado a regresar al campamento base por segunda vez, sin lograr su meta.

Pero Clarke nunca se dejó descorazonar. Irónicamente, se sintió más inspirado a alcanzar la cumbre que nunca antes. En su libro *The Power of Passion* relata cómo reconocía que cada uno de sus intentos anteriores había sido coronado por el éxito, porque le habían enseñado maneras específicas de mejorar. Razonaba que en su ascenso anterior había llegado a sólo dos cuadras de la cumbre. Sabía que si estudiaba cuidadosamente las instrucciones derivadas de las misiones anteriores, el sueño de su infancia se convertiría en realidad. Sólo estaba, a su modo de ver, a 162 metros de lograrlo. Inspirado por las lecciones de sus intentos previos, Clarke se entregó inmediatamente a la tarea de planear su tercera misión. Y esta vez sus esfuerzos lo llevaron hasta la cumbre.

A las 7:10 A.M. del 23 de mayo de 1997, Jamie Clarke puso sus pies sobre la cumbre del monte Everest, convirtiéndose en el noveno canadiense de todos los tiempos en alcanzar ese pináculo. Durante cuarenta y cinco minutos, él y su equipo de montañistas estuvieron disfrutando del cumplimiento de su sueño, la culminación de más de ocho años de esfuerzos. Pero Clarke comprendió esta verdad: su verdadero éxito no consistía en haber vencido a la montaña, sino en el proceso que demandó el llegar allí. Conmovido por las palabras de

Sir Edmond Hilary, quien dijera: «El Everest nunca ha sido conquistado, [pero] ocasionalmente consiente un éxito momentáneo», Clarke declaró sabiamente: «La verdadera victoria no tiene nada que ver con poner los pies en la cima. La victoria no es algo externo. Es una satisfacción interna, una profunda sensación íntima de orgullo y alegría» (John Cook, editor, *The Book of Positive Quotations*, Fairview Press, Minneapolis, 1997).

> **Vencer cualquier montaña en la vida es el resultado de un mejoramiento continuo, lo cual suele ser a su vez producto de saber aprender de los fracasos.**

Jamie Clarke ha comprendido que ser uno de los mejores en cualquier campo no tiene nada que ver con el aplauso, el dinero o los premios que puedan derivarse de ello. Vencer cualquier montaña en la vida es el resultado de un mejoramiento continuo, lo cual suele ser a su vez producto de saber aprender de los fracasos. Y aun después de que conquiste el monte Everest de su carrera, quedarán otras cumbres que vencer. De hecho, el ascenso de Clarke al Everest fue sólo un triunfo más en una vida de excelencia. Considere los logros que le condujeron al Himalaya:

➢ Periodista de prensa impresa.
➢ Periodista radiofónico.
➢ Tres veces campeón canadiense de esquí a campo traviesa.
➢ Explorador de más de cuarenta países.

Y desde su conquista del Everest, Clarke ha continuado ascendiendo a mayores alturas. No sólo ha escrito dos libros y producido tres películas, sino que él y los miembros de su expedición también obtuvieron otra conquista que muchos consideran más peligrosa que escalar el Everest. Del mundo gélido y vertical de los Himalayas, Clarke reorientó su pasión al desierto más desolado y peligroso del mundo, el de Arabia Saudita. Y el 12 de marzo de 1999, él y su equipo completaron una travesía de 998 kilómetros en camello a través de esa tierra yerma y calcinada, convirtiéndose en los primeros occidentales en lograrlo en por lo menos cincuenta años. Es fácil ver que para el escritor, productor, orador, aventurero y explorador Jamie Clarke siempre habrá otra cumbre que escalar. Y lo mismo sucede con los mejores en todos los campos.

¿Subiendo?

Imagine su carrera de ventas como una montaña que usted debe escalar. Conquistar esa altura es una cuerda que le llevará a su próxima cumbre de éxito como vendedor. Agarrarse de esa cuerda es una decisión que usted debe tomar cada día. Cuando usted escoge mejorar aprendiendo de sus errores, se decide a tomarla. Y cada vez que lo hace, está mejor capacitado para ascender a un nivel más alto de éxito e incluso a la cumbre. Ahora bien, puede tratar de escalar la montaña sin la ayuda de la cuerda, sin aprender de sus equivocaciones, pero ese ascenso con frecuencia resultará traicionero, inestable y mucho más difícil. De hecho, a menudo le será imposible ascender. Y he aquí por qué.

El descenso de la montaña es otra cuerda que le lleva de regreso al campamento base, donde usted empezó como profesional de las ventas. Sin embargo, la diferencia entre esta cuerda y la anterior es que la que está tendida cuesta abajo está siempre atada a usted. Usted no puede escoger si la recoge o si la deja. Permanece atada alrededor de su cintura a lo largo de su ascenso, porque la cuerda descendiente representa la senda que usted ha escogido desde que se convirtió en un vendedor profesional. Esta cuerda pasa sobre todas las rocas, por debajo de todos los árboles y a través de todos los ríos que usted ha atravesado en su carrera.

Pero he aquí su significado. Cuando usted se esmera en aprender de cada uno de sus errores a lo largo del camino, la cuerda sólo se mantiene como un alentador recordatorio de los obstáculos que ha vencido para llegar adonde está. Mas cuando no aprende de sus errores, la cuerda se atasca. Sus errores son como la raíz de un árbol que la enreda o una grieta entre dos rocas que la pellizca. Y hasta que usted regrese atrás y la libere le será muy difícil continuar ascendiendo. Puede que la cuerda se estire un poco y usted podría entonces cambiar su dirección para moverse más libremente, pero no podrá ascender. Llegará a un punto en el que su ascenso se convertirá en una guerra contra los errores no asimilados. Usted tratará de tirar hacia arriba, pero ellos le mantendrán anclado.

¿En qué dirección está escalando? ¿Está ascendiendo hacia la próxima cumbre aprendiendo continuamente de sus fracasos? O ¿está sólo tratando de evitar la perspectiva del fracaso al dejar de escalar? Quizás hace el esfuerzo, pero debido a que no ha querido aprender de sus fracasos, se encuentra varado en algún punto cerca del campamento base.

No importa en qué dirección se ha estado moviendo o dónde se encuentra en este momento en la montaña de su carrera de vendedor; usted puede empezar hoy mismo a poner a funcionar en su vida la ley de la cumbre, adoptando las siguientes perspectivas sobre el fracaso.

1. El fracaso no tiene nada de malo. Todo vendedor fracasa. Los mejores en este campo son probablemente aquellos que han cometido los peores errores. Pero lo que los separa del resto es que han aprendido a no dejar que el miedo a la derrota les impida intentar el ascenso. Tal como lo ven los vendedores de éxito, un paso en falso es sencillamente una inversión en el éxito de sus próximos intentos. Una confianza perdida es una lección sobre cómo ganarse la confianza de una manera más efectiva. Vea así sus errores y nunca dejará de invertir en su éxito.

2. El fracaso es nuestro consejero. Los mejores vendedores saben que el fracaso suele ser su mejor instructor. Y con este conocimiento, no titubean en buscar las lecciones que enseña cada error, trátese de uno garrafal o de un pequeño pecadillo. El fracaso, tal como lo ven los vendedores exitosos, es uno de sus mejores consejeros para lograr el éxito. De hecho, sin él no habría excelencia en la profesión. Cuando usted adopte esta perspectiva sobre el fracaso, encontrará casi a diario que siempre hay algo que puede mejorar.

3. El fracaso es una poderosa fuerza que nos puede estimular a seguir ascendiendo. ¿Ha perdido alguna vez un juego que sabía que podría haber ganado? ¿Cómo reaccionó? ¿Se dejó cocinar en la salsa de su ira y su frustración? Probablemente no. Tal vez estaba ansioso por hacer algo para ponerle remedio, especialmente si tenía conciencia de cómo podía haber ganado. El gran tenista Chris Evert Lloyd dijo una vez: «Si gané varios torneos seguidos, me siento tan confiado que estoy en las nubes. Una derrota me despierta de nuevo las ganas de ganar». Con la percepción correcta del fracaso, usted es capaz de convertir sus errores en motivación, sus irritaciones en inspiración. La realidad es que casi cualquier tipo de error resulta frustrante. Pero lo que está hecho, hecho está y por más que trate no cambiará el pasado. Sin embargo, sí puede cambiar el futuro al decidir dejar que sus errores le motiven para esforzarse más y mejor la próxima vez. Esa es la perspectiva que le alentará a ascender continuamente hacia la cumbre del éxito como vendedor.

ALTA CONFIABILIDAD Y FRACASO

Al contrario de lo que usted podría pensar, cometer errores no descalifica a una persona para ganarse la confianza de otra. La confianza, en su forma más primitiva, se basa en la autenticidad, no en la perfección. Y aunque la ley de la cumbre no es fundamento suficiente para decir que los errores ayudan a edificar la confianza, sí indica que esta puede ser mucho mejor consolidada con una percepción adecuada del fracaso.

> **La confianza, en su forma más primitiva,**
> **se basa en la autenticidad, no en la perfección.**

Sin duda, uno o dos clientes habrán perdido la confianza en usted; especialmente si ha estado en el negocio de las ventas durante muchos años. ¿Pero qué hizo como resultado de esa confianza perdida? ¿Fue y trató de ganar la confianza de otra persona en la misma forma que antes? Si es así, es muy probable que haya cometido el mismo error con el nuevo cliente. Y si eso no ocurrió, o no ha ocurrido aún, su relación con este cliente es probablemente funcional, pero no altamente productiva. Para establecer relaciones de alta confiabilidad que duren toda la vida, usted debe estar dispuesto a aprender de sus errores. Es así de sencillo. Puede que reciba algunos golpes al principio de su carrera mientras aprende a ganarse la confianza de la manera correcta. Pero con el tiempo, al proponerse no repetir los errores que estropearon la confianza que había conquistado con sus clientes en el pasado, se volverá muy efectivo en cuanto a ganársela y mantenerla de la manera apropiada. Y cuando la confianza que se inspira a los clientes se eleva continuamente a niveles más altos, lo mismo sucede con su éxito. Es eso lo que significa aplicar la ley de la cumbre.

APLICACIÓN AL LIDERAZGO EN VENTAS

Como líder, es su trabajo establecer en su compañía el tono proactivo y reactivo con respecto al fracaso. Su reacción hacia los errores de sus empleados, quiéralo o no, determinará la forma en que ellos perciben el fracaso en su trabajo. Hágase el propósito de comunicar claramente a su personal el valor inherente de sus errores. Ayúdeles a percibir el fracaso como un apoyo no sólo a su progreso personal, sino también al de la empresa. Sea lo bastante grande como para admitir sus propios errores cuando ocurran y refiérales aquellos del pasado que le han enseñado lecciones valiosas. Sin tomar a la ligera los errores de su equipo, asegúrese de que ellos comprenden que no hay nada de malo en fracasar, siempre que logren mejorar a partir de sus errores. Si aún no lo está haciendo, busque el tiempo para reunirse con sus empleados de manera regular a fin de comentarles tanto sus éxitos como sus errores. Entrénelos para descubrir las lecciones en el fracaso preguntándoles qué han aprendido de él; luego, ofrézcales la libertad para intentarlo de nuevo con nueva comprensión y mayor inspiración.

La ley del
accionista

*Los vendedores de éxito
compran acciones en sí mismos.*

A Tim le iba realmente bien. Pocos años después de comenzar su carrera de vendedor había logrado ganar en aquél unos 7 millones de dólares. Pero a decir verdad, ni siquiera había arañado la superficie de su potencial y él lo sabía. Entonces sucedió algo que lo cambió todo. He aquí la historia según su relato:

> Un día de 1994, después del trabajo, salí a trotar, buscando relajar las tensiones acumuladas como resultado de algunas frustraciones profesionales. Entonces una voz interior me habló; todavía puedo escuchar las palabras como si me las hubieran susurrado ayer. Básicamente me decían que debía dejar de verme como un empleado de la compañía de alguien y comenzar a concebir mi empleo como si fuera Tim Braheem, Inc., donde yo era el ejecutivo principal.
>
> La mentalidad resultante de aquella epifanía fue profunda. Cambió cada aspecto de mi estilo de negocios: la forma de mi mercadeo, la manera en que valoraba a mis clientes, el modo en que trataba a mis leales ayudantes y mi personal y más importante que todo eso, la perspectiva con que veía mi vida y su potencial. Aquel día hice una promesa silenciosa de que algún día podría alcanzar ingresos de siete cifras. Fue una infusión de espíritu empresarial en mi carrera que borró cualquier límite que yo estuviera imponiéndome al concebirme como un empleado.

En los doce meses siguientes Tim sumó 10 millones de dólares en ventas. El año siguiente ascendieron a 46 millones. Un año más tarde alcanzaba 75 millones. Y el año pasado sus transacciones totalizaron 175 millones de dólares. ¿Cómo lo hizo? Pues determinando la respuesta a una importantísima pregunta. La pregunta millonaria que disparó astronómicamente el negocio de Tim es la misma que puede hacer avanzar al suyo: *¿Soy yo un vendedor que hace negocios o soy el propietario de un negocio dedicado a las ventas?*

SU NEGOCIO ES EL ÉXITO

Carece de importancia dónde se encuentre usted en su carrera de vendedor, si es un administrador, un corredor o un representante de ventas. La pregunta millonaria se aplica a cualquier profesional de este campo. Y muy probablemente, tampoco importa con qué compañía trabaje usted o qué producto venda. La realidad es que no alcanzará su potencial como vendedor profesional hasta que responda a esta pregunta y encuentre una respuesta correcta. La ley del accionista exige que usted lo haga.

En los últimos siete años el asesor asociado de mi compañía, Building Champions, ha asesorado a miles de vendedores profesionales para alcanzar mayores niveles de éxito. Y en casi cualquier circunstancia, el primer avance importante ocurría cuando el vendedor adoptaba algo que llamo «mentalidad de jefe ejecutivo de operaciones», por la cual uno empieza a verse a sí mismo como propietario del negocio que realiza las ventas. Ese sencillo cambio en la forma de pensar se convierte en catalizador para el ascenso de cada vendedor hacia nuevas cumbres de éxito. Y ese pequeño cambio de mentalidad también puede provocar en su carrera un salto adelante.

La ley del accionista postula que los vendedores más exitosos compran acciones en sí mismos. Un proceso que se inicia cuando uno deja de concebirse como un empleado con un trabajo y empieza a verse como propietario de un negocio, con una visión que le impulsa a ayudar a las personas. Considere hasta qué punto su mentalidad ha afectado hasta ahora sus inversiones en su carrera de vendedor.

En lo referente a su trabajo hágase estas preguntas:

> ➢ ¿Sólo gasta dinero en aquello en que su patrón le permite gastar? *El propietario de un negocio invertirá lo que sea necesario para permitir que el negocio progrese, aun si eso significa utilizar efectivo propio.*

> ➢ ¿Se mantiene usted ocupado cada día de modo que el tiempo pase más rápidamente? *Un dueño de negocios aprovecha*

cada minuto de su vida laboral, porque el tiempo desperdiciado equivale a oportunidades y dinero derrochados.

➤ ¿Está usted más preocupado por su esfuerzo o por su efectividad? *Un propietario de negocios mide primero la efectividad: correr sobre una estera sin fin no le llevará a ninguna parte.*

➤ ¿Le preocupa más la cantidad o la calidad de sus ventas? *Los dueños de negocios se concentran en la calidad, sabiendo que la confianza establecida con los clientes multiplica la cantidad de las ventas.*

➤ ¿Le preocupa más su actividad que sus resultados? *Un propietario de negocios mide los resultados periódicamente para determinar cuáles actividades están funcionando y cuáles no.*

➤ ¿Está usted más preocupado por ganarse el dinero o la confianza de sus clientes potenciales? *Un dueño de negocios sabe que sin la confianza nunca podrá adjudicarse el valor monetario total de un cliente y por tanto está dispuesto a cambiar si fuera necesario comisión por constancia.*

Después de leer estas preguntas, ¿Diría usted que se ha estado concibiendo más como un empleado que como un jefe ejecutivo de operaciones?

La característica que define a una mentalidad ejecutiva es el pensar como propietario. Consiste en asumir responsabilidad por su propio crecimiento y el de su negocio. Es comprender que lo que usted hace como vendedor es operar un negocio que provee productos y servicios y que hacerlo bien y con integridad incrementa las probabilidades de su éxito y estabilidad. Es saber que usted debe poseer un plan de negocios para triunfar; que debe rendir cuentas, mantener una «junta de directores» que le ayude a tomar decisiones sensatas que harán crecer su negocio. Para decirlo simplemente, es reconocer que usted es sólo el mayor accionista de su empresa.

> **La vida que cada uno de nosotros vive es la vida dentro de los límites de nuestro propio pensamiento.**

Thomas Dreier dijo: «La vida que cada uno de nosotros vive es la que existe dentro de los límites de nuestro propio pensamiento» (John Cook, editor, *The Book of Positive Quotations*, Fairview Press,

Minneapolis, 1997). Y esto sin duda incluye su carrera de vendedor. En realidad, el vendedor que sigue la ley del accionista sabe que para que su carrera progrese, para establecer una confianza duradera entre sus clientes, debe antes expandir los límites de su pensamiento.

MENTALIDADES CONTRASTANTES

Existe una obvia disparidad entre los vendedores que han adoptado una mentalidad de jefe ejecutivo de operaciones y aquellos que asumen la forma de pensar de la mayoría. He aquí varios ejemplos de cómo este contraste de mentalidades incide en el mundo de las ventas.

Mentalidad de vendedor	Mentalidad de ejecutivo principal
Sólo paga lo que puede ser reembolsado	Invierte dinero para hacer más dinero
Llama a cualquiera	Llama al apropiado
Reacciona a las interrupciones	Asegura que no haya interrupciones
Mantiene a clientes seguros	Pone fin a relaciones infructuosas
Ocupado y orientado a la acción	Productivo y concentrado en los resultados
Valora más la cantidad que la calidad	Sabe que la calidad crea más cantidad
Prioriza las ganancias sobre las personas	Prioriza las personas sobre las ganancias
Prioriza los ingresos sobre la reputación	Prioriza la reputación sobre los ingresos
Edifica el negocio antes que la capacidad	Edifica la capacidad antes que el negocio
Prioriza los calendarios	Programa sus prioridades
Orientado al corto plazo	Orientado al largo plazo
Descansa en retornos rápidos	Descansa en la confianza del cliente
Triunfa por accidente	Triunfa por diseño

Deseo dibujar para usted este cuadro muy claramente, porque es crucial. Pensar como jefe ejecutivo de operaciones es la primera clave para comprender la ley del accionista y es vital para establecer la confianza a largo plazo de sus clientes. Un vendedor que comprenda la ley del accionista sabe que:

➤ cómo trabaja importa más que dónde trabaja,

➤ cómo vende lo que tiene importa más que lo que tiene para vender,

➤ cómo hace sus llamadas telefónicas es más importante que cuántas llamadas hace,

➤ cuántas horas produce importa más que cuántas horas trabaja,

➤ conseguir clientes leales importa más que cuántos clientes consiga,

➤ tener clientes con una gran confianza importa más que cuántos clientes tenga.

El futuro de su carrera de vendedor descansa principalmente no en sus manos y sus pies sino en su mente. En otras palabras, de la manera en que usted piense como un vendedor profesional determinará la forma en que actúe como profesional de las ventas. Y hasta que empiece a concebirse como un exitoso propietario de negocios, hasta que asimile que las máximas anteriores se cumplen, no tomará decisiones de manera congruente ni emprenderá acciones que optimicen su negocio de ventas. En realidad, es por eso que esta ley del accionista es la tercera. Una mentalidad triunfadora precede a una forma de actuar triunfadora. Y ser digno de confianza precede a la confianza. Veámoslo así: Hasta que usted pueda pensar por sí mismo, los clientes no confiarán en su forma de pensar.

La ley del accionista es algo más que autoafirmación y autoconfianza. Si bien antes de emprender el ascenso usted debe pensar cómo llegar a la cima, el sólo pensar en su carrera de vendedor no lo llevará a ninguna parte. Como en cualquier negocio, debe invertir activamente en el suyo para que este pueda crecer.

CÓMO INICIAR UN NEGOCIO

¿Qué haría usted si pusieran en sus manos las riendas de un nuevo negocio con enorme potencial? Piénselo bien. ¿Qué pasos emprendería para asegurar su éxito? Lo primero que probablemente haría es celebrar. No se da una oportunidad así todos los días ¿verdad? (Y quizás sintió la misma sensación de emoción cuando le contrataron para su actual puesto de vendedor.) Pero una vez que el confeti deje de caer, ¿qué pasos daría a fin de construir un sólido cimiento para su nuevo negocio? ¿Cuáles serían sus principales prioridades?

No me negará que asegurar algún capital de crecimiento sería la primera prioridad. Después de todo, para hacer dinero hay que invertir ¿Qué vendría después? Probablemente buscaría una o dos personas clave que le ayudaran a dirigir las operaciones diarias de su empresa, para asegurarse que las reuniones principales se programen, las tareas importantes se completen, las llamadas telefónicas relevantes se hagan y las prioridades clave se mantengan siempre en el tope de su agenda, de modo que cada día se sacara el máximo provecho al tiempo y al dinero. También quizá adquiriría algunos asociados clave, profesionales como usted que entiendan lo que hace falta para triunfar y estén dispuestos ayudarle a tomar las decisiones clave que mantendrían a la compañía en ascenso.

Ahora, piense conmigo: ¿Qué más haría? Queda probablemente otro paso fundamental que cualquier profesional exitoso emprendería si le entregaran el control de un nuevo negocio. Dicha persona procuraría aprender, estudiar y crecer a nivel personal. ¡Pues claro! Usted tendría que invertir algún tiempo y dinero en su crecimiento personal, no sólo para mantenerse al tanto de todo lo que demanda la dirección de un negocio, sino también para aventajar a la competencia. Si quiere ser el líder de su campo tendrá que llegar a ser más competente, innovador y atractivo que ellos y mantenerse en la vanguardia. Y sin duda tendrá que ser capaz de comprender y cubrir las necesidades de sus clientes potenciales mejor que todos los demás.

Ahora bien, es aquí donde la cosa se vuelve un tanto personal. ¿Cuántos de esos mismos pasos ha dado a favor de su actual negocio de ventas? ¿Ha invertido capital, suyo o ajeno, en el futuro de su compañía? ¿Ha contratado a un ayudante capaz cuya gestión pueda contribuir a asegurar que su tiempo sea invertido en aquello que reportará a su negocio las mayores ganancias? ¿Ha procurado contar con unos cuantos asesores confiables para ayudarle a tomar decisiones inteligentes y permanecer en la vía hacia un mayor éxito? ¿Tiene un plan para su crecimiento personal? Si usted es propietario de un negocio, estas son inversiones fundamentales que deberá hacer para triunfar. Y si ha estado intentando triunfar sin ellas, le garantizo que su empresa no está creciendo al ritmo que podría. Pero la buena noticia es que independientemente de su rendimiento actual en ventas, la ley del accionista le asegura que cuando empiece a adquirir acciones en usted mismo, cuando comience a levantar un negocio en el cual las personas puedan depositar su confianza, otros comenzarán a comprar acciones suyas y su compañía cosechará los beneficios. El relato de Jean da testimonio de esta verdad:

Jean Dees comenzó su segunda etapa como profesional de las ventas en 1992, a la edad de cincuenta y cuatro años. Tuvo cierto éxito en la industria anteriormente, pero habían pasado once años desde que llamó al último cliente y muchos más desde que había levantado un negocio de ventas de la nada. Pero ella olvidó la máxima de añadir valor a las vidas de las personas. O sea, descuidó lo que convierte a la profesión de vendedor en un privilegio.

Inicialmente Jean manejó las cosas como lo hacen los vendedores más laboriosos y ambiciosos: trabajaba muchas horas intentando maximizar los pocos recursos que tenía a su disposición para hacer prosperar su nuevo negocio. Cada semana dedicaba más de cincuenta horas al mercadeo, a llamar a prospectos y a intentar cultivar sus relaciones con los clientes, todo ajustado a los limitados recursos que su patrón le ofrecía. Y si bien cosechaba algún éxito, no era suficiente. Al fin sintió que había una manera mejor de hacerlo; que necesitaba pensar más allá de los confines de los recursos con que contaba. Ese mismo año se costeó de su bolsillo los gastos de mi seminario de maestría en ventas en Palm Springs, California. Allí aprendió las importantes verdades de la ley del accionista, o sea que no estaba invirtiendo en lo que debía. El negocio, aprendió, prosperaría cuando aprendiera a convertirse en una mejor inversora.

Jean había dado ya un paso en la dirección correcta al asistir al seminario. Esa fue su primera inversión sensata. La siguiente fue contratar inmediatamente a una asesora que la ayudara a desarrollar un plan de negocios efectivo en sintonía con el plan de su vida. Con ella, determinó qué inversiones adicionales eran necesarias hacer en forma inmediata y cuáles con frecuencia regular, para alcanzar el negocio y la vida que deseaba. La asesoría, decidieron, sería una inversión vitalicia. Y lo mismo el asistir a seminarios de crecimiento personal y profesional. Junto con algunas inversiones monetarias personales y unas cuantas inversiones iniciales, Jean estaba en el camino correcto. Ella se había comprometido a aplicar la ley del accionista y no tardó mucho en comenzar a cosechar las recompensas.

El año pasado, a los sesenta y cuatro años de edad, Jean recibió la «Distinción a la Maestría a Través de Toda su Vida», que otorga mi compañía a profesionales que año tras año ejemplifiquen de manera congruente la excelencia, la productividad máxima y un servicio que añade valor a sus clientes. Pero, como le diría ella, este no es ni mucho menos el mayor retorno obtenido por sus inversiones a través de los años. Actualmente, es propietaria de la compañía donde antes trabajaba; eso le da la libertad para pasar sólo treinta horas por semana en la oficina y dedicar bastante tiempo a su familia. De hecho, en los últimos años, su compañía de ventas se ha convertido en asunto familiar; su hijo es ahora el vicepresidente ejecutivo; su hija, una de las mejores vendedoras y su nieta, una pasante que comparte su tiempo de trabajo con su abuela mientras aprende las disciplinas que convirtieron a Jean en una vendedora profesional altamente exitosa y satisfecha.

LAS DIEZ INVERSIONES PRINCIPALES QUE USTED PUEDE HACER EN SU FUTURO

El éxito de Jean comenzó con una pequeña inversión en un seminario, pero con el tiempo sus inversiones le han conquistado una vida que antes sólo podía imaginar. Y como sucedió con ella, los beneficios de aplicar la ley del accionista suelen tomar un tiempo para madurar. Aunque habrá retornos inmediatos, tales como una mejor organización, menos estrés y un mayor sentido de propósito, los beneficios a largo plazo vienen, a no dudarlo: clientes más leales, más tiempo libre, más ingresos y más vida. De hecho, mientras más tiempo se mantenga usted realizando estas inversiones inteligentes, mayores serán los beneficios.

Como ilustra la historia de Jean, las ganancias a largo plazo por seguir la ley del accionista son mucho más que tiempo para vacaciones y dinero en su bolsillo. Pueden ser aún más sustanciales y significativos. Cuando usted invierte en sí mismo y en su negocio como le enseña esta ley, gana una nueva vida: una más abundante que la que tenía, quizás más que cualquiera que haya tenido antes. La ley del accionista no consiste sólo en invertir en su negocio por este mismo, consiste en mucho más. Aplicar esta ley es invertir en su negocio de la manera correcta, a fin de que no sea este el que rija su vida.

Consiste en convertirse en un propietario de negocios digno de confianza, en sentido figurativo y literal, de modo que pueda desarrollar un negocio igualmente digno de confianza. Y en definitiva, consiste en plantar semillas en su empresa de modo que luego coseche una empresa mayor y más vida para usted.

Con esto en mente, las siguientes son las diez mejores inversiones que usted puede hacer para redondear un negocio de ventas más seguro y triunfante, así como una vida más abundante. Aplíquelas como lo hizo Jean y obtendrá similar recompensa.

1. Invierta en sus relaciones con aquellos a quienes ama. ¿Qué significaría para usted su éxito como vendedor si no pudiera compartirlo con aquellos a quienes ama? No cometa el error de postergar a las personas más importantes en su vida, en nombre de «edificar su negocio». Invertir tiempo en su familia y amigos íntimos es cardinal para su sentido de realización y éxito. De hecho, el invertir tiempo en su negocio de ventas debe consistir en gran parte en liberar más tiempo para compartirlo con aquellos a quienes quiere. Siembre en su empresa para cosechar más vida. Cierto, usted también ganará un negocio mejor, pero si a eso se limitara su cosecha, acabaría como un rico que vive una vida miserable.

2. Invierta en un programa de desarrollo personal a largo plazo. El principal activo de su negocio es *usted*. Y el crecimiento de su empresa siempre será proporcional a su capacidad para maximizar su potencial personal ¿Es un *buen* líder? Invierta en convertirse en un *gran* líder ¿Es bueno cultivando relaciones? Invierta para ser un gran cultivador de relaciones que duren toda la vida. En términos más simples: quédese como está y su negocio nunca florecerá. Cultívese, ofrezca a las personas motivos para confiar en usted y será capaz de hacer crecer su negocio. Cultívese de manera regular y su compañía irá cuesta arriba.

Si desea ser un gran vendedor capaz de generar confianza, entonces tiene que convertirse en un experto en su campo. No basta con un libro. Tampoco con una suscripción por doce meses a una revista. Ni siquiera un seminario al año es suficiente. Los mejores vendedores profesionales acostumbran hacer todo esto y más. Si desea alcanzar su potencial como vendedor, nuestras investigaciones demuestran que usted necesitará un mínimo de cada una de estas cosas:

Entrenamiento generalizado. Esto le ofrece un fundamento sobre el cual construir. Todo vendedor necesita comenzar con al menos un seminario o un régimen similar de entrenamiento que le enseñe un plan efectivo y abarcador en materia de ventas; un adiestramiento desde la A hasta la Z acerca de cómo vender. Para usted, este libro puede ser ese adiestramiento y también un gran comienzo.

Tutoría mensual. Escoger uno o dos tutores cuyas cintas, videos y libros le ayuden a mantener el foco en el plan de ventas y las disciplinas que usted debe implementar y dominar para mejorar continuamente.

Recursos para vender. Cada semana debe escuchar cintas o discos compactos o leer revistas sobre el mundo de las ventas y utilizar para esta actividad las últimas herramientas en Internet. Estas son las vitaminas que mantendrán su curva de crecimiento siempre en ascenso.

3. Invierta en un asesor de ventas. Usted nunca sabrá todo lo que debe saber para tomar cada decisión que se presente en la dirección de un negocio. Para triunfar como vendedor, debe estar siempre dispuesto a que le enseñen. Por tanto, es imperativo que se haga acompañar por un asesor competente y digno de confianza que pueda ayudarle a vadear las aguas turbulentas y ver con claridad la mejor decisión. Y no cometa el error de creer que un asesor se hace obsoleto una vez que ha alcanzado cierto nivel de éxito. Por el contrario, a medida que usted asciende a niveles superiores, el asesor se convierte en un bien aun más preciado porque, como dicen por ahí, mientras más corpulentos somos, más dura es la caída. A mayor éxito suyo mayores se tornan las expectativas de sus clientes. Traicionar la confianza a grandes alturas es más costoso. Pero como un experimentado compañero de escalada, el asesor le ayudará a asegurar que sus caídas no sean nunca mortales.

4. Invierta en un ayudante competente que se convierta en su mano derecha. Es más que probable que usted este sobrecalificado para la mayoría de las tareas que realiza. Esto, si usted es como la generalidad de los vendedores, se debe a que trata de hacerlo todo por sí mismo.

Y se comprende, ya que a la mayoría de las personas en esta profesión nos gusta acabar pronto el trabajo. Pero para dirigir con eficacia una empresa, no puede encargarse de todo. Debe aprender a delegar funciones con efectividad. Y eso empieza por invertir en un ayudante capaz y competente. Ahora quizás piense: *No puedo darme el lujo de contratar a un ayudante.* Pero recuerde que aquí estamos hablando de inversiones, no de gastos. La verdadera pregunta que debe considerar es: ¿puede usted darse el lujo de no tener un ayudante?

El hecho es que no podrá ascender al próximo nivel hasta que haya liberado más tiempo para hacer lo que reportará a su compañía las mayores ganancias y en el campo de las ventas eso quiere decir construir relaciones duraderas. Mientras más tiempo invierta en las tareas productivas, mayores podrán ser sus utilidades. En la mayoría de los casos, un ayudante bien entrenado libera un mínimo de cuatro horas más cada día (vea más sobre esto en el capítulo 6); eso equivale a 20 horas adicionales en una semana de trabajo de cinco días y a dos días de trabajo más, sin tener que pasarse en la oficina los siete días de la semana. Y si sus prioridades están en orden, esas horas extras pueden literalmente ganar diez veces más su inversión monetaria.

5. **Invierta en su imagen personal.** ¿Qué imagen está enviando usted a sus clientes? Si su negocio radica en un local, ¿qué impresión tienen de usted los que trasponen el umbral? ¿Qué impresión recibe la gente cuando ve su material de mercadeo? ¿Qué impresión les causa su apariencia? No quiero que malinterprete lo que estoy tratando de decir aquí: una acción superior puede borrar una impresión negativa o indiferente. Pero muy a menudo, si su imagen no es amigable, profesional y atractiva, puede que nunca obtenga la oportunidad para realizar una venta. Y tal impresión ciertamente tampoco cultiva la confianza.

Una imagen personal negativa u hostil puede convertirse en un obstáculo que los clientes deben superar antes de comprometerse a hacer negocio con usted. Para evitarlo, invierta en artículos que le ayuden a mejorar su imagen personal, tales como piezas de mercadeo y seguimiento de alta calidad, nuevos muebles de oficina y ropa elegante. Tenga presente que hasta que usted no haya concluido un negocio con un individuo, su imagen personal puede ser todo lo que este tenga para decidirse.

6. **Invierta en un plan financiero personal.** El éxito a largo plazo de su negocio de ventas depende de su capacidad para reinvertir el dinero inteligentemente mientras mantiene el crecimiento financiero. Ese es un factor imprescindible para cualquier negocio duradero. Pero déjeme llevarle un paso más allá. Su satisfacción a largo plazo con su carrera como vendedor depende en parte de su capacidad para mantener la estabilidad financiera. Lo que sucede muy a menudo es que los vendedores se encuentran ahogados en deudas, debido a que cada vez que cierran una buena venta en lugar de pagarlas se recargan con más responsabilidades financieras adquiriendo el automóvil del año, una casa, un yate o cualquier otra cosa. En tales circunstancias, vender suele convertirse en una necesidad apremiante para cumplir con plazos financieros, en lugar de construir un negocio rentable a base de propósito y relaciones leales.

Antes que caiga en esa trampa, invierta en una reunión con un asesor financiero calificado y confiable que pueda ayudarle a planear el curso hacia su estabilidad y libertad financieras. Un plan así no sólo le ayuda a reducir el estrés de las finanzas personales cotidianas, sino que también le permitirá anticipar la cantidad que debe reinvertir en su negocio cada mes para que pueda mantener con consistencia su estilo de vida.

Debemos admitirlo, una de las razones por las que usted está en el negocio de las ventas es el hacer dinero y una de las que le ha llevado a leer este libro es hacer más dinero y llegar a tener algún día independencia financiera. Y de acuerdo con la ley del iceberg, esa no es una aspiración destructiva, en tanto que no represente su principal motivación. De modo que comprométase a gastar unos dólares en crear un plan financiero que le ofrezca una ruta clara para el futuro financiero que desea y que asegure su estabilidad mientras se dedica a fortalecer su negocio. Créame, como propietario de una empresa, resulta mucho más costoso no hacerlo.

7. **Invierta tiempo en un programa de ejercicios.** La longevidad de su carrera comienza con su salud. Es un hecho que el estado de su organismo puede afectar en forma radical su negocio, más aun en la profesión de vendedor. Desafortunadamente, en este campo se ha hecho común trabajar sesenta, setenta o hasta ochenta horas a la semana. Y si bien usted puede estar haciendo mucho dinero con ello, son pocos los que soportan ese ritmo. Su cuerpo no puede asimilar

semejante abuso y no tardará en hacérselo saber con enfermedades como fatiga o ansiedad crónicas, insomnio, úlceras, jaquecas o incluso un infarto cardíaco. No creo que pueda refutar que es difícil disfrutar de los frutos de su trabajo; por no hablar de la propia vida; cuando uno está siempre atareado. El hecho es que si persigue una carrera de vendedor larga, exitosa y satisfactoria, deberá invertir en su cuerpo.

8. Invierta en un programa de retención de clientes. Para ser un propietario exitoso de un negocio de ventas usted debe hacer algo más que proveer servicio a los clientes: debe generar la lealtad de estos. De eso se tratan las ventas de alta confiabilidad: de invertir en un programa que asegure que aquellos con quienes usted trata siempre regresen por más. Es la mayor inversión, dólar por dólar, que uno puede hacer en su empresa. Le recomendaría concentrar su capital de inversión en cuatro puntos principales: herramientas creativas de mercadeo; procedimientos innovadores de seguimiento; obsequios con valor añadido y retroalimentación del cliente. Todos ayudan a crear clientes para toda la vida. Y ese es el tipo de cliente que usted debe procurar más, porque el valor vitalicio que añaden a su negocio siempre le recompensará con creces cualquier inversión que haga.

Por ejemplo, si su propiedad es una concesionaria de autos, un cliente vitalicio le aportará más de 300.000 dólares. Si vende bienes raíces, un cliente de por vida puede depositar más de 80.000 dólares por concepto de comisiones en su cuenta bancaria en un período de veinte años, ya sea personalmente o mediante referencias. Cuando uno entiende el valor tremendo de retener a los clientes, es fácil justificar la inversión inicial que hay que hacer para ganárselos.

9. Invierta en una biblioteca. La persona que usted será mañana tiene mucho que ver con los libros que lea hoy. Tal vez parezca trivial invertir en libros, pero debe comprender que nunca aprenderá lo suficiente por medio de su propia experiencia para superar en visión a la competencia. Por tanto, debe encontrar otra vía para incrementar sus conocimientos y la más efectiva son las lecciones que otros han plasmado en libros. Su inversión en una biblioteca va más allá de invertir en un plan de crecimiento personal, porque al organizar una biblioteca no sólo proveerá para su propio crecimiento, sino que también promoverá el aprendizaje al resto de su equipo e incluso al de sus clientes, tanto ahora como en el futuro. En los últimos doce años he

> **La persona que usted será mañana tiene mucho que ver con los libros que lea hoy.**

leído más de 800 volúmenes y estoy convencido de que el compromiso de aumentar mis conocimientos me ha ayudado a triunfar.

10. Invierta en tecnología. Esto sobra decirlo si usted dirige un negocio de ventas limitado a Internet. Pero me refiero aquí a aquellos de nosotros que realizan negocios cara a cara o por teléfono. Para satisfacer mejor las necesidades presentes y futuras de sus clientes, usted debe marcar el paso con el desarrollo tecnológico. La mayoría de sus clientes reales y potenciales, si no todos, tienen correo electrónico y acceso a la Internet. Por tanto, tiene sentido desde el punto de vista de los negocios que utilice estos medios de comunicación para mantenerse en contacto con ellos y promover y realizar negocios. Si aún no lo ha hecho, considere invertir en una página electrónica (Web) para su empresa que actúe como herramienta de mercadeo y como banco de recursos para su clientela. Aquí entra a jugar la inversión # 5. No invierta en una página Web si no lo va a hacer a fondo. La apariencia y utilidad de su página afectará, bien positiva o negativamente, las impresiones que causa en sus compradores. Si su negocio de ventas se desarrolla principalmente mediante interacción cara a cara o telefónica, procure utilizar su página Web menos para mercadeo y más para ayudar y equipar a sus clientes. Esto ayudará a presentar su compromiso con las personas antes que con las ganancias.

USTED PROBABLEMENTE PUEDE OBTENER MÁS DE LO QUE CREE

La ley del accionista le revela que debe invertir regularmente en sí mismo y en su negocio, si es que espera triunfar en la profesión de vendedor. Esto significa que usted no espera que su compañía invierta en su futuro de ventas; sino que hace por usted mismo el sacrificio, porque este es su negocio y su crecimiento es responsabilidad suya.

Mientras comienza a considerar cómo debe invertir inicialmente en el futuro de su compañía, le recomiendo que asuma una nueva perspectiva en lo que se refiere a cuánto puede gastar. Que asuma una que con frecuencia nos revela que podemos gastar más de lo que creemos.

Uno de mis conferencistas, Tim Broadhurst, ha determinado siempre su capacidad de inversión asumiendo la siguiente perspectiva: En lugar de revisar su cuenta bancaria y determinar cuánto puede gastar, revisa primero aquello de lo que su empresa no puede darse el lujo de prescindir; luego, busca una forma de invertir para adquirirlo. Como todo vendedor de éxito, siempre está dispuesto a reinvertir en el negocio un mínimo del diez por ciento de los ingresos que ha proyectado. A veces, sin embargo, es mucho más que eso.

Por ejemplo, en una coyuntura diferente, al principio de su carrera de vendedor, Tim comprendió que estaba dedicando demasiado tiempo precioso a tareas administrativas como hacer copias, contestar el teléfono, sortear los correos electrónicos, llenar formularios y comprar suministros. Estas eran cosas que había que hacer, pero invertir su tiempo en ellas no resultaba productivo y así perdía muchas ventas. Sabía que debía estar dedicando su tiempo a cultivar relaciones duraderas, pero en lugar de ir a la compañía y pedir un ayudante, algo que sabía no sería aprobado, contrató uno con su propio dinero, razonando que el mayor tiempo dedicado a construir relaciones produciría un retorno mucho más jugoso que el que obtenía entonces. Y tenía razón. Luego de un corto período, la inversión demostró su utilidad incrementando drásticamente la producción de Tim. De hecho sus cifras se incrementaron tanto que al cabo de seis meses su compañía acordó pagar el salario de su ayudante. ¿Una inversión inteligente? Por supuesto. Esa disposición y chispa para realizar inversiones sensatas en el futuro de una compañía es lo que ha permitido a Tim levantar un negocio con ventas anuales por valor de 100 millones de dólares.

Las inversiones suyas generarán retornos similares si tiene el cuidado de determinar lo que necesita realmente su empresa para triunfar ahora mismo. Sea sensato, pero también audaz: podría necesitar tomar algunas decisiones financieras difíciles a fin de hacer las inversiones necesarias. Pero así es como se administra un negocio exitoso. Se eliminan los obstáculos a su progreso y se integran catalizadores para el éxito presente y futuro. Y esa es la esencia de la ley del accionista.

APLICACIÓN AL LIDERAZGO EN VENTAS

Si usted es el líder de una institución dedicada a las ventas, es su misión proveer a su personal oportunidades para crecer de manera regular. Si todavía no lo ha hecho, comprométase a inscribir a cada uno de sus empleados en un plan de crecimiento personal diseñado específicamente para perfeccionar sus puntos fuertes y fortalecer las áreas de debilidad. Asegúrese, sin embargo, de que cuando considere las debilidades de cada cual procure desarrollar solamente las áreas que puedan mejorar a ese individuo de manera personal o en relación con la compañía. No trate de convertir a una persona en otra. El objetivo al desarrollar a sus empleados es doble: (1) mejorarles como individuos y ayudarles a vivir según los propósitos para los que ellos crean que fueron diseñados y (2) mejorar su valía con respecto a sus colegas, la empresa y los clientes. Al añadir esta clase de valor a sus empleados, usted ayudará y no obstruirá sus esfuerzos por ganarse la alta confianza de sus clientes.

La ley de la escalera

*El éxito que logre está directamente
relacionado con los pasos que conciba.*

N adie duda de que la generalidad de los vendedores profesionales desearían que sus negocios fueran más consistentes y estables. Entonces ¿por qué será que una gran mayoría de los
vendedores agonizan en un laberinto de incoherencias? Una de las
razones principales es que no planean su éxito.

En más de 50.000 entrevistas realizadas por mi compañía, menos
del dos por ciento de los vendedores admitieron contar con un plan
de negocios que les sirviera como guía diaria. Y sólo el diez por ciento sigue un proceso disciplinado de ventas para asegurar mayores
probabilidades de establecer confianza entre sus clientes. ¿Qué cree
usted que sucede cuando se combina un proceso indisciplinado de
ventas con la ausencia de un plan? Para empezar, carecerá tanto de
congruencia como de estabilidad en su carrera. Cerrar una venta se
convertirá en un juego de azar, una apuesta a los dados. Y ganar la
confianza de los clientes, en una cuestión de estar «en el lugar exacto, a la hora exacta». No hace falta decir que nunca construirá un
negocio altamente rentable basándose en tales nociones.

Cuando Ian Mc Donald desarrolló un plan, al año siguiente su
negocio se triplicó. De hecho, produjo más ventas en los primeros
tres meses que las que había logrado todo el año anterior.

Ian había sido vendedor profesional por dos años y medio antes
de asistir a una de mis conferencias en noviembre del 2000. Fue allí
donde comprendió el valor crucial de crear un plan de negocios efectivo. Pero entonces no sabía *cuánto* valor añadiría dicho plan tanto
a su empresa como a su modo de vida. Un mes después de asistir a
mi seminario, Ian se reunió con su nuevo asesor y por primera vez
esbozaron un plan para incrementar su productividad. El proyecto
incluía: ampliar el equipo de vendedores; formar relaciones laborales
sólidas; monitorear estrechamente las necesidades de sus clientes y

satisfacerlas; mejorar sus métodos de búsqueda de clientes; mejorar las comunicaciones en general y elaborar un diagrama para indicar cómo debería desarrollarse cada venta. Con este plan establecido, Ian fijó su meta de ventas en 35 millones de dólares para el año siguiente. El anterior había producido 22 millones; de modo que 35 millones le parecieron un incremento satisfactorio, especialmente si se considera que su negocio se desarrolla en Hutchinson, Minnesota, una población de sólo 13.000 habitantes.

Pero Ian pronto descubrió que no se había fijado metas tan ambiciosas. En menos de cuatro meses después de implementar su plan de negocios, había ya superado su meta de ventas de 35 millones de dólares. Y cuando terminó el 2001 había producido 66 millones, casi el doble de su objetivo y tres veces el total del año anterior. Ah, olvidaba mencionar algo más: Ian sólo trabaja en su oficina cuatro días a la semana. Su plan empresarial ha sido tan efectivo que su meta anual de ventas ya no es monetaria. Ahora se limita simplemente a realizar las transacciones de manera tan eficiente que él y su equipo disfrutan de una calidad de vida inmensamente mejor: trabajan sólo las horas que se requieren para completar con excelencia sus asignaciones y les queda suficiente tiempo para sus amigos y familiares, y para tomar vacaciones cuando lo deseen. Es eso lo que se supone que haga un plan de negocios: incrementar su productividad reduciendo su actividad y mejorando su calidad de vida (y de sus clientes) durante el trabajo y fuera de él.

> **Lo cierto es que si no posee un plan eficaz y eficiente de ventas, cualquier negocio que haga será accidental.**

¿Y usted qué? ¿Ya puso en vigor un plan de ventas eficiente? Lo cierto es que si no posee un plan eficaz y eficiente de ventas, cualquier negocio que haga será accidental. La confianza que recibe de sus clientes será tan temporal como sus compras. En lo tocante a vender, la esperanza no es una estrategia. La coherencia en este campo no la determina estar siempre en el lugar exacto a la hora exacta con la actitud correcta. Sino ser coherente. Se trata de tener integridad; de llamar a la hora acordada y de presentarse a las citas a la hora fijada. De escuchar las necesidades de su cliente y procurar sinceramente satisfacerlas con sus productos o servicios. Y finalmente, se trata de ganar confianza y mantenerla. Una alta confiabilidad no es algo que sucede arbitrariamente. Alta confiabilidad y en consecuencia el éxito, pueden ser establecidos si usted sabe aplicar un plan de ventas que funcione. Es en este punto donde entra a jugar la ley de la escalera.

CUMBRES Y VALLES DE LAS VENTAS

La ley de la escalera postula que el éxito que usted obtenga está directamente relacionado con los pasos que conciba. En otras palabras, para lograr un éxito duradero y congruente en su carrera de vendedor que evite las cumbres y los valles, usted debe primero concebir un plan triunfador. Debe comenzar por determinar qué pasos son necesarios para ganar y mantener la confianza de un cliente. Aun si ha tenido momentos buenos en su carrera, lo cierto es que sin un plan usted continuará tratando de edificar su negocio en forma accidental y así de seguro nunca alcanzará su potencial de ventas.

Sin un plan, usted continuará haciendo llamadas al azar y tratando de asegurar transacciones antes de establecer confianza. Seguirá diciendo lo que no debe a sus buenos prospectos y perderá cualquier confianza que haya podido establecer. Continuará aceptando contratos sin contar con sistemas para proveer a tiempo el producto o servicio. Sin un plan usted continuará siendo reactivo en lugar de proactivo; luchará por retornos rápidos en lugar de asegurar una confianza sólida. Todas estas tendencias contraproducentes juntas crean con el tiempo un techo de conflicto para su carrera de ventas. Y la única manera de evitar pegarse en la cabeza es cambiar constantemente de velocidad.

El ejercicio es más o menos así: Usted se pone en velocidad alta para impulsar las ventas. Luego, como no dispone de un plan, cambia a una velocidad baja a fin de dedicar atención a las ventas que ya ha hecho. Algunas semanas cierra un montón de transacciones y a la siguiente se esfuerza por dedicarle a estas su atención. Sube... se pega en la cabeza... vuelve a bajar... sube... se vuelve a pegar... y vuelve a agacharse. Cumbres y valles, ¿le suena familiar? Y he aquí la verdadera tragedia: al final usted ha trabajado el doble para ganar sólo la mitad. Piénselo bien. Si produce ventas una semana sí y la otra no, en el curso de un año habrá trabajado cincuenta y dos semanas pero ingresado dinero sólo en veinte y seis de ellas. En otras palabras, si el año pasado ganó 50.000 dólares siguiendo un escenario como este, en realidad debió haber llegado a 100.000. Pero la buena noticia es que es fácil evitar esta práctica contraproducente.

> La clave es contar con un plan que genere el tipo adecuado de ventas. Ventas procedentes de cuentas apropiadas y respaldadas por un proceso adecuado para que produzcan ingresos máximos a cambio de su tiempo.

La clave es contar con un plan que genere el tipo adecuado de ventas. Ventas procedentes de cuentas apropiadas y respaldadas por un proceso adecuado para que produzcan ingresos máximos a cambio de su tiempo. Esta es la esencia de la ley de la escalera. Déjeme mostrarle cómo aplicarla en su carrera de vendedor.

VEA SU ÉXITO

Presidiendo todo plan de negocios exitoso está siempre la visión de un futuro ideal, tanto para el trabajo como para la vida. Un plan empresarial no mejorará su calidad de vida o de ventas a menos que vaya ligado a un sentido de propósito mayor. A la larga, su visión es el filtro a través del cual usted sortea cualquier decisión empresarial, desde cómo hacer las ventas hasta a quién se las hará. Por tanto, no contar con una visión del futuro que usted desea es una invitación a que la indecisión, la inestabilidad y la inconsistencia plaguen su carrera. Establecer una visión amplia de su negocio es el primer peldaño para aplicar la ley de la escalera.

En lo que respecta a establecer una visión para el futuro de su empresa, su edad no importa. Nunca es demasiado tarde para alcanzar su potencial. El éxito en las ventas no discrimina por edades. La historia de mi padre ofrece un testimonio de ello.

Alrededor de sus veinticuatro o veinticinco años de edad, trabajaba como contador de una importante compañía petrolera. Pero ya más cerca de los treinta comenzó a sentir que la contabilidad no era lo que prefería. Empezó a sondear su corazón para determinar en qué dirección deseaba orientar realmente su carrera. Como resultado llegó a desarrollar una nueva visión para su vida. Casi al cumplir los treinta, determinó que quería ser médico; y eso cambió todo lo que hizo desde entonces. En los diez años siguientes agregó peldaños a esta visión asistiendo a cuanta escuela le hiciera falta. Luego ya cerca de su cumpleaños número cuarenta, comenzó finalmente su práctica como radiólogo, la cual continuó hasta su jubilación, veinticinco años después.

Una vez que mi padre determinó su verdadera visión, se sintió confiado en los peldaños que subió desde aquel día. ¿Tropezó a lo largo del camino? Claro que sí. Pero lo importante es que con una visión clara en el ojo de su mente, fue capaz de construir y de seguir un plan efectivo que le guiaría a una carrera exitosa y satisfactoria. Es así que funciona la visión. Y es así como funcionará para usted.

¿Cree haber alcanzado un rendimiento máximo en su carrera de vendedor? Tómese un instante para visualizar cómo se ve. ¿Cómo está invirtiendo sus días? ¿Que le parecen sus relaciones con sus clientes? ¿Qué legado está dejándoles? Describa el estado de sus finanzas, ¿Cuánto dinero ingresa cuando rinde el máximo? ¿Qué está haciendo con el excedente? Describa su vida, ¿Qué está haciendo con más tiempo libre? ¿Qué le parece su vida familiar ahora que está vendiendo al máximo? ¿Qué legado está dejando en las vidas de su esposa e hijos? ¿Cómo le describen sus familiares y amigos íntimos? ¿Qué le satisface más de su vida? Describa sus años de jubilación, ¿Que está haciendo con la recompensa a su carrera de vendedor? ¿Con quién está pasando sus días? ¿En quién o en que está invirtiendo su dinero? ¿Cómo le recordarán los demás cuando ya no exista?

Todo esto es material para crear una visión. Y es vital para su éxito como vendedor. Usted debe saber con claridad cómo luce su futuro si es que va a tomar decisiones claras en su presente. De hecho, si no ve con claridad su futuro ahora, necesita una reunión cumbre consigo mismo. Durante la misma, debe responder las preguntas que se le hicieron en el párrafo anterior. Por favor, confíe en mí: cuando empiece a desarrollar claridad en torno a su futuro usted se volverá más productivo en su presente. Y no es algo que funcione en sentido contrario.

> **Cuando empiece a desarrollar claridad en torno a su futuro usted se volverá más productivo en su presente.**

CUATRO PLANES BÁSICOS

Cuando un vendedor se gradúa de uno de mis seminarios titulados «Academia de Ventas de Alta Confiabilidad», ha aprendido que en el centro de un gran crecimiento como vendedor profesional debe encontrarse un plan de vida, un plan de negocios, un programa de tiempo y un plan para los clientes. A esto le llamamos los «Cuatro Planes Básicos» del éxito en el campo de las ventas. Sin ellos, es muy difícil ganar una alta confiabilidad. Con ellos, el límite es el cielo. Francamente, no es raro que en el primer año de implementación los graduados experimenten una duplicación tanto de sus negocios como de su tiempo libre.

Aunque sé que usted está probablemente ansioso por entrar en acción y me explico sus motivos, se necesita una comprensión clara de los cuatro planes básicos a fin de allanar el terreno para crear e implementar de manera efectiva sus planes de ventas de alta confiabilidad. En los próximos capítulos discutiremos los detalles de cómo construir un plan de ventas efectivo pero, por ahora, limítese a asegurar una comprensión amplia y práctica de las siguientes cuatro partes, que constituirán para usted el núcleo de una más efectiva estrategia de ventas.

Para James, el proceso de determinar los cuatro planes básicos no comenzó hasta que tuvo treinta años, pero cambió por completo su enfoque de ventas y su visión de la vida. James comenzó a trabajar en la industria de ventas de computadoras recién egresado de la universidad y durante ocho años inestables se mantuvo usando las mismas supuestas «estrategias de ventas» que había aprendido: decenas de llamadas agresivas inesperadas, abundancia de artimañas y manipulación (algo a lo que denominaba «oficio de vendedor»). Se acostumbró a hacer llamadas sorpresivas, unas cuarenta diarias. Y hasta se había vuelto tolerante al rechazo, pensando que, según le habían dicho, esa era la norma en la industria.

Pero nunca se había sentido realizado en su campo. Sólo que tenía cuentas por pagar. Cierto, había tenido algún éxito: tres veces le habían designado «Mejor Vendedor del Mes». Y en su mejor año, cuando tenía veintiocho años de edad, había ganado casi 50.000 dólares. Pero James echaba de menos muchas cosas y no estoy hablando de ventas y ganancias. Se estaba perdiendo su vida. En los últimos tres años había promediado setenta horas por semana, en la oficina o en la calle con los clientes, quienes sólo esporádicamente le proporcionaban alguna venta. En cuatro años no había disfrutado más de tres días consecutivos de vacaciones y sus dos pequeños hijos apenas le conocían. Evidentemente, algo tenía que cambiar. Y ese algo era la esencia de su enfoque acerca del negocio de vender.

PLAN BÁSICO # 1: SU PLAN DE VIDA

Desde que tratamos la ley del iceberg usted aprendió que el noventa por ciento de su éxito es invisible para sus clientes. Lo que esto significa con respecto al planeamiento es que preparar su carrera para el éxito debe seguir al alistar su vida para el mismo. No se puede construir una carrera de vendedor que dure, a menos que se fundamente en el borrador de su plan de vida. La vida no ocurre cuando terminan las ventas. Las ventas ocurren cuando la vida realmente ha comenzado. En otras palabras, *para ser productivo en su trabajo, usted debe ser productivo fuera de él.* Si las cosas no van bien en su vida, al final esto echará a perder las cosas en su trabajo.

Un plan de vida es un documento de cinco a ocho páginas que detalla los cinco ingredientes que componen su vida:

1. Su propósito;

2. Sus valores;

3. Su visión sobre sus áreas de valor;

4. Sus metas a corto plazo para cada área de valor y

5. Sus actividades diarias, que allanarán el camino para un mayor éxito y realización en cada área.

La mayoría de las personas tardan unos días en diseñar un plan de vida. Pero esto es un período corto en comparación con los años de plenitud que dicho plan puede proveerles. Muchos de ustedes podrían tener ya esta información pensada, de modo que sólo necesitarían unas horas para ponerla por escrito. Si aún no ha redactado su plan de vida, le recomiendo que se tome el tiempo que necesite para hacerlo, pero hágalo ahora. Aun si esto significa dejar este libro por unas horas o días, hasta que lo haya terminado. Recuerde que su plan de negocios nunca estará completo ni le permitirá realizarse plenamente si no se integra en forma orgánica a su plan de vida.

A James le fue fácil esbozar su plan de vida: siempre había estado seguro de sí mismo. Sabía qué era importante para él y hasta llegó a planear la introducción de algunos cambios «el año próximo» a fin de disfrutar el tipo de vida que realmente deseaba. Pero el año próximo nunca llegó. Fue difícil para James comprender que había estado descuidando las cosas que más valoraba: su esposa, sus dos hijos, sus amigos íntimos y su salud. La vida que realmente deseaba había estado pasando a su lado mientras seguía anclado a un escritorio. Fue difícil de entender. Pero también reconoció que podía hacer algo para cambiar eso, mientras el tiempo estaba aún de su lado.

PLAN BÁSICO # 2: SU PLAN DE NEGOCIOS

Un viejo adagio dice que si uno falla en planear, esta planeando para fallar. No creo ni por un momento que usted se hiciera vendedor para fallar. Pero si realmente desea éxito y satisfacción duraderos, debe construir un plan que estipule cómo debe administrar su negocio para lograr ventas de alta confiabilidad. No estoy hablando aquí de un plan para cumplir cuotas. Hay valor evidentemente cuando su plan incluye las metas que su gerente de ventas espera de usted. Pero a la larga la responsabilidad del éxito recae totalmente sobre usted y es mucho más efectivo hacer planes basados en sus propias expectativas que en las de otros. El hecho es que sin un plan de negocios propio la fijación de metas y la administración del tiempo son esperanzas vanas que nunca llegarán a materializarse del todo.

Cuando menos, un plan de negocios triunfador debe encarnar su respuesta a esta pregunta: *¿Cómo quiero ver mi negocio de ventas dentro de tres años a partir de hoy?* La mayoría de los vendedores no pueden articular claramente una respuesta. Pero he aquí el trato: si usted no sabe dónde quiere estar en el futuro, nunca va a llegar allí. Y esto se debe a que el planeamiento es trabajo en vano a menos que usted sepa dónde quiere llegar. Sin embargo, una vez que establezca una visión de su negocio para los próximos tres a cinco años, que vaya aparejada con un plan efectivo, puede entonces dedicarse a la tarea de fijar objetivos a largo y corto plazo y lo más importante: programar su tiempo.

James no tardó mucho en determinar cómo quería ver su negocio de ventas en un plazo de cinco años: deseaba trabajar cuarenta horas a la semana o menos, recibir menos rechazo, tener ingresos de seis cifras y añadir valor a las vidas de las personas con lo que les vendía. Era una visión sencilla cuyo despliegue él sabía demandaría pasos más claros y específicos. Pero era en ella donde debía comenzar a fin de planear claramente los detalles de cómo se concretaría su visión.

Los cinco elementos esenciales de un plan de negocios triunfador

Los planes empresariales varían dependiendo de la compañía y la clientela. Pero mis investigaciones y mi experiencia me llevan a concluir que cualquier plan de negocios debe incluir los siguientes cinco elementos a fin de añadir propósito a sus actividades diarias y sus disciplinas regulares. Como cada elemento parte del anterior, he llamado a esto la «Escalera de cinco peldaños para un planeamiento empresarial exitoso». He aquí un resumen; más adelante podrá ver los detalles en este libro.

Peldaño 1: Determinar los objetivos de volumen de ventas. Determinar las metas de volumen incluye establecer tres cosas: la meta de ingresos anuales; la de ventas mensuales y la anual; así como la tasa de conversión del porcentaje de ventas intentadas que usted desea resulten en negocios cerrados.

Peldaño 2: Determinar las cifras diarias. Para determinar las cifras de sus operaciones diarias, usted debe establecer el número de ventas que necesita concretar cada día o cada semana a fin de cumplir sus metas de volumen.

Peldaño 3: Establecer generación de pistas y estrategias gerenciales. Teniendo presentes la cantidad predeterminada de ventas diarias que necesita y sus metas de conversión, determine el número de intentos de venta diarios requerido para cumplir sus proyecciones. Por ejemplo, si usted necesita una venta diaria para cubrir las cuotas de volumen y su tasa de conversión típica es del veinte y cinco por ciento necesitará realizar a diario cuatro intentos de venta.

Peldaño 4: Establecer normas para los prospectos y clientes. Sus normas deben incluir las siguientes: (1) Un retorno monetario mínimo de cada prospecto por su inversión, (2) la cantidad mínima de ventas o referencias requerida anualmente de los actuales clientes y (3) las gestiones necesarias para establecer alta confiabilidad entre prospectos y clientes, a fin de velar porque produzcan la cantidad deseada de ventas. Explicaré esto en detalle más adelante.

Peldaño 5: Emplear un mercadeo convenientemente dirigido. En este punto del proceso de planeamiento, usted habrá determinado si necesita más o menos clientes. No voy a profundizar sobre esto aquí, sólo diré que una de las disciplinas básicas de cualquier vendedor profesional eficaz es la prospección. De hecho, ningún vendedor puede sobrevivir sin emplear un proceso de enrolamiento eficiente que canalice los prospectos para convertirlos en clientes vitalicios altamente confiados.

Plan básico # 3: Su programa de tiempo

Resulta obvio que sus planes empresariales afectarán drásticamente la forma en que utiliza su tiempo. Por lo tanto la meta debe ser programar sus prioridades diarias de modo que su tiempo en el trabajo y fuera de él sea optimizado. Este es un punto importante a considerar. Si usted no ha implementado un plan efectivo para maximizar su tiempo en el trabajo, nunca se sentirá pleno fuera de él. Recuerde que si las cosas no funcionan bien fuera de la oficina, tampoco funcionarán dentro de ella y esto incluye la forma en que invierte su tiempo. Lo cierto es que para la mayoría de los vendedores, los valores más importantes se encuentran fuera de la oficina, con frecuencia en sus hogares. Un programa de tiempo le permite explotar mejor sus horas en el trabajo, de modo que pueda maximizar las que pasa fuera de él.

> **Si usted no ha implementado un plan efectivo para maximizar su tiempo en el trabajo, nunca se sentirá pleno fuera de él.**

Para los graduados de nuestra Academia de Ventas de Alta Confiabilidad el programa de tiempo es la parte más difícil y, sin embargo, la más gratificante de su desarrollo como vendedores. De hecho, hemos hallado que la mayoría de los estudiantes que dominan este principio han podido duplicar sus negocios, sus ingresos y su tiempo libre en cuestión de nueve meses después de haber puesto totalmente en vigencia sus planes.

Para James, la esencia de su programa de tiempo era simple: invertir la mayor parte de sus horas laborables vendiéndoles a prospectos y clientes que hubieran dado fuertes indicios de que estaban satisfechos con su producto, que compartían sus valores fundamentales y que deseaban continuar una relación mutuamente beneficiosa a largo plazo.

PLAN BÁSICO # 4: SU PLAN PARA LOS CLIENTES

El cuarto y último pilar de un plan de ventas de alta confiabilidad exitoso es su plan para los clientes. Como aprenderá más adelante en este libro, hay cuatro tipos de clientes: a dos de ellos vale la pena servirles y enrolarles en una relación; a los otros dos no. El problema es que la mayoría de los vendedores invierten su tiempo tratando de trabajar con todo tipo de clientes y así terminan dedicando más horas a los que no debían venderles y menos a los que se merecen todo su tiempo. James había estado haciendo esto durante ocho años sin cosechar mucho éxito, pero una vez que decidió invertir su tiempo de una manera más inteligente, quedó claro que necesitaba empezar a concentrar sus recursos en prospectos y clientes que ofrecieran altos retornos por su inversión, a los cuales ofrecía a su vez sumo valor.

La base de un plan para los clientes es comprender que su éxito como vendedor siempre se apoyará en gran parte en la forma en que estos respondan y se porten. Si bien la mayoría de los vendedores han sido programados para pensar que no tienen control sobre este aspecto de las ventas, la noción no podría estar más lejos de la verdad. De hecho, un plan efectivo para los clientes guarda íntima vinculación con el control de a cuales compradores vende usted y a cuales no. El proceso comienza antes de que los enrole y continúa cuando establece y fomenta su confianza. Aunque este elemento de su plan de ventas es sin duda el más subestimado, resulta probablemente el más significativo en cuanto a reducir su estrés, porque no hay nada más frustrante que tratar de ganar la confianza de alguien que no merece su tiempo

LA COMBUSTION DE LOS NOVENTA DÍAS

Cuando comience a aplicar en su carrera de vendedor la ley de la escalera, probablemente sentirá la ansiedad que suele preceder a un crecimiento acelerado y eso no tiene nada de malo. Puede utilizar esa energía para dedicarse al difícil trabajo de implementación. Pero en lo que respecta a esta ley, su misión principal consiste en dedicarse a elaborar primero cuatro planes básicos, no importa cuán recargada esté su agenda actual. Es muy importante que lleve esa tarea a cabo en un período concentrado y condensado de tiempo. Acostumbro llamar a esto «la combustión de los noventa días». No importa si son sólo noventa días. Pero debe ser un período de tiempo sostenido, generalmente de tres a seis meses, en los que la atención debe estar absolutamente enfocada en las iniciativas que provocarán en su negocio de ventas saltos cuánticos.

Una de nuestras estudiantes, Penny Dubek, puso en práctica la ley de la escalera cuando reanudó su carrera de vendedora después de haber dado a luz tres hijos. Como es obvio, habían pasado años desde su última experiencia en este campo y antes de ser mamá, Penny sólo había logrado un éxito promedio, de modo que optó por buscar orientación antes de recomenzar. Tras participar en uno de mis seminarios, aprendió el concepto de la combustión de los noventa días y comprendió que invertir ese tiempo resultaría crucial para triunfar en su segundo intento como vendedora profesional. Recordando los principios que había aprendido durante el evento, se dedicó desde julio hasta septiembre de aquel año a aplicar el concepto, asignando el ochenta por ciento de su tiempo a determinar su visión, desarrollar sus planes y construir sus sistemas. Luego, con los planes ya bien establecidos, arrancó. Y tras cuarenta y cinco días vendiendo, obtuvo la membresía en el «Club del Presidente» de su compañía, una distinción que la mayoría de sus colegas no habían podido alcanzar en todo el año

Para comprender como Penny el concepto de la combustión de los noventa días, imagínese el lanzamiento del trasbordador espacial. Cuando la cuenta regresiva llega a cero, el trasbordador alcanza su máxima aceleración y quema en los primeros diez minutos del vuelo aproximadamente el ochenta por ciento de su combustible. Necesita hacerlo para despegar y trascender la atmósfera de la Tierra. Luego, una vez libre de las restricciones de la gravedad, sólo utiliza el combustible restante para cualquier corrección del curso que deba realizar durante su misión. Lo mismo se cumple con cualquier vendedor que desee «lanzar» su negocio. Se requiere enfocar al principio la mayoría de los recursos en un período de tiempo condensado, a fin de lanzar su carrera de ventas más allá de los confines de su posición actual. Pero una vez quemado ese combustible, verá su carrera de vendedor pasar a la modalidad de control automático de velocidad de crucero, lo cual le permitirá disfrutar de una vida más plena y abundante.

Al aplicar la ley de la escalera estará iniciando la combustión: activará los motores para el lanzamiento de una carrera de ventas más exitosa. Concentrar su tiempo y energías en asegurar sus planes de venta es como hacer girar la llave en el encendido del motor. Y una vez que haya quemado sus recursos en aras del desarrollo de planes dinámicos, no pasará mucho tiempo antes de que su éxito alcance alturas que nunca creyó posibles.

APLICACIÓN AL LIDERAZGO EN VENTAS

Como líder de un equipo de vendedores, su éxito depende
en gran medida del triunfo de sus empleados. Por tanto,
una de sus tareas principales es ayudarles a crear visiones
y planes que motiven sus propias carreras en este campo:
prepararles para triunfar. Esto incrementará tanto su productividad personal como la de la compañía. Sin embargo,
es importante que no trate de proyectar la visión o crear los
planes de sus empleados; en lugar de ello debe ofrecerles
sugerencias útiles, guía y apoyo cuando parezca apropiado.
Y tenga presente que para algunos vendedores esta será una
tarea muy difícil que tardarán en cumplir. Si le parece conveniente, ofrézcase para reunirse con sus trabajadores al
final de la jornada, cuando las demandas del día no son tan
gravosas para ellos. Tal práctica permite generalmente que
jefe y subalterno hablen con mayor franqueza y también
ayuda a construir en el equipo de vendedores un sentido
más fuerte de camaradería.

La ley de la palanca

*Es menos probable que fracase
cuando ha dicho a otros que triunfará.*

En el mundo de las ventas, compartir sus metas y sueños con las personas apropiadas puede representar la diferencia entre un éxito promedio y uno superior. Eso sucede porque el rendir cuentas produce la fuerza de palanca necesaria para continuar persiguiendo sus aspiraciones. El tipo correcto de apalancamiento consiste en mucho más que una motivación o una esperanza; es el vínculo esencial entre lo que usted desea y lo que hace, entre sus sueños y su destino. Sin esa fuerza de palanca, nunca alcanzará su máximo potencial. De hecho, sin ella, probablemente yo nunca me hubiera convertido en conferencista profesional.

En 1981 mi gerente de ventas me pidió que compartiera alguno de los secretos de mi éxito como vendedor con otros colegas de nuestra compañía. Aunque yo era joven y tenía mucho que aprender, me había comprometido a utilizar enfoques creativos de prospección, había desarrollado un proceso de ventas disciplinado y luchaba continuamente por hallar nuevas formas para mejorar mis habilidades de presentación. Por eso decidí compartirlo con otros. No pasó mucho tiempo antes de que estuviera exponiendo cada cierto tiempo los trucos del oficio a mis compañeros de trabajo. Luego, al cabo de unos años y unas cuantas historias de éxito protagonizadas por vendedores con quienes había compartido mi experiencia, algunos me preguntaron si no había considerado convertirme en conferencista profesional especializado en desarrollo de empresas de ventas. Les dije que no. Pero ese día quedó plantada una semilla: una que sólo necesitaba para germinar algunas palancas.

Adelantemos la cinta hasta 1988. Yo estaba entrando en mi noveno año como vendedor profesional. Era ya uno de los mejores de mi compañía, pero todavía luchaba por mejorar. De modo que un día, cuando una asociada me pidió que la acompañara en un seminario que iba a dictar Tom Hopkins, decidí asistir. Imaginé qué información presentaría Tom y por eso, más la posibilidad de compartir con otros vendedores profesionales, me pareció que el seminario sería un buen empleo de mi tiempo. Durante el receso matinal del evento, me las arreglé para acorralar a Tom Hopkins mientras iba de regreso a la plataforma y le manifesté que la conferencia me había inspirado mucho. Entonces le solté algo que lo cambió todo: «Tom», dije, «deseo ser conferencista». Fue un momento decisivo.

«¿Por qué no me ves cuando termine el seminario?», replicó él. «Entonces podremos hablar de eso». Aunque no me di cuenta, en ese momento se creó una red de apalancamiento que cambiaría radicalmente mi carrera y mi vida.

Una vez terminado el seminario, cerca de 200 personas formaron rápidamente una fila para que Tom les autografiara su nuevo libro. A medida que la hilera se acortaba delante de mí, me di cuenta de que varias personas más se alineaban detrás. Así que abandone la fila y esperé en el fondo, temiendo verme apremiado cuando llegara mi turno para hablar con él. Finalmente quedamos sólo nosotros dos y tras estrecharnos las manos Tom me miró a los ojos y dijo:

—Así que quieres ser conferencista ¿verdad?

Con confianza, respondí que sí. Entonces se puso serio y me preguntó en tono formal:

—¿Y cuándo vas a empezar?

Creí que lo había echado a perder todo. No estaba preparado para esa pregunta. Balbuceé algo estúpido como:

—Pues, no lo sé.

Entonces, con serena seguridad, Tom replicó:

—Si no sabes cuándo vas a ser conferencista, tampoco harás hoy las cosas que te ayudarán a serlo mañana.

Yo me sentía al mismo tiempo perplejo e inspirado. —Escoge una fecha —continuó—, y ponla en tu calendario. Luego, escríbela en el reverso de tu tarjeta y me la das.

Así de simple, había caído el mazo. El momento de la verdad había llegado. Bastante inseguro, escogí una fecha, la escribí en una tarjeta de presentación y se la extendí a Tom. Él miró la fecha y dijo:

—Si no me llamas en este día para decirme que ya eres conferencista, te llamaré yo y te preguntaré por qué no has honrado el compromiso que hiciste contigo mismo.

Era la ley de la palanca funcionando en mi vida.

NADIE PUEDE ESCALAR SOLO

La fuerza del apalancamiento llega después que usted ha compartido sus metas con las personas apropiadas. Es importante que entienda esto. Las personas con quienes usted comparte sus aspiraciones deben atizar sus sueños y no aguarlos. Deben ser hacedores y no destructores de sueños. Deben acoger en su corazón el verle triunfar y tener manos para ayudarle a lograrlo. Pueden ser gerentes de ventas o cónyuges, amigos o compañeros de trabajo, mentores o consejeros profesionales. Pero lo más importante no es el papel que normalmente desempeñan. Lo importante es que usted confíe en que a ellos sí les importa quién es usted y quién desea llegar a ser. Como puede ver, la palanca es un resultado de compartir sus sueños con ciertas personas que usted sabe le ayudarán a llegar a la cumbre. Véalo de este modo: Seguir la ley de la palanca es como lanzar una cuerda a lo alto de la montaña de su carrera, sabiendo que quienes ya están allí la asegurarán y tirarán de ella para ayudarle a subir.

El hecho es que usted no puede alcanzar por sí solo la cima de las ventas de alta confiabilidad. Nadie asciende al Everest solo y vive para hacer el cuento. Para alcanzar el éxito y la satisfacción en su carrera de vendedor, usted debe rodearse de personas que le empujen, le remolquen, le arrastren y le guíen a mayores alturas. Personas dispuestas a escalar con usted. Como dijo alguien: «El mejor atajo es contar con buena compañía para el camino». Mi historia es un testimonio de esto.

> **Para alcanzar el éxito y la satisfacción en su carrera de vendedor, usted debe rodearse de personas que le empujen, le remolquen, le arrastren y le guíen a mayores alturas.**

Faltaban tres semanas hasta la fecha que cuatro meses antes había fijado en mi tarjeta de presentación, cuando recordé que Tom me había dicho que si necesitaba ayuda le llamara. Y eso fue lo que decidí hacer para evitar incumplir el plazo. Con cierta reticencia, marqué el número de su oficina y me sentí aliviado cuando su asistente me dijo que estaba fuera, dictando seminarios. Ella me aseguró que le daría mi mensaje y que él trataría de llamarme tan pronto tuviera tiempo. Dos días después, escuché a la recepcionista de mi compañía anunciar por el intercomunicador: «Todd, Tom Hopkins está en la línea tres». Más fuerza de palanca. Me estaba llamando desde el

Aeropuerto Internacional Hartsfield, de Atlanta, y durante los siguientes cuarenta y cinco minutos me ayudó a encontrar las piezas que me faltaban para culminar una transición en mi carrera.

Después de colgar con Tom, supe que tenía que actuar. Y lo hice. El lunes siguiente renuncié a mi plaza de vendedor y comencé en mi profesión de conferencista. Aún necesitaba ayuda para llegar a donde quería en mi nueva carrera, pero ahora sabía dónde encontrar esa ayuda. Había experimentado de primera mano el poder de la palanca, e inmediatamente procuré crear más. De hecho, desde mi conversación inicial con Tom, nunca me ha faltado palanca.

¿Y a usted? ¿Qué le está impidiendo empezar a hacer los cambios necesarios para ascender al siguiente nivel? Como yo, ¿podría ser que usted necesitara un poquitín de palanca? Sin la palanca que se creó cuando compartí mi sueño con Tom, yo no estaría hoy donde estoy. Quizás nunca hubiera hecho la transición. Pero la hice; y usted también puede realizar una excelente subida si está dispuesto a poner a funcionar en su carrera la ley de la palanca.

CÓMO PALANQUEAR SU VIDA

La belleza de la palanca es que una vez que se crea, permea algo más que su carrera de vendedor. El apalancamiento añade un valor tremendo a su vida y a las de sus clientes. Como resultado de mi conversación con Tom Hopkins, aquel día escogí un camino hacia mi destino: hacer una diferencia en las vidas de las personas mediante mis conferencias. Con la palanca de mi lado, se me dio la oportunidad de empezar a optimizar mis dones y capacidades. ¿Los usaba yo antes de tener en mi vida la fuerza de la palanca? Sí. Y quizás también usted. Pero no estaba rindiendo mi potencial máximo, ni me sentía plenamente realizado. Había un límite en lo que podía lograr por mí mismo. O en realidad pensaba yo que no podía sobrepasar ese límite. Pero con Tom como mi mentor comprendí que habría más a mi disposición si sólo daba los pasos correctos. La palanca no sólo me señaló la dirección a seguir, sino que también me empujó por ese camino y me mantuvo en él: un camino con el que yo habría seguido soñando, pero que de otro modo nunca hubiera tomado.

La palanca le permite...

Amar su trabajo. La palanca le ayuda a invertir constantemente en las tareas que convierten en un placer la profesión de vendedor, o sea, en crear y mantener relaciones leales. Y le ayuda también a evitar constantemente las labores que convierten la profesión en una obligación. Hay una razón simple: cuando usted sigue el curso de su carrera acompañado por otros que conocen sus deseos más profundos y se sienten comprometidos a ayudarle a obtenerlos, estas personas actúan como sus guías, manteniéndole en la senda más productiva y promisoria. Le ofrecen recordatorios justos y firmes de por qué está haciendo lo que hace. Le obligan a ser honesto y digno de confianza. Le ayudan a vender poniendo por delante el corazón. En resumen, le mantienen concentrado en aquello que le traerá el éxito y la realización personal.

Equiparse para alcanzar la excelencia. Como ya hemos visto, la fuerza de la palanca le provee los medios para maximizar sus dones. Le ayuda a inspirar confianza de la manera correcta. Aunque el apalancamiento no le coloca las herramientas en las manos, sin duda las pone al alcance de sus dedos.

Con la palanca usted está en mejor posición para cumplir su compromiso con el crecimiento personal y profesional. También, para cumplir sus compromisos con sus clientes y para recibir técnicas y consejos innovadores, a fin de mejorar su desempeño como vendedor e incrementar su productividad. En resumen, con la palanca usted tiene en la mano la llave de cada puerta de oportunidad que se le presente. Como se suele decir, el futuro está en sus manos y con la palanca tiene además las llaves.

Verse como podría ser. Contar con palanca amplía su pensamiento y distiende sus sueños. Como un géiser brotando de la cima de una montaña, la palanca eleva sus creencias a mayores alturas. Y como dijera Kierkegaard: «¡Qué vino hay más espumoso, fragante y tóxico que el de la posibilidad!»

Abrazar los cambios necesarios para crecer. Usted debe aceptar que el cambio es inevitable en la vida y en su carrera, especialmente si desea continuar creciendo. Con la palanca adecuada es mucho más probable que asuma los cambios como un catalizador que no sólo produce algo diferente, sino también algo mejor.

Aunque en su negocio de ventas son inevitables muchos cambios –cambiarán el mercado, los clientes, sus enfoques y hasta sus deseos– la palanca le sitúa en buena posición para aprovechar los cambios cuando estos ocurran, inesperadamente o no.

Cumplir sus metas de manera más regular. La palanca se nutre del poder de la programación. No existe una fórmula mágica. Con el apalancamiento usted se mantiene simplemente más alerta de las cosas que desea lograr y como resultado, tiende a ser más productivo e intencional con su tiempo. En otras palabras, la palanca le ayuda a mantener enfocado el ojo mental en sus metas, de manera que sus actos sigan la misma dirección.

Analizar lo que funciona y lo que no. Todo vendedor de éxito debe aprender a deshacerse de lo que obstruye su negocio y a mantener lo que lo mejora. La palanca le muestra la diferencia entre ambos y le brinda las herramientas para realizar constantemente cambios positivos en su empresa. Para triunfar en las ventas de alta confiabilidad, usted debe estar dispuesto a dirigir su negocio comprendiendo que lo que hoy funciona puede que no funcione mañana. El apalancamiento le ayuda a mantenerse receptivo a nuevas enseñanzas, de modo que pueda ajustarse rápidamente a ellas.

Ceder para ascender. Con la palanca usted puede permitirse hacer los grandes sacrificios necesarios para alcanzar el futuro que tanto desea. Ella le permite vivir conforme al principio de «Pague ahora, juegue después», porque le provee una red de apoyo, pero no sólo eso, también le ayuda a asegurar que no renunciará a lo que debe conservar y que no retendrá lo que debe ser abandonado. Si bien usted siempre deberá ceder algo a fin de conseguir algo mejor, con la palanca nunca lo hará a expensas de sus valores más preciados.

Rendir cuentas. Dice un proverbio francés: «Dime con quién andas y te diré quién eres». En otras palabras, las personas con quienes usted se asocie pueden salvarle o hundirle. El tipo apropiado de palanca, basado en la rendición de cuentas a aquellos que saben más que usted, le propulsará a su potencial máximo. La aplicación fundamental de la ley de la palanca es una rendición de cuentas estratégica.

PALANQUEE SU CAMINO HACIA NIVELES MÁS ALTOS DE ÉXITO

¿Cuánto apalancamiento diría usted que tiene en su carrera ahora mismo? ¿Se ha rodeado de asesores confiables con los cuales ha compartido su visión y sus planes? Si lo ha hecho, entonces su carrera tiene palanca. Pero si todavía necesita incorporar la ayuda de otros a su carrera de vendedor, es tiempo de permitir que la palanca le empuje, remolque e impulse por un camino más exitoso y pleno.

Para adelantar mejor su carrera de vendedor, usted debe emplear la palanca en tres áreas. Veamos

Nivel 1: Palanca personal

La obtención de una palanca personal comienza cuando usted compromete sus planes en el papel. Para decirlo de otro modo, escribir sus metas y sueños es su primer acto de compromiso con su realización. El capítulo anterior le enseñó cómo hacerlo de la manera más efectiva. Pero escribir su visión, objetivos y planes no basta para crear efectivamente una palanca. Usted también debe comprometerse a revisar cada cierto tiempo lo que ha escrito. Sólo entonces estará rindiendo cuentas ante sí mismo. Esencialmente estará recordándose de manera regular cuáles son sus compromisos.

La palanca personal es apenas un resultado de la autodisciplina. Es reconocer que limitarse a pensar en sus sueños rara vez basta para crear los hábitos que se necesitan para realizarlos. Palanca personal es reconocer que el pensar cómo se va a actuar abunda mucho menos que el actuar para después pensar. Pero para que la palanca personal surta máxima efectividad en su carrera, también debe fijar un plazo a sus sueños. Si Tom Hopkins me hubiera aconsejado sencillamente que escribiera mi sueño de convertirme en conferencista en el reverso de mi tarjeta de presentación, y no hubiera fijado una fecha, probablemente nunca lo habría cumplido. Y aun si así hubiese sido, habría ocurrido mucho después.

> **Limitarse a pensar en sus sueños rara vez basta para crear los hábitos que se necesitan para realizarlos.**

Esto quiere decir que un sueño al que se fija un plazo ejerce una presión positiva. Los sueños con fecha de cumplimiento son cargas benditas. Esto se debe a que las fechas le obligan a encontrar una manera de cumplirlos, en lugar de malograrlos con excusas. Ellas ponen en marcha el proceso de planeamiento, lo quiera usted o no. El problema con muchos vendedores no es que no tengan ambiciones. Ya hemos reconocido que la mayoría de los vendedores profesionales se esfuerzan por lograr pronto su objetivo y generalmente les sobra ambición. El problema radica en la capacidad de un vendedor para actuar efectivamente en pos de su ambición. Asignar una fecha a un sueño que se ha puesto por escrito, obliga a considerar cómo actuar de manera efectiva para cumplir antes que venza el plazo. Y es entonces cuando entran a jugar sus planes.

Pero le mentiría si le dijera que en la profesión de vendedor la palanca personal basta para lograr el éxito. Simplemente no es así. Aunque la mayoría de los vendedores somos ambiciosos, también tendemos a ser muy creativos cuando se trata de inventarnos excusas. Piense en las cosas que les ha dicho a sus clientes potenciales para tratar de satisfacerlos. Y si es capaz de hacerlo con otros, es muy posible que intente ser igual de poético consigo mismo. La realidad es que hay un límite a la palanca que usted puede crear en su interior. Si bien la ambición (y la creatividad) son igualmente importantes, nunca crearán suficiente palanca para llevarle hasta la cima. Para triunfar a un nivel más alto, usted debe crear apalancamiento en un nivel superior.

Nivel 2: Palanca asociada

Su próximo paso para dotar de palanca a su carrera de vendedor transcurre en el nivel asociado. Es aquí donde tiene lugar la verdadera rendición de cuentas. Es también en el nivel asociado donde usted debe darse a la tarea de enrolar a socios que promuevan su carrera y que no la obstaculicen.

Una cosa es ir y pedir a algunos amigos que le cuestionen si está haciendo lo que prometió. Otra es rodearse de personas que le ayuden a hacerlo. Crear un apalancamiento asociado no consiste en establecer un entorno en el cual usted se sienta cómodo. Eso no hace sino afirmar su nivel actual de éxito, o su carencia del mismo. La verdadera palanca asociada le ayuda a actuar más allá de su zona de comodidad, de modo que usted ascienda continuamente a un nivel más elevado, como también lo hace la confianza de sus clientes. Por eso, es vital que sus socios sean personas que no teman hacerle preguntas difíciles, aquellas que extienden hasta el límite de su capacidad mental, preguntas de las que se derivan acciones que le retan a hacer más de lo que actualmente está haciendo.

Ed Conarchy, Kevin McGovern y Don Elbert son tres vendedores profesionales que trabajan con la misma compañía. Los tres se esfuerzan por lograr la excelencia en su campo, e individualmente habían logrado un gran nivel de éxito. Pero cuando los tres empezaron a rendirse cuentas unos a otros sucedió algo extraordinario.

Fue en 1996 cuando esta troika asistió a un seminario de «Maestría en ventas» junto con el ejecutivo principal de su compañía. No imaginaban que lo que estaban a punto de aprender triplicaría, en cuestión de unos años, sus ingresos. Mientras escuchaban los diferentes principios que se enseñaban en el evento, algo empezó a surgir en el interior de cada uno: el poder de la posibilidad. Cada cual a su manera comprendió el valor que podía ser añadido a sus negocios y a sus vidas si empezaban a pedirse cuentas unos a otros, a fin de alcanzar sus metas y mantener en la profesión estándares más elevados. Esto parecía ser lo que les faltaba a los tres. Antes de que terminara el seminario, la lección se había manifestado en la forma de cierta competición amistosa. En el proceso de pedirse cuentas por el cumplimiento de sus metas, los tres decidieron que cada mes elevarían la varilla, tratando cada cual de vender más que los otros dos. Y al final hicieron más que eso, vendiendo individualmente mucho más que antes.

En 1995, el año antes de que aprendieran el valor de la ley de la palanca, sus cifras se veían así:

Ed Conarchy	119 pedidos; 16.2 millones de dólares en ventas
Kevin McGovern	102 pedidos; 14.3 millones de dólares en ventas
Don Elbert	132 pedidos; 15.6 millones de dólares en ventas

En 2001, después de seis años de rendición competitiva de cuentas, sus cifras lucían así:

Ed Conarchy	394 pedidos/unidades; 63.4 millones de dólares en ventas
Kevin McGovern	283 pedidos/unidades; 45.5 millones de dólares en ventas
Don Elbert	362 pedidos/unidades; 57.5 millones de dólares en ventas

Hoy en día, esta tripleta representa el sesenta y cinco por ciento de las ganancias de la compañía. Si esto no es un poderoso testimonio del poder de la ley de la palanca, entonces no sé cual podría serlo. Y he aquí el epílogo: Aún no han acabado. Hablé recientemente con el ejecutivo principal de su empresa y él cree que sus cifras aumentarán aún más, porque toman muy a pecho el llevarse continuamente unos a otros al próximo nivel. Y estoy seguro de que tiene razón, porque es eso precisamente lo que sucede cuando usted sigue la ley de la palanca.

Como en el caso de Ed, Kevin y Don, sus asociados de rendición de cuentas podrían ser colegas por los cuales siente un gran respeto y que tienen un historial probado de éxito en ventas de alta confiabilidad. También podrían ser personas que han triunfado en otra profesión y cuyas cualidades personales a usted le gustaría emular. Uno de estos asociados podría ser su cónyuge, quien probablemente le conoce mejor que nadie y experimenta un alto grado de realización al verle triunfar. O podrían ser simplemente amigos íntimos con los cuales usted se crió o fue a la iglesia. Pero no importa dónde los encuentre, lo importante es que tomen su éxito y su satisfacción a título personal, que encuentren en la plenitud suya su propia plenitud.

Nivel 3: Palanca profesional

Existe todavía otro nivel en el cual usted puede crear un apalancamiento que le ofrezca los medios para alcanzar el más alto nivel de éxito en ventas de alta confiabilidad. Y si bien la palanca profesional puede costarle dinero de su bolsillo, este será un dinero bien invertido.

La palanca profesional resulta de emplear los servicios de un tutor o mentor profesional. Es en este tipo de relación de rendición de cuentas en el que sus habilidades como vendedor se perfeccionan mejor y sus planes encuentran la ruta más productiva. Cuando conocí a Tom Hopkins, tropecé con una relación de rendición de cuentas profesional. Por medio de su sabiduría y su inesperada generosidad, él puso alas a mis deseos de convertirme en conferencista profesional. Desde aquel día, hace casi quince años, me he mantenido en contacto con Tom y he empleado la ayuda de otros de su calibre, como Zig Ziglar, Brian Tracy, Ken Blanchard y John Maxwell. Con la ayuda de Tom y el consejo y apoyo de mis demás mentores y consejeros, he sido capaz de alcanzar un nivel de éxito como conferencista que antes sólo podía soñar. Y ellos todavía me ayudan a seguir subiendo.

Pero es innegable que sin la ayuda de mis socios de rendición de cuentas, todavía seguiría contemplando el lugar donde me encuentro hoy. Y lo mismo sucede con usted. Si desea escalar y continuar escalando, a niveles más altos de éxito y realización en el campo de las ventas, debe contar con una palanca profesional en su carrera. No espere, como yo, a tropezar con alguien que tenga suficiente corazón para ayudarle. Tome la iniciativa de invertir (su propio dinero si fuera necesario) en un consejero o mentor profesional cuyo objetivo sea ayudarle a cubrir la brecha entre sus sueños y su destino.

La palanca comienza con usted

He visto cientos de veces en acción la ley de la palanca desde mi conversación inicial con Tom Hopkins. De hecho, ahora hago por unos cuantos vendedores lo que Tom hizo por mí. Y es un tremendo privilegio que añade plenitud a mi carrera. Y cuando otros vienen a mí durante un seminario para decirme que quieren hacer más, ser más y ganar más, siempre les pregunto: «¿Cuándo?», porque mi vida es un ejemplo vivo de lo que sucede cuando usted aplica la ley de la palanca.

Si aspira a ser mañana mejor vendedor de lo que es hoy, debe dejar de hablar de ello y comenzar a hacer algo. Y todo empieza por seguir esta ley. Hasta este momento hemos discutido en el libro cuatro leyes que tienen que ver principalmente con una actitud, fundamento y enfoque hacia las ventas de alta confiabilidad correctos. Pero la ley de la palanca consiste en emprender acciones. Es acerca de dejar de vender en solitario y buscar a otros que nos ayuden a triunfar a un nivel mucho más alto del que podemos alcanzar por nosotros mismos. Se trata de volverse más vulnerable en relaciones de rendición de cuentas, a fin de poder ser más valioso en las relaciones con los clientes. Es multiplicar a sus socios para poder multiplicar su propensión al éxito. Es acerca de usar una palanca para alcanzar el cenit de su carrera de vendedor... a fin de poder vivir la mejor vida posible. Es así que la ley de la palanca puede funcionar para usted. Y empezará a hacerlo sólo después que comience.

APLICACIÓN AL LIDERAZGO EN VENTAS

Uno de los papeles más importantes que usted desempeña en las vidas de sus vendedores es el de tutor y asociado de rendición de cuentas. Sin embargo, tales relaciones no serán tan efectivas si usted mismo no cuenta con alguien que le sirva como tal. La rendición de cuentas es más efectiva en una institución cuando, desde el nivel máximo superior hacia abajo, cada líder cuenta con un tutor que invierte en él y un alumno en el cual él mismo invierte.

Su primer paso como líder de un equipo de ventas es establecer una relación con un tutor: alguien a quien usted respete y que le imparta sus conocimientos y le infunda su pasión por este campo en sus propios esfuerzos. Una vez que usted ha establecido tal relación, puede invertir efectivamente en las vidas de sus empleados. Al llegar a esta fase, por supuesto que no le es posible ser tutor y asociado de rendición de cuentas de cada uno de ellos, especialmente si dirige un nutrido equipo de ventas. No obstante, le sugiero que si no lo ha hecho ya, empiece a hacerse accesible para no más del veinte por ciento superior de su personal. Si es el jefe de cinco vendedores, significa que sólo invertirá a este nivel en uno. Si su equipo lo integran cincuenta, significa que invertirá más profundamente en las vidas de diez.

Como es obvio, si invierte en más personas, menos tiempo quedará para dedicarle a cada uno, así que utilice su discernimiento al determinar en cuántos invertirá, especialmente si su nómina agrupa a más de cincuenta vendedores. Tenga presente que su estrategia general al hacerlo debe ser invertir a un nivel más profundo con un número pequeño de empleados clave, los cuales a su vez aceptarán desarrollar y equipar a otra pequeña cantidad de personas clave bajo sus órdenes.

No es posible que usted se relacione directamente con cada miembro de su personal; pero por mediación de una tutoría y rendición de cuentas efectiva y regular sí puede llegar indirectamente a los líderes más jóvenes de su equipo y desarrollarles para que lleven a niveles más altos su excelencia.

La ley del reloj de arena

Usted debe mover sus piezas
antes que el tiempo se agote.

E s su turno. Está bajo presión. La arena cae rápidamente en la parte baja del reloj. Su mente se acelera, tratando de determinar la próxima movida. Aunque se trata sólo de un juego, no quiere perder. Y en este momento el juego está equilibrado. El resultado está, sin embargo, en sus manos: Si hace su movida –la correcta– antes de que el último grano de arena caiga a través del estrecho pasaje, su equipo tendrá la mejor oportunidad de salir airoso. Pero desafortunadamente, usted es un tanto chapucero. No tiene presente el paso del tiempo y el último grano de arena cae en el fondo del reloj antes de que pueda adelantar. Ahora el resultado del juego le pertenece a otro jugador que está igualmente ansioso por ganar.

¿Ha practicado alguna vez este tipo de juego de tablero? Considere por ejemplo el «Piccionario». Cuando le toca su turno debe dibujar una persona, lugar, cosa o acción específicos antes de que toda la arena pase de la parte superior a la inferior del pequeño reloj. Si sus compañeros de equipo identifican correctamente el dibujo antes de que el tiempo expire, su grupo adelantará; pero si se vence el tiempo antes de que pueda producir un dibujo identificable, no se le permite avanzar. Y lo que es peor, el otro equipo toma entonces el control del juego. Si alguna vez, como la mayoría de nosotros, ha jugado «Piccionario», ¿cuáles son sus tendencias cuando le toca dibujar contra reloj? ¿Ha tenido suficiente conciencia de que la arena estaba cayendo? ¿No acelera el paso cuando comprende que el tiempo se está acabando? Dudo que juegue despreocupadamente como si tuviera todo el tiempo del mundo. No es probable que se sorprenda cuando el tiempo se le acaba. Lo cierto es que en los juegos como este la mayoría estamos muy conscientes de la caída de la arena, porque sabemos que en cualquier juego contra reloj, si no se tiene presente el correr del tiempo, es más probable que pierda que gane, aun si usted fuera el más talentoso de los jugadores. Sabe que si no puede realizar su mejor esfuerzo en ese lapso, de nada valdrán su inteligencia ni sus habilidades.

Déjeme hacerle otra pregunta: ¿cómo se desenvuelve en el juego de las ventas? ¿Está siempre consciente del paso del tiempo? ¿Lo usa en forma eficiente y cumple regularmente con sus plazos? ¿O rara vez presta atención a la manera en que gasta su tiempo y se siente frustrado por no contar nunca con el suficiente para hacer sus mejores movidas?

En el juego de las ventas, si usted no está muy al tanto de la arena que cae, o de cómo invierte sus minutos, seguramente está desperdiciando su capacidad y lo que es más importante, el tiempo de su cliente. Y es muy probable que no esté venciendo con tanta frecuencia como podría.

ADMINISTRE SUS MOVIDAS, NO SU TIEMPO

La ley del reloj de arena es fácil de entender. Postula que para ganar en el juego de las ventas, para lograr más ventas de las que pierde, para conquistar más confianza que la que deja de ganar, usted debe aprender a explotar las arenas del tiempo. Esto lo vemos todos los días. Desafortunadamente la mayoría de los vendedores no sigue esta ley. Muchos de ellos ven a diario cómo se les acaba el tiempo antes de hacer la movida correcta, antes de que hayan hecho lo que se necesita para ganar la confianza de un cliente. Y el resultado son ventas superficiales, a corto plazo, si es que logran alguna. Usted podría culpar a su jefe por cargar demasiado su plato, o a su ayudante por no mantenerle al día, o a sus clientes por no decidirse; pero lo cierto es que esa responsabilidad es sólo suya. Es usted quien determina su propio destino con las jugadas que hace o no hace. Usted en definitiva es el responsable de cómo desarrolla el juego de las ventas. Cuando no utiliza inteligentemente el tiempo de que dispone, el juego empieza a transcurrir bajo los términos de otro, con un reglamento arbitrario que no puede controlar.

Hace ya muchos años, cuando Walt Disney le pidió a Mike Vance que pensara en algunas formas de incrementar los ingresos brutos de Disneylandia, Mike no sabía por dónde empezar. Sí, estaba al tanto de que Walt se enorgullecía de aprovechar eficientemente el tiempo en todo lo que se proponía lograr. También sabía que el fundador de la compañía tenía una singular comprensión del valor intrínseco del tiempo y estudiaba y experimentaba constantemente con técnicas para optimizar el uso de su tiempo a fin de lograr una miríada de objetivos. De hecho, la expresión «Pensar fuera de la caja» fue acuñada para describir cómo pensaba Walt Disney. De modo que Mike sabía que también él debería pensar fuera de la caja, observando un profundo respeto por el tiempo como base de lo que se haría para mejorar la productividad.

La semilla de una idea surgió cuando Walt y Mike asistieron a una cena con R. Buckminster Fuller, el afamado inventor del domo geodésico. En cierto momento de la velada, Fuller explicó el significado de un término que él había acuñado: «Principio de efemeralización», lo cual en términos paganos significa optimizar el uso del tiempo, obteniendo más productividad con menos del primero. Él utilizó el ejemplo de Henry Ford cuando inventó la cadena de montaje moderna, que producía más con menos mano de obra y que esencialmente dio paso a la revolución industrial.

Con una comprensión más plena de cómo maximizar el uso del tiempo, Mike se reunió en Disney con su equipo de pensadores creativos y comenzó a examinar formas de mejorar los ingresos brutos. Hicieron un sondeo de las actividades de Disneylandia día por día, hora por hora, desde que abría sus puertas. E hicieron un descubrimiento relacionado con el uso ineficiente del tiempo en el parque: Disneylandia permanecía abierto sólo cinco días a la semana y tres de ellos sólo medio día. Mike y su equipo sabían que esta ineficiencia debía ser remediada para que Disneylandia continuara siendo un éxito. Más adelante en este capítulo hablaremos más acerca de su estrategia.

En el juego de las ventas, a usted le toca su turno muchas veces en un día. Los vendedores más exitosos y satisfechos aprenden a hacer las jugadas idóneas en forma congruente para asegurar relaciones de calidad en el tiempo debido. Pero si usted se percata de que el tiempo de que dispone cada profesional de las ventas es el mismo —o sea, 24 horas al día— concluirá que los vendedores de más éxito hacen algo más que administrar su tiempo.

Francamente, usted no puede administrar con más eficiencia el tiempo de su día, que la arena de un reloj. Las ventas de alta confiabilidad requieren algo más que administrar el tiempo.

En su definición más pura la «administración de tiempo» es un intento por poner orden en algo que por su naturaleza no puede ordenarse; un intento por definir algo intrínsecamente indefinido.

Todo vendedor profesional de éxito comprende que no es posible controlar el estándar de tiempo. No puede impedir que la arena caiga a través del reloj. El tiempo procede de manera consistente y constante, le guste o no. Y cuando se acaba, se acabó.

No someto esto a su atención para descartar todos los libros y artículos que se han escrito acerca de la distribución del tiempo. Después de todo, dicha actividad tiene el valor de crear con frecuencia una conciencia de cómo y dónde se lo emplea. Pero ella por sí sola no es suficiente. Una cosa es darle más valor al tiempo disponible y otra es explotarlo de la mejor manera posible. Y lo último sólo sucede cuando usted aprende a administrar sus movidas. Los mejores profesionales de las ventas, que inspiran en forma consistente una alta confianza a su clientela, no intentan administrar su tiempo. En lugar de ello, administran las jugadas que hacen cada día. Y lo hacen creando una estrategia circular que asegura que cada movida esté vinculada tanto a la anterior como a la siguiente. En otras palabras, como consumados jugadores de ajedrez, saben que la victoria exige que cada jugada promueva la siguiente.

Los vendedores que siguen la ley del reloj de arena realizan cada día sus movidas con un propósito determinado. Analizan todos los posibles empleos de su tiempo y se aseguran de que no se desperdicie o deje de explotar ninguno. Mike Vance ayudó a Disney a hacer esto y el éxito enorme de Disneylandia es el resultado.

Cuando Mike y su equipo de pensadores creativos revisaron el sondeo sobre cómo se empleaban las horas del parque, pronto detectaron una oportunidad para mejorar. Por entonces, Disneylandia cerraba los lunes y martes, mientras que los miércoles, jueves y sábados abría a mediodía. El reto que enfrentaban Mike y sus compañeros consistía en aprovechar el tiempo que el parque estaba cerrado para producir ingresos. A su modo de ver, ese tiempo era un desperdicio total, pues nadie se había puesto a pensar cómo explotarlo. Se suponía que las personas no utilizarían el parque en ese tiempo. Pero era una suposición equivocada. Y así, se propusieron cubrirlo para producir más dinero.

El primer paso consistiría en hallar una forma de atraer a la gente al parque en los días (lunes y martes), o las noches (miércoles, jueves y sábados) en que estaba habitualmente cerrado. Comenzaron por buscar en la guía telefónica para estimular las ideas. Cuando la abrieron en la letra C, alguien gritó: «¡Qué tal si creamos un club!»

«Ya tenemos el Club de Mickey Mouse», exclamó otro. No obstante, la idea prendió y el equipo continuó en ese curso de pensamiento. Establecieron que, si usted se hacía miembro de este nuevo club, podría visitar Disneylandia en noches exclusivas para miembros del club a precios de descuento y disfrutar de programas especiales. Decidieron llamar a la nueva empresa Club del Reino Mágico y llegaron a generar suficiente popularidad para mantener el parque abierto todos los días.

El siguiente paso fue resultado de un estudio de las horas que Disneylandia permanecía abierto cada día: de 8:00 A.M. a 12:00 A.M. ¿Qué hacer –se preguntó alguien– con esas ocho horas entre la medianoche y las ocho de la mañana? Se rascaron la cabeza tratando de pensar en formas de utilizar también ese tiempo. Entonces alguien propuso la idea de preguntar a las escuelas si sus estudiantes estarían interesados en utilizar el parque en ese horario. Los jóvenes, razonaron, disfrutarían de un uso exclusivo durante esas avanzadas horas. Como resultado, se preguntó al director de una escuela superior si habría alguna forma de llevar a sus estudiantes al parque a las tres de la madrugada. Este respondió con una singular propuesta que iniciaría una larga tradición en las escuelas de todo el mundo. «Permítanme celebrar mi noche de graduación en Disneylandia», replicó. Así comenzó esta tradición de graduarse en Disneylandia, otra forma de incrementar los ingresos a bajo costo.

Lo que Mike Vance y su equipo hicieron por Disneylandia, debe hacerlo usted por su negocio de ventas ¿Está explotando todo su tiempo? ¿Desperdicia cada día minutos o incluso horas? Estudie de manera crítica cómo está utilizando su tiempo. Es un hecho que los vendedores de más éxito obtienen más ganancias que sus colegas en una porción de tiempo de 24 horas. Una jugada valiosa conduce a la siguiente. Una acción triunfadora le llevará a otra. En lugar de invertir tiempo tratando de realimentar su impulso día tras día, los vendedores de élite despliegan una estrategia efectiva que mantenga un impulso positivo, lo cual se traduce en mayor productividad. Resumiendo, ellos calculan cómo mantener el paso y lo logran.

¿CUÁNTO VALE PARA USTED UNA HORA?

Una de las cosas que la ley de la escalera debe haberle enseñado en el capítulo 4, es que para ser un vendedor de gran éxito usted debe visualizar sus metas para el futuro de su negocio. Y una de esas metas tiene que ver con su volumen de ventas en períodos específicos de tiempo: al año, al mes, a la semana y diario. Un aspecto fundamental al determinar proyecciones de volumen es que usted aprende la necesidad de valorar su tiempo para alcanzar efectivamente sus objetivos. La ley de la escalera le ayuda a asignar más propósito a los pasos que emprende cada día. La ley del reloj de arena lleva esto un paso más allá al enseñarle a asignar un valor específico a cada hora que usted invierta en su trabajo. Permítame explicarle.

Desde los abogados hasta los mecánicos, desde los técnicos de computadora hasta los diseñadores gráficos, los profesionales conocen el valor que tiene una hora de trabajo y usted también lo conocerá si contrata a alguno de ellos ¿por qué? Pues porque el valor de cada uno de estos servicios se cuantifica con una tarifa horaria. Por ejemplo cuando usted contrata a un mecánico para que instale una nueva transmisión en su automóvil, no sólo paga por la pieza, sino también por la cantidad de horas que se invertirán en ese servicio. Y como todos sabemos, mientras más se tarde en terminar, más costoso resultará el servicio. De hecho, en muchos casos el costo de este es mayor que el de las piezas. Esto se debe a que el tiempo de un mecánico tiene más valor que las piezas que vende. El mecánico comprende que sin su tiempo, una transmisión no valdrá mucho para usted.

Y en ello radica la belleza de este intercambio (por supuesto, si el instalador es usted). Si su mecánico –que, digamos, es el mejor del pueblo– desea cobrarle cien dólares por hora por su tiempo, puede hacerlo. Porque sin él usted tiene una transmisión y un automóvil que no anda: dos cosas que no les sirven de nada si no sabe cómo instalar la transmisión.

Por supuesto, es su prerrogativa irse a otro lugar, a otro mecánico que no trabaje tan bien; pero si usted desea un trabajo de primera, le va a costar cien dólares la hora, porque eso es lo que el mecánico ha determinado que vale su tiempo ¿Trabajará él en su automóvil por menos? No, porque siempre hay otras personas con problemas en sus autos que aceptarán pagar el valor que él ha fijado por su tiempo, especialmente aquellos que han recurrido antes a sus servicios. La conclusión inversa es que él no le hará un mal trabajo, porque su tiempo vale más que eso.

Ahora piense en su propia actividad laboral ¿Cuánto vale su tiempo? ¿Dirían sus clientes que el tiempo que usted les dedica vale más que el producto que les provee? ¿Trabaja usted como si su tiempo valiera más que su producto? Como vendedor usted debe deducir el valor de una hora de su tiempo si es que espera aprender a explotar de manera eficiente su horario. No le estoy sugiriendo que comience a cobrarles a sus clientes por hora. Lo que le estoy diciendo es que para ser un vendedor altamente eficiente usted debe establecer el valor de una hora de su tiempo y, como el mecánico o el abogado, negarse a trabajar por menos que eso. Necesita hacerlo a fin de seguir efectivamente la ley del reloj de arena.

El valor que usted le asigna a una hora de su tiempo es inicialmente una meta, hasta que pueda medir su progreso en las semanas y meses siguientes. Pero su tarifa por hora es fácil de determinar una vez que ha establecido sus metas de volumen e ingresos. Digamos que usted ha determinado que el próximo año espera obtener de sus ventas ganancias netas por valor de 96.000 dólares. Esto significa que debe obtener 8.000 dólares en utilidades netas al mes; o 2.000 dólares a la semana; o 400 dólares diarios. Si planea trabajar diez horas diarias para propulsar su negocio al siguiente nivel, el valor de una hora de su tiempo será por tanto igual a cuarenta dólares. Esa tarifa horaria se convierte entonces en la medida por la cual usted controla el empleo de su tiempo: lo que usted hace y con quién trabaja.

> **Su tarifa por hora no es sólo una medida de la eficiencia con que está utilizando su tiempo, sino también un indicador de su tendencia hacia un futuro más rentable.**

Su tarifa por hora no es sólo una medida de la eficiencia con que está utilizando su tiempo, sino también un indicador de su tendencia hacia un futuro más rentable. Si no conoce cuánto vale una hora de su tiempo, probablemente está perdiendo dinero cada minuto; pasará los días dedicado a cosas sin valor; y producirá otras que no son productivas. Pero cuando usted organice sus días laborales con una tarifa horaria predeterminada que complemente sus planes de negocios y de vida, comenzará a sacar el máximo de las 24 horas de su día. Empezará a ganarles a sus competidores el juego de las ventas en forma regular, porque sus jugadas tendrán un propósito y serán seguras y eficientes. Y lo que es más importante, le quedará tiempo para establecer alta confianza.

Cuando usted conoce el valor de una hora de su tiempo, nunca lo invertirá en una tarea que produzca menos de lo que vale esa fracción, ni ahora, ni en el futuro. En el siguiente capítulo voy a mostrarle cómo dominar este concepto, pero por ahora concentrémonos en cómo determinar mejor qué tareas valen tanto como su tiempo.

HAGA SUS MEJORES JUGADAS DURANTE SUS MEJORES MOMENTOS

Al principio de mi carrera, aprendí lo que suele conocerse como la «Regla del 80/20». A mediados de los años 90, dejé de enseñar este principio porque me parecía demasiado rudimentario. Buscaba otro más práctico y efectivo, capaz de describir cómo explotar eficazmente el tiempo de un vendedor. Pero con el paso de los años –en la medida en que seguí estudiando y entrevistando a vendedores de gran éxito– la regla del 80/20 regresaba continuamente a mí. Tuve que reconocer que no es tan rudimentaria como había pensado, sino que ofrece con bastante precisión una más sólida y medular comprensión para determinar con efectividad qué tareas valen su tiempo. Comprender esta regla es esencial para aplicar la ley del reloj de arena.

En el curso de mis estudios, descubrí una explicación maravillosa de la regla del 80/20, debida al Dr. Arhur W. Hafner, decano de las bibliotecas universitarias en la Universidad Seaton Hall. Según la acuciosa investigación de Hafner, Vilfredo Pareto (1848-1993), un economista italiano, observó en 1906 que un 20% de los italianos eran propietarios del 80% de la riqueza acumulada en el país. Más adelante y mediante la aplicación en una variedad de entornos, este análisis se ha llegado a conocer como el «Principio de Pareto», la regla del 80/20, o «Regla de los pocos vitales y los muchos triviales». Llámese como se llame, esta proporción de 80% a 20% nos recuerda que la relación entre lo que damos y lo que recibimos no guarda un equilibrio.

En pocas palabras, la regla de Pareto postula que un número reducido de causas es responsable por un alto por ciento del efecto. Si usted es un vendedor promedio, esto significa que un 20% de sus esfuerzos de ventas genera habitualmente el 80% de sus resultados. La mala noticia es que 20% de sus resultados absorbe el 80% de sus recursos. Por tanto, para explotar de la manera más efectiva su tiempo y utilizar sus recursos a fin de ejecutar ventas de alta confiabilidad, deberá distinguir el 20% vital del 80% trivial, a fin de determinar cuál 20% de sus esfuerzos y recursos vale realmente su tiempo.

Para ayudarle a empezar a identificar las áreas en las que no está obteniendo el dinero que su tiempo vale, he aquí algunos ejemplos de lo que debe evaluar:

➤ *Costos empresariales.* Para reducir sus costos, identifique cuál 20% demanda el 80% de sus recursos. Si los artículos que integran actualmente esa relación no son máximos generadores de ganancias, considere eliminarlos de sus gastos, o modificar sus esfuerzos de modo que no los necesite en tanta cantidad.

➤ *Productividad personal.* Para maximizar la productividad personal, comience por suponer que el 80% de su tiempo es invertido en actividades triviales. Analice e identifique cuál –si es que alguna– de ellas produce valor para su negocio de ventas y cambie entonces su foco para analizar las pocas actividades vitales (20%) que producen las mayores ganancias. ¿Qué hacer con las actividades no productivas? Busque una forma de delegarlas o descontinúe simplemente la inversión de tiempo en ellas.

➤ *Mezcla de productos.* Si usted participa en su propio mercadeo o publicidad, probablemente está involucrado en alguna forma de segmentación del mercado, al identificar grupos de personas u organizaciones con características comunes, para luego agregarlos a segmentos mayores del mercado. Esta segmentación puede darse atendiendo a comportamientos, demografía, geografía o sicografía.

La regla del 80/20 predice que el 80% de las ganancias en tales actividades se derivarán de un 20% de los segmentos (o grupos de clientes). Si sus costos están distribuidos en ciertos segmentos y estos están clasificados según las ganancias que producen, las utilidades generales aumentarán si usted deja de invertir tiempo o dinero en mercadeo dirigido a los segmentos que menos producen.

➤ *Ganancias.* Para incrementar sus ganancias, enfoque su atención en los pocos clientes vitales (20%) identificándolos y clasificándolos primero por orden de ganancias reportadas y concentrando luego en ellos sus actividades de venta. La regla del 80/20 prevé que un 90% de sus clientes producirá el 80% de sus utilidades. Su propósito es determinar cuál 20% de dichos compradores le produce la mayor parte de sus ganancias, e invertir la mayor parte de su tiempo estableciendo relaciones de alta confiabilidad con ellos, así como con quienes llegan remitidos por ellos.

MÁS EJEMPLOS DE LA REGLA DEL 80/20

La regla del 80/20 no sólo se aplica a márgenes de ganancias y estrategias de mercadeo. En lo referente a su tiempo, debe aplicarla siempre. Eche un vistazo a algunos ejemplos más de cómo funciona esta Regla en las áreas menos obvias de su negocio. Si usted no está siguiendo actualmente la ley del reloj de arena, es probable que:

➢ El 80% de sus interrupciones provengan del mismo 20% de personas.

➢ El 80% de sus problemas sean resultado del mismo 20% de sus asuntos.

➢ El 80% de sus resultados de publicidad provengan de un 20 % de su campaña.

➢ El 80% de su tráfico de Internet provenga del 20% de sus páginas Web.

➢ El 80% de las quejas de sus clientes esté relacionado con el mismo 90% de sus productos o servicios.

➢ El 80% de sus envíos utilice un 20% de su inventario.

➢ El 80% de las decisiones que toma en reuniones, sea adoptado en un 20 % del tiempo dedicado a reunirse.

➢ El 80% de las ventas anuales de su compañía lo genere un 20 % de su fuerza de ventas.

➢ El 80% de sus problemas de personal sea creado por un 20% de sus empleados.

➢ El 80% de sus negocios futuros provenga de un 20% de sus negocios actuales.

➢ El 80% de su crecimiento proceda de un 20% de sus productos.

➢ El 80% de su éxito sea generado por un 20% de sus esfuerzos.

Estudiando estos ejemplos de la regla del 80/20 es fácil ver cómo puede mejorar ampliamente el aprovechamiento de su tiempo y sus recursos analizando las modificaciones que debe hacer para producir los resultados que más desea. No tire la toalla si, durante su análisis del tiempo, descubre que está invirtiendo la mayor parte en tareas que no lo merecen. La mayoría de los vendedores caen en esta categoría.

Pero el hecho de que usted esté dando este paso ahora coloca a partir de este día el resultado del juego en sus manos. Y con tal de que continúe aplicando la ley del reloj de arena y administrando inteligentemente su tiempo, podrá colocarse en posición de conquistar en forma más regular una alta confianza de sus clientes.

Recuerde que trabajar para ganarse cada día su tarifa horaria significa analizar cada tarea que un cliente actual o potencial pueda requerir de usted en el curso de su día. Tratar de controlar este no basta. Hay ciertos días en que cada quince minutos se presentan cosas nuevas que succionarán su tiempo a menos que esté consciente de cuánto vale.

LA PREGUNTA DEL CIEN POR CIENTO

¿Cómo se vería su negocio si usted pudiera emplear el cien por ciento de su tiempo en hacer aquello que mayor impacto ha tenido en su obtención de ganancias? No le estoy preguntando dónde estaría su negocio si trabajara veinticuatro horas los siete días de la semana. Simplemente quiero que comience a pensar en nuevos términos, con menos limitaciones, acerca de su tiempo.

Luego quiero que considere cuán diferentes serían las cosas si fuera capaz de invertir realmente todo su tiempo en hacer las contadas cosas que más le gustan y que producen en su negocio el mayor impacto. ¿Qué pasaría con su productividad? ¿Qué le ocurriría a su flujo monetario? ¿Qué sucedería a las relaciones con sus clientes? ¿Cómo podría servir mejor a sus clientes favoritos? ¿Qué ocurriría con su nivel de satisfacción? ¿Tendría usted más tiempo para su vida? Si es así, ¿Qué haría con ese tiempo libre adicional? ¿Cómo podría ser diferente su vida? ¿Cómo podría ser mejor?

Es necesario considerar estas preguntas, porque sus respuestas no están lejos de hacerse realidad si usted está dispuesto a aplicar de inmediato la ley del reloj de arena en su negocio de ventas. No es tan complicado. Como puede ver su éxito depende de un mejor enfoque en cuanto a la productividad: debe comenzar por dedicar su tiempo a hacer lo que usted sabe hacer mejor y delegar o eliminar el resto. La pregunta del cien por ciento personifica este enfoque. Concéntrese en hacer lo que sabe hacer mejor por la mayor cantidad posible de tiempo y deje que todo lo demás sea manejado por un sistema o una persona que administre en su nombre dicho sistema. Hágalo y cerrará más ventas de alta confiabilidad que las que pierda. Por supuesto, puede continuar desperdiciando el tiempo haciendo aquellas cosas que restan valor a su tarifa horaria; pero la única forma en que hará prosperar su negocio si sigue ese escenario será mediante el incremento de sus horas de trabajo. Y si tiene grandes ambiciones, probablemente ya ha probado hacerlo. Además, nadie quiere realmente trabajar *más*. Esa es una solución inadecuada.

Lo cierto es que las ventas no son su vida. Al menos no deberían serlo. Pero las ventas de alta confiabilidad pueden proporcionarle más vida si está dispuesto a invertir inteligentemente sus horas en la profesión de vendedor; si acepta explotar la arena que cae en el reloj de la mejor manera que conozca, de modo que el resultado de cada día quede bajo su control. De hecho, cuando usted pone en práctica la ley del reloj de arena, es muy probable que tenga que dedicar menos horas a su trabajo, a la vez que obtiene mayores beneficios. De eso se tratan las ventas de alta confiabilidad.

Jane Floyd había estado en la industria durante seis años, antes de constatar cuanto tiempo le robaba su trabajo a lo que era más importante para ella: su familia. En 1997, Jane contrató a un asesor de ventas y las cosas empezaron a cambiar. Lo primero que hizo fue pasar tres semanas anotando en qué invertía su tiempo durante el trabajo. Los resultados la dejaron perpleja. Actividades como dedicar un promedio de treinta minutos al día a una máquina de fax se revelaron de pronto como algo más que meras tareas improductivas: se convirtieron en tiempo arrebatado a aquellas cosas que tenían para ella más valor.

Como madre de dos niños, comprendió que dos horas improductivas en el trabajo equivalían a dos horas que no podía pasar con sus hijos. Motivada para aprovechar mejor su jornada laboral, se decidió a delegar todo aquello que no necesitara hacer físicamente ella misma. El proceso comenzó por tareas típicas como hacer copias, enviar faxes y archivar documentos, pero con el tiempo evolucionó hasta delegar tareas como echar gasolina a su automóvil y recoger la ropa en la tintorería. Su objetivo era llegar a ser tan eficiente como fuera posible, de modo que su tiempo laboral no continuara absorbiendo lo mejor de ella. Quería dedicar a su familia y a sus clientes favoritos lo mejor de su tiempo.

Antes, Jane trabajaba como promedio unas sesenta horas a la semana. Actualmente, dedica a trabajar unas treinta y cinco horas, e invierte todo ese tiempo de trabajo en una sola cosa: fomentar las relaciones con sus clientes y socios estratégicos. Y si usted se pregunta si su negocio de ventas ha sufrido como resultado de la reducción, le respondo que no. De hecho ha ocurrido todo lo contrario. El año pasado fue el mejor de los once que ha trabajado como vendedora profesional. Pero si bien ha hecho más dinero que en cualquier año anterior, ella le dirá que no fue en ese campo donde obtuvo las mayores ganancias. Estas las disfrutó en su hogar con su familia, resultado de haber aprendido a aplicar en el trabajo la ley del reloj de arena.

Del por qué al cómo

Usted es una persona única. Y espero que haya escogido la profesión de vendedor porque cree tener dones singulares que le permiten no sólo vender con excelencia sino también disfrutar de ello. Si usted no ama las ventas, entonces la pregunta del cien por ciento no funciona en su carrera, porque su preferencia siempre será invertir su tiempo haciendo algo que no produce ventas. Sin embargo, si ha leído hasta aquí, tal vez ya sepa que tiene una capacidad que Dios le dio para vender, que ahora tiene más claro por qué vende y que tiene una idea de aquellas contadas cosas en las cuales debe concentrar su tiempo y recursos a fin de lograr una notable mejoría en su negocio.

Pero si todavía no tiene claro cómo debería estar invirtiendo su tiempo, no se preocupe. El resto de las leyes en este libro están dedicadas ayudarle a comprender e implementar las disciplinas necesarias para convertirse en un vendedor profesional altamente confiable y exitoso; disciplinas como el bloqueo de tiempo, la prospección, el planeamiento de sociedades, el manejo de presentación, el mercadeo y seguimiento de soluciones y la plenitud en las relaciones.

El propósito de las seis primeras leyes era ayudarle a comprender el fundamento sólido y sentido que gobierna el éxito en el campo de las ventas de alta confiabilidad; ofrecerle una perspectiva correcta sobre su vida y el éxito, de modo que pueda dar forma de manera eficiente a una carrera satisfactoria; ayudarle a comprender los «por qué» de la venta, para que usted pueda implementar en forma efectiva e inmediata los «cómo». Las ocho últimas leyes le enseñarán a edificar un negocio de ventas próspero y altamente confiable. Le mostrarán cómo triunfar de manera práctica e intencional para que pueda producir algo más que una abundancia de ventas de alta confiabilidad, también podrá producir una vida abundante.

Así que si sus cimientos ya son lo bastante sólidos, comencemos a construir las columnas de un perpetuo éxito y significación en el campo de las ventas, lo cual debe comenzar por aplicar la ley de la escoba.

APLICACIÓN AL LIDERAZGO EN VENTAS

Como gerente de un equipo de ventas, su primer paso para seguir la ley del reloj de arena es muy sencillo. Usted debe evaluar cómo está invirtiendo su tiempo. Si no está aprovechando efectivamente cada día el reloj, esto afectará su capacidad para liderar a su equipo en forma práctica y ética. Hablando en términos prácticos, al líder que desperdicia su tiempo de manera regular rara vez le queda tiempo de calidad para ofrecerlo a su personal. Resumiendo, una pobre utilización de su tiempo socava su liderazgo. Y en términos éticos, nadie puede predicar lo que no practica.

Por otro lado, si logra aplicar con efectividad la ley del reloj de arena, podrá pasar sus días desarrollando a sus empleados y, con integridad, dejar de derrochar tanto tiempo en tareas que son contraproducentes para usted y para su personal. Recuerde que una de sus tareas más importantes como líder de un equipo de ventas es desarrollar y equipar a sus trabajadores para el éxito, lo cual incluye enseñarles a ordenar sus prioridades de manera que cuenten con oportunidades óptimas de practicar las ventas de alta confiabilidad. Como líder, esta es una de las jugadas más importantes que puede hacer.

La ley de la escoba

CAPÍTULO SIETE

Para que su negocio crezca,
antes debe hacer limpieza.

La mayoría de los vendedores dedica sólo el veinticinco por ciento de su tiempo a vender, debido a que se pasan el setenta y cinco por ciento administrando las ventas que ya han hecho. Esto se debe a que muchos no comprenden lo que vale la calidad. Sistemas de buena calidad, clientes de buena calidad y ventas de buena calidad producen una carrera de buena calidad. Pero el problema es que en la mayoría de las escuelas de pensamiento dedicadas a la dinámica de las ventas, la mayor unidad de medida es la «cantidad». Como resultado, gran parte de las carreras en este campo enfatizan la cantidad: cuántas horas trabaja usted, cuántas unidades ha vendido, cuántos clientes tiene y cuántas llamadas telefónicas ha hecho. Y en este proceso, se termina desarrollando una práctica de negocios desequilibrada en la cual usted sólo invierte el veinticinco por ciento de su tiempo, o menos, dedicado realmente a vender. Pero la ley de la escoba le enseña exactamente lo contrario.

Esta ley postula que para llevar su negocio a niveles más y más altos de confianza y efectividad, usted debe antes someterlo a una limpieza general. En esencia, el resultado consiste en tomar la ecuación mal balanceada y voltearla, de modo que dedique a vender la mayor parte de su tiempo.

Mientras escribo esto, se ha cumplido un año desde que dos socios empresariales, Brian Crist y Tres Miller aprendieron el valor de aplicar la ley de la escoba; y ya se han beneficiado de notables resultados. Durante uno de mis seminarios Brian y Tres comprendieron cuán ineficiente se había vuelto su empresa. Ambos habían sido vendedores profesionales por espacio de unos dos años y se las habían arreglado para sobrevivir gracias a su tenacidad y firme determinación. Pero aquel día en el evento, mientras escuchaban, uno de los conferencistas describió lo importantes que habían sido sus propios descubrimientos de ineficiencias, a fin de alcanzar un nivel más alto de éxito. Cuando Tres escuchó esto para él fue como un momento «¡Eureka!» Literalmente se golpeó la frente por no haberlo entendido antes y le dijo a Brian que por fin había comprendido qué era lo que estaba frenando su negocio. Este manifestó su total acuerdo: era hora de empuñar la escoba.

En los siguientes cuatro meses, los dos socios despejaron su compañía vendedora comenzando por el personal, algunos de cuyos miembros habían mostrado incapacidad o falta de deseos para cumplir eficientemente sus responsabilidades. Esto había estado recargando semana tras semana la jornada de trabajo de Brian y Tres, que se veían obligados con regularidad a apagar fuegos que podían haber sido evitados, o rehacer tareas ejecutadas por debajo de las normas. Además, esa situación les estaba robando tiempo para vender, así que despidieron a algunos empleados y los reemplazaron con otros más idóneos.

Para su nuevo equipo, Brian y Tres crearon nuevos contenidos de trabajo, a fin de asegurar que todos conocieran exactamente lo que se demandaba de ellos y contaran con los medios para hacer un trabajo excelente. No mucho después, los dos socios, trabajaban en un ambiente mucho más limpio y despejado, lo cual les permitía delegar la mayoría de sus tareas y concentrarse en lo que mejor sabían hacer. Actualmente Brian y Tres pasan sus días haciendo lo que más les gusta: fomentando relaciones. Y aunque usted pueda pensar que el dúo debió sacrificar algunos ingresos para realizar estos cambios, no es ese el caso. De hecho, ambos han incrementado su margen de ganancias en un veinticinco por ciento en menos de un año. Si esto no es suficiente para captar su atención, quizás esto otro baste: desde la limpieza en la compañía, tuvieron que contratar a un asesor para que les ayudara a determinar qué hacer con el tiempo extra que les queda libre, el cual equivale actualmente a quince horas a la semana. Un problema que usted también quisiera tener, ¿cierto?

¿Ha tenido usted, como Brian y Tres, tiempo más que suficiente para administrar su compañía de ventas? Apuesto a que la pregunta del cien por ciento que vimos en el capítulo anterior le resultó atractiva, porque a todos nos gustaría pasar la mayor parte de nuestros días laborables dedicados a las actividades que más disfrutamos de la profesión de vendedor. Pero después de leerla, quizás se haya preguntado: «¿Es en verdad posible?» No sería el primero. Lo cierto es que a la mayoría de los vendedores probablemente les cuesta trabajo creer que en este campo se pueda pasar la mayor parte del tiempo haciendo aquello que más uno disfruta y es capaz de hacer en forma óptima. Pero sí se puede y no es tan difícil como se podría pensar. En realidad, se empieza por seguir la ley de la escoba.

SI USTED NO ES PROACTIVO, SERÁ REACTIVO

Reconozco que los lectores de este libro podrían estar representando a miles de compañías y productos de diversos tipos. Pero independientemente del tamaño o la estructura de su empresa o el tipo de producto que venda, hay algo que es innegable cuando se está involucrado de alguna manera en ventas: usted podría pasar más tiempo haciendo las cosas que adelantan su carrera si pudiera liberarse de aquellas que le retienen.

> **Usted podría pasar más tiempo haciendo las cosas que adelantan su carrera si pudiera liberarse de aquellas que le retienen**

Quizás parezca rudimentario. Pero considere por un momento los siguientes dilemas que se derivan de un negocio desorganizado:

➢ Si no puede hallar el tiempo para hacer bien las cosas, ¿cuándo lo encontrará para terminarlas?

➢ Si pasa la mayor parte de su tiempo con clientes que no confían plenamente en usted, ¿dónde encontrará el tiempo para cimentar una alta confianza con los mejores?

➢ Si no tiene tiempo para responder las llamadas de sus clientes, ¿cómo podrá hacer el que necesita para hablar con ellos cuando le llaman?

➢ Si no dispone de tiempo para hacer ventas de buena calidad, ¿qué importancia puede tener su cantidad de ventas?

Ahora, considere las siguientes verdades reactivas:

➢ Si no puede mostrar a sus clientes su forma confiable de hacer negocios, ellos supondrán que usted hace negocios como quiera.

➤ Si usted apura sus ventas, suele acabar esperando por ellas.

➤ Si no responde las llamadas, las llamadas regresarán a usted.

➤ Si no tiene un ayudante, el ayudante será usted mismo.

➤ Si no le dice a la gente cuándo deben llamarlo, le llamarán cuando les dé la gana.

➤ Si no aprovecha su tiempo, su tiempo se aprovechará de usted.

La mayoría de nosotros comprende la esencia de las relaciones reactivas gracias a algo que tal vez aprendimos en la clase de ciencias o de física en el bachillerato, llamado ley de la relatividad, la cual postula que por cada acción siempre existe una reacción igual y opuesta. El mismo fenómeno ocurre en su compañía. Una acción positiva desencadena generalmente otra acción positiva. Una negativa, o ninguna acción, desencadenan otra acción negativa. Y hablando de manera general, sólo existe un remedio para evitar los resultados negativos de hacer negocios en forma reactiva; esto es, volverse proactivo en su forma de hacer negocios.

En lo que respecta a ser reactivo o proactivo en una compañía vendedora, una de estas dos corrientes tiende a solucionar o crear la necesidad de la otra. En pocas palabras, si usted no ha establecido sistemas limpios y procedimientos estrictos para dirigir efectivamente su negocio, entonces este será dirigido por las personas y las actividades que compongan su día. Su compañía es reactiva (usted no la dirige) en lugar de proactiva (usted la dirige). Y recuerde que la alta confianza no se establece arbitrariamente: debe ser conquistada con una actitud proactiva.

Por otra parte, cuando usted se toma el tiempo para despejar su negocio estableciendo sistemas y procedimientos dirigidos a tratar efectivamente con las actividades más comunes y productivas de su día laboral, su negocio se vuelve proactivo y es capaz de continuar ampliándose. Es más, cuando su empresa ha sido sacudida, usted ve cómo su tiempo es liberado para que pueda dedicarse a su especialidad, mientras los demás se ocupan del resto. Esa es la esencia de seguir la ley de la escoba.

DÉLE LUZ VERDE A SU NEGOCIO DE VENTAS

Cuando usted tenía quince años, probablemente pasaba las horas soñando despierto con las perspectivas de conducir su primer automóvil. Estaba tocando a las puertas de un nuevo tipo de libertad e independencia y sentía impaciencia por sentarse tras el volante sin mamá o papá en el asiento contiguo. Estuviese o no listo, anhelaba esta sensación de estar cada día en control de su propio destino, aun si eso sólo significara conducir hasta la escuela. Entonces, manejar un auto simbolizaba su independencia: le daba la capacidad de ir dónde y cuándo quisiera ir. O al menos ese era el plan.

A medida que se acercaba su decimosexto cumpleaños, usted procuraba tomar clases de conducción y se aprendía algunos elementos básicos diseñados no sólo para ayudarle a manejar correctamente, sino también para salvar su vida. Aunque seguramente sabía qué simbolizaba cada uno de los colores de un semáforo, repasarlo formaba parte del procedimiento de la clase, porque dichos colores son conocimiento normal para conducir con efectividad. Y unos meses después, cuando estaba tomando el examen práctico, probablemente se aseguraba de prestar mucha atención a los semáforos en la calle. Al llegar a una luz roja se detenía. Cuando cambiaba a verde, pisaba levemente el acelerador, cuidando de no salir demasiado rápido. Y, por ridículo que parezca, en lugar de acelerar ante una luz amarilla probablemente reducía velocidad.

Una vez que había recibido su licencia, la historia era otra. Sólo quería conducir. No importaba dónde ni cuándo. Sólo estar al volante y mientras más velocidad, mejor. Las luces rojas se habían convertido de repente en estorbos. Las amarillas adquirían tonalidades verdes. Y las verdes se habían convertido en símbolos de su recién adquirida libertad. Pero, con el tiempo, luego de recibir su primera multa o tener su primer accidente, debe haber aprendido que manejar incluye mucho más que eso. Como también aprendió, las leyes existen por una razón. Leyes que se pueden violar, cierto. Pero que cuando se quebrantan conllevan penalidades. Y estas penalidades pueden incluso privarle de su libertad.

Apuesto a que cuando comenzó su carrera de vendedor, le ocurrió algo muy similar. Se aprendió bien las reglas para sacar su licencia. Y seguro que al principio hasta tenía el cuidado de hacer las cosas por el manual, quizás porque había alguien vigilando cada uno de sus pasos. Pero una vez que le entregaron las llaves de la independencia, se apresuró a pisar el acelerador. La velocidad se convirtió en clave de su éxito y su libertad: venderle a cualquiera y a todos con tanta frecuencia como fuera posible. Reducir velocidad quedaba descartado:

había que hacer dinero. Y por tanto cualquier cosa que le exigiera reducir su ritmo la consideraba un obstáculo a su éxito.

Así se enseña a vender a la mayoría de los nuevos vendedores profesionales, ¿cierto? Adelante, a todo gas, olvídese de las señales. La cantidad es lo que importa, olvídese de la calidad. El problema es que así nunca alcanzará un alto nivel de éxito en la profesión de vendedor. Porque existen en este campo normas que regulan la velocidad a la cual usted puede vender con efectividad. Semáforos de las ventas, por decirlo así, que indican cuándo puede arrancar, cuando tiene que parar y cuando tiene que reducir velocidad si su meta es conquistar a clientes leales y lucrativos. Sí, es cierto, siempre puede ignorar los semáforos y hasta quedar impune por un tiempo. Pero tarde o temprano le atraparán y los resultados podrían ser muy destructivos para su negocio.

Imagínese qué le ocurriría a su empresa si comenzara a respetar las señales del tránsito que conducen al éxito. ¿Qué sucedería si se incrementaran sus actividades de luz verde –aquellas que edifican una alta confianza y le reportan más dinero–? ¿Qué sucedería si usted empezara a deshacerse de las actividades de luz roja –las que no fomentan la confianza ni incrementan sus ganancias– acatando estratégicamente las luces amarillas por tiempo suficiente para determinar y luego decantar sus actividades más productivas? La realidad es que de esta forma sus días deberían estar mejor ordenados.

Entre las actividades de luz roja se incluyen:

➢ Llenar y archivar formularios.

➢ Enviar faxes y hacer copias.

➢ Manejar crisis.

➢ Tratar con clientes que dejan pocas ganancias y reclaman demasiado mantenimiento.

➢ Lidiar con interrupciones telefónicas.

➢ Responder interrupciones de correo electrónico.

➢ Tomarse largos e innecesarios períodos de almuerzo.

➢ Dedicar tiempo a los quejumbrosos y no a los ganadores.

➢ Chismear con los compañeros de trabajo.

➤ Llamar a los prospectos al azar o a prospectos «fáciles», o a clientes que no producen buen negocio.

Estos tipos de actividades deben ser eliminados de su contenido de trabajo tanto como sea posible, a fin de que la mayor parte de su tiempo sea dedicada a actividades de luz verde tales como:

➤ Manejo e incremento de las relaciones de alta confianza.

➤ Planeamiento de asociaciones de alta confianza.

➤ Seguimiento de alta confianza a personas referidas.

➤ Prospección de nuevos clientes.

➤ Ventas y reventas de alta confiabilidad.

➤ Agregar valor a los clientes clave.

➤ Agregar valor a los socios clave.

Y una vez que usted ha eliminado de su jornada laboral las actividades de luz roja, puede dirigir su negocio tan eficientemente como es posible, reduciendo velocidad sólo en períodos estratégicos para determinar si algo puede hacerse mejor.

La pregunta del cien por ciento le pide que considere cómo se vería su carrera si invirtiera todas sus horas de trabajo en aquellas cosas que producen los mayores retornos por su tiempo; o sea, si cada día su ruta estuviera iluminada por actividades de luz verde.

Seguir la ley de la escoba le ayuda a ganar claridad sobre lo que necesita hacer y dejar de hacer para convertir en realidad la pregunta del cien por ciento y así darle a su negocio luz verde de una vez y por todas. Y para la mayoría, esto comienza cuando usted, en lugar de acelerar, reduce velocidad.

REDUCIR VELOCIDAD Y LIMPIAR

Para alcanzar el éxito en las ventas de alta confiabilidad usted debe hacer algo más que buscar las luces verdes y evitar las rojas; debe respetar las amarillas. A medida que su empresa cambie a altas velocidades, será necesario que elimine lastre de algunas de sus prácticas y procesos. Mientras más relaciones de alta confianza pueda crear, más eficiente necesita volverse su compañía.

Al comienzo (durante la reestructuración de su método de ventas) invertirá más tiempo aprendiendo los principios de las ventas de alta confiabilidad y esto es necesario para poder echar los cimientos de su éxito futuro. Pero mientras más domine usted las tareas que comprenden las ventas de alta confiabilidad, menos de su tiempo consumirán y por tanto más lucrativas serán. En esencia, una vez que haya eliminado de su jornada laboral las actividades que no agregan valor, el proceso de edificar un negocio de ventas de alta confiabilidad eficiente es sólo cuestión de avanzar por una senda tachonada de luces verdes.

Por supuesto, para mantener el paso del éxito aún necesitará observar períodos de luz amarilla a fin de asegurar máxima eficiencia; pero cuando usted dirige su compañía en forma eficiente, esos períodos tendrán sólo una intención estratégica, sin involucrar una reestructuración a fondo. Algunas actividades típicas de luz amarilla a cuyo desarrollo dedican tiempo los vendedores de éxito son:

➢ Profundizar el conocimiento sobre los productos.

➢ Identificar nuevos prospectos idóneos.

➢ Generar y manejar pistas.

➢ Mejorar las capacidades de presentación.

➢ Mejorar las habilidades de manejo de objeciones.

➢ Crear materiales de mercadeo y publicidad.

➢ Crear material de seguimiento.

En estos aspectos le tomará cierto tiempo alcanzar máxima eficiencia, especialmente si usted los acaba de insertar en su rutina diaria o semanal. Pero si su compañía de ventas está estancada, se mueve lentamente, o se ve sometida a un constante pare y siga, ahora tiene la oportunidad de despejar las cosas.

Habitualmente, no mucho después de un cambio importante a altas en el campo de las ventas, se hace necesario un período de frenado. Sin embargo, muchos vendedores de éxito cometen el error de acelerar ante la luz amarilla y como resultado terminan forzados a frenar y dar marcha atrás. Esto perjudica sus relaciones y sus ganancias.

O puede ser que usted necesite reducir velocidad ahora mismo, sin que sea el resultado de un crecimiento considerable de sus transacciones. Por el contrario, acatar una luz amarilla puede hacerse necesario debido a que usted está tratando de cambiar su negocio a altas sin haber despejado antes los procesos que lo hacen avanzar. Es como participar en la carrera de las 500 millas de Indianápolis con un Ford Modelo T. Si esto describe su situación, probablemente ya ha padecido su cuota de confusión, pánico y frustración. Pero sí tiene la cautela de acatar las luces amarillas ahora y a lo largo del camino, independientemente de su nivel de éxito, le será posible también evitar las luces rojas.

Respetar una luz amarilla en su carrera de ventas es el equivalente de reducir lo bastante la velocidad como para evaluar de qué modo está utilizando su tiempo. Si usted está comenzando, probablemente significa reducir velocidad por un período breve cada día hasta que se sienta cómodo con su rendimiento, prácticas y procedimientos de venta. Más adelante, puede significar establecer algo que yo llamo rutina del «tercer viernes», reservar los terceros viernes de cada mes para reducir velocidad a fin de evaluar su eficiencia en el negocio. Pero sea a diario, una vez a la semana o un viernes por mes, ir más despacio, haciendo observaciones y si fuera necesario proyecciones gráficas de un curso de acción más lucrativo, es un rasgo característico de todo vendedor confiable de alta productividad y es la clave para seguir la ley de la escoba.

Los triunfadores en el negocio de las ventas comprenden que producir más ganancias significa dedicar más y más de su tiempo y energías a actividades verdes. Incrementando el tiempo que usted invierte en ellas y reduciendo el que dedica a actividades de luz roja, usted sabe que al fin y al cabo podrá maximizar el valor de su tiempo. Pero para hacerlo debe avanzar más despacio ahora, a fin de evaluar qué está –y qué no está– contribuyendo a su avance; para luego comprometerse a sacar más adelante durante períodos estratégicos, el pie del acelerador, mientras su compañía de ventas continúa creciendo.

LOS BLOQUES DE CONSTRUCCIÓN DE UN NEGOCIO DE ALTA CONFIABILIDAD

En casi todos mis seminarios hago a los participantes esta pregunta: «¿Cuántos de ustedes han tratado de aplicar un plan a su jornada laboral y a eso de las 9:30 A.M. ya lo que tienen es un embrollo?» Invariablemente puedo escuchar las risas entre el público. «Sí, se parece a mí», exclaman colectivamente. Luego les pregunto: «¿Cuántos se han quedado relativamente embrollados por el resto del día?» De nuevo, casi todas las manos se alzan. Entonces me pongo serio y pregunto: «¿Cómo se sienten al final de un día como ese?» La respuesta colectiva, en más o menos palabras, se resume así: «Sentimos que hemos perdido el día». Si Tom Ramírez hubiera estado entre el público en una de esas ocasiones, su mano se habría alzado con firmeza.

Tom era un tipo laborioso, quizás el más laborioso de su industria. Y las cifras así lo demostraban. Cerraba un promedio de cien pedidos al mes y estaba haciendo mucho dinero con sus esfuerzos. Pero había un problema creciente. Y es que aunque Tom trabajaba duro, no lo hacía inteligentemente. En realidad, para mantener similares resultados mes tras mes, trabajaba semanas de ochenta horas. A su modo de ver, esto venía con el territorio de un vendedor de alta productividad. Pero luego aprendería que no es posible mantener eternamente ese paso brutal.

En 1992, Tom fue a parar a la unidad de cuidados intensivos de un hospital cercano a su casa. Había sufrido un aneurisma cerebral y tenía que ser operado. Esto representaba un tiempo alejado del trabajo, lo que para él era un lujo que no podía permitirse, especialmente si quería mantener su nivel productivo. Así que desde su lecho de hospital, en espera de la cirugía, empezó a hacer y a recibir llamadas desde tres teléfonos diferentes, tratando de superar las inconvenientes circunstancias y satisfacer lo mejor que podía las necesidades de sus clientes. Pero no tardó en venir una enfermera que le ordenó poner fin al trabajo. Ella le recordó la seriedad de su condición, enfatizando que era absolutamente crucial que descansara. Tom asintió a regañadientes. Pero las palabras de la enfermera retumbaron en su mente. Por primera vez en mucho tiempo comprendió cuán destructivas habían sido sus largas jornadas de trabajo, no sólo para él, sino para su joven familia. Se dio cuenta de que lo que realmente importaba no era cuánto dinero ganara ni cuántas ventas cerrara, ni siquiera que todas las necesidades de cada uno de sus compradores fueran inmediatamente satisfechas. Lo más importante era continuar con vida y envejecer junto a su esposa, para ver a su hijito de dos años hacerse hombre y ver a su niña de dos meses convertirse en una hermosa damita.

Cuando regresó del salón de operaciones a la unidad de cuidados intensivos, pensaba en su familia, en pasar más tiempo con ellos. Con la carga de trabajo que había venido llevando no sabía cómo podía disponer de más tiempo libre, pero decidió contratar asistentes que le ayudaran a llevarla y un asesor que le enseñara a trabajar de manera más sensata. Esta sería la mejor decisión de su carrera de vendedor.

Poco tiempo después, los asistentes se convirtieron en sus socios, capaces de desempeñarse en cualquier aspecto de una venta. Su asesor ya no le enseñaba cómo incrementar la productividad, sino cómo vivir mejor. Tom sería el primero en decir que durante esta «limpieza» estaba nervioso. Sabía que mientras entrenaba a sus asistentes para convertirlos en socios y empezaba a delegar en ellos muchas de sus tareas, su empresa experimentaría una baja en sus ingresos. Y tenía razón, aunque fue mucho menor de lo que creía.

No obstante, con el estímulo y la reafirmación de su asesor, Tom continuó modificando la forma en que trabajaba, hasta haber reducido a cuarenta sus horas semanales. Luego comenzó a concentrarse en desempeñar sólo las tareas que mejor sabía hacer, las actividades de luz verde. A saber: satisfacer las necesidades de los principales clientes y desarrollar relaciones productivas de alta confianza. Con el tiempo lo inesperado empezó a ocurrir. Tom y su equipo de asociados cierran actualmente 200 pedidos mensuales, e ingresan cada año un promedio de 300 millones de dólares en ventas. Él no vacilará en decirle que nunca pensó que fuera posible tal producción con una semana laboral de cuarenta horas. Pero ahora es un firme creyente en la ley de la escoba.

BLOQUES DE TIEMPO

Permítame ser franco, si está perdiendo días, casi con seguridad se debe a que no está dirigiendo una empresa de ventas despejada. Las jornadas perdidas ocurren cuando uno no cuenta con un plan, cuando falta visión y cuando no se tiene claro cómo inspirar confianza a los clientes. Cuando usted no sabe decir no a las interrupciones, a los negocios insignificantes o a los clientes que demandan demasiada atención. Cuando usted se levanta temprano para ocuparse de lo que no pudo hacer ayer, luego trata de hacer llamadas en frío, sin calentamiento alguno; o asiste a una reunión que no le enseña nada, se ocupa de manejar órdenes problemáticas, devuelve llamadas a clientes insatisfechos y se convierte en mensajero, reparador de la copiadora y colador de café, como si fuera el hombre orquesta.

> **Si está perdiendo días, casi con seguridad se debe a que no está dirigiendo una empresa de ventas despejada.**

Los días perdidos raras veces son inactivos. Como los de Tom Ramírez, los suyos pueden ser muy atareados, sólo que no plenamente productivos y quizás sí destructivos. En pocas palabras, los días perdidos suceden cuando usted permite que las actividades de luz roja dominen su vida. Pero para alcanzar un alto nivel de éxito y dirigir un negocio de ventas altamente confiable, debe encontrar una mejor manera de estructurar su tiempo. Y eso comienza cuando usted crea y domina una habilidad llamada *bloques de tiempo*.

Los bloques de tiempo consisten en:

➤ Programar sus prioridades en lugar de priorizar su programa.

➤ Predefinir las actividades de luz verde que son necesarias para la excelencia de su empresa.

➤ Incorporar «bloques» verdes de tiempo a un programa diario que le ayude a mantener un sentido de previsibilidad y certidumbre.

➤ Una forma eficiente de que sus clientes y su equipo permanezcan al tanto de sus actividades sin que usted tenga que contestar llamadas y correos electrónicos.

➤ Un reto inicial que a la larga reduce costos.

Los bloques de tiempo *no* son:

➤ Tratar de no desperdiciar el tiempo.

➤ Una declaración rígida.

➤ Notas adhesivas tapizando su escritorio.

➤ Una lista de cosas que hay que hacer.

➤ Un remedio rápido.

En la página siguiente verá un ejemplo de un horario al que se han aplicado los bloques de tiempo.

	LUNES	MARTES	MIÉRCOLES	JUEVES	VIERNES	SÁBADO	DOMINGO
5:00 AM	Oración	Oración	Oración	Oración	Oración		
6:00 AM	Ejercicios-Cardio	Ejercicios-Resist.	Ejercicios-Cardio	Ejercicios-Resist.	Ejercicios-Cardio		
7:00 AM	Ducha-Desayuno	Ducha-Desayuno	Ducha-Desayuno	Ducha-Desayuno	Ducha-Desayuno		
7:30 AM							
8:00 AM	Revisar Lista AM	Revisar Lista AM	Revisar Lista AM	Revisar Lista AM	Revisar Lista AM	Desayuno familiar	
8:30 AM	Pistas a llamar	Pistas a llamar	Pistas a llamar	Pistas a llamar	Pistas a llamar		
9:00 AM	Reunión Equipo Conocimiento de Productos	Implementación en Tiempo	Reuniones con clientes	Reuniones con clientes	Reuniones con clientes		Iglesia y escuela dominical →
9:30 AM							
10:00 AM							
10:30 AM	Pistas a llamar y Correos-E	Pistas a llamar y Correos-E	Pistas a llamar y Correos-E	Pistas a llamar y Correos-E	Pistas a llamar y Correos-E		familiar
11:00 AM							
11:30 AM		Almuerzo abierto	Alm. oficina	Almuerzo con Asociado para Estrategia	Almuerzo abierto	Almuerzo	
12:00 PM	Alm. con invitado	Reunión clientes	Reunión clientes		Reunión clientes		
1:00 PM	Reunión clientes						
1:30 PM							
2:00 PM							
2:30 PM							
3:00 PM	Pistas a llamar y Correos-E	Pistas a llamar y Correos-E	Pistas a llamar y Correos-E	Pistas a llamar y Correos-E	Pistas a llamar y Correos-E		
3:30 PM							
4:00 PM	Reunión clientes	Reunión clientes	Reunión clientes	Reunión clientes	Reunión clientes		
4:30 PM							
5:00 PM	Revisar Lista PM	Revisar Lista PM	Revisar Lista PM	Revisar Lista PM	Revisar Lista PM		
5:30 PM							
6:00 PM	Cena familiar	Cena familiar	Cena familiar	Salida cónyuge	Cena familiar		
7:00 PM	Bañar niños y lectura	Bañar niños y lectura	Bañar niños y lectura	Bañar niños y lectura	Bañar niños y lectura	Bañar niños y lectura	
8:00 PM							
9:00 PM							
10:00 PM	A la cama	A la cama	A la cama	A la cama	A la cama	A la cama	A la cama

Martes: Almuerzo mensual con equipo fuera de la oficina 11:30-1

Martes: Fiesta mensual con el equipo 4-6 PM

Alternar cada semana ejercicios cardiorrespiratorios y resistencia

Primer viernes: Planeamiento de negocios fuera de la oficina
Segundo viernes: Visitas de terreno
Tercero y cuarto viernes: Tiempo de implementación 8:00 a mediodía
Quinto viernes: Escribir libro

Este es el fundamento que la eficiencia empresarial indicó y usted debe comprometerse a dominar este principio si desea construir un floreciente negocio de ventas. La razón fundamental de los bloques de tiempo es el conocimiento de que si las actividades de luz verde no se programan, generalmente se harán en forma desganada, estéril o simplemente no se harán. Por tanto se pueden conseguir grandes avances si un vendedor decide comenzar a programar bloques específicos de tiempo para las actividades de luz verde y se compromete a no invertir este en actividades de luz roja hasta que las de luz verde hayan sido ejecutadas.

Si usted ha estado por un tiempo al frente de un negocio inestable, podría tardar unos meses en eliminar de su rutina todas las actividades de luz roja. Pero no se desaliente. Hágase el propósito de desenredar una por una la madeja de las actividades de luz roja, hasta que llegue al punto en el cual esté invirtiendo la mayor parte de su día en actividades productivas de luz verde.

Si nunca ha utilizado los bloques de tiempo en su compañía, una buena forma de empezar es asignar la primera hora de cada jornada laboral a actividades de luz verde. Complete una venta, asegure un prospecto, haga una cita, maneje una pista, añada valor a un cliente actual, prepárese para futuras presentaciones; pero no se ocupe de urgencias, crisis o interrupciones hasta la segunda hora. Luego mantenga durante el resto del día este horario: una hora para actividades verdes y otra para actividades rojas. Si lo sigue fielmente de 8:00 A.M. a 5:00 P.M..., incluyendo una hora de almuerzo, habrá convertido en bloques cuatro horas para actividades verdes y otras cuatro para actividades rojas. Este es un buen comienzo. Y he aquí la belleza de los bloques de tiempo: si hasta hoy usted solamente producía durante el veinticinco por ciento de su jornada laboral, ahora ha duplicado su tiempo para hacer ventas de alta confiabilidad. Pronto este incremento en bloques de tiempo productivo ayudará a construir una base de ganancias significativamente mayor.

Comienza la construcción

A partir del próximo capítulo, compartiré con usted varias estrategias comprobadas de luz verde para disparar su éxito de ventas a través del techo. Como resultado de las estrategias que aprenderá, usted estará en posición de duplicar, triplicar y aun cuadruplicar su negocio en el próximo año, si es capaz de insertarlas efectivamente en su rutina diaria. Y es por eso que es tan importante que usted implemente los bloques de tiempo ahora, antes de que empiece a asimilar nuevos clientes. La ley de la escoba prescribe que uno debe tener su negocio funcionando tan eficientemente como sea posible, de modo que cuando llegue el incremento en las ventas –y dé por seguro que vendrán– cuente con los medios para manejarlo con excelencia e integridad. Para que pueda hacerlo debe ver cada estrategia como un arma para incrementar su arsenal de actividades verdes. Debe contemplar cada nueva estrategia como otro bloque que aumentará la estabilidad y longevidad de su empresa. Proceda a hacerlo durante lo que le falta por leer de este libro y cuando hayamos terminado habrá construido un negocio mucho más sólido de lo que nunca imaginó.

APLICACIÓN AL LIDERAZGO EN VENTAS

Como líder de un equipo de ventas, la manera en que utilice su tiempo afectará directamente su capacidad para dotar a sus empleados del poder que necesitan a fin de realizar su máximo potencial. Dedique algún tiempo a asegurar que su horario, basado en bloques de tiempo, es exacto y consistente. Ello podría requerir que reconsiderara algunas de las tareas que le privan de un tiempo que podría estar dedicando a desarrollar a su personal. Si no cuenta ahora con suficiente tiempo para invertir regularmente en el éxito de sus vendedores, entonces necesita aligerar su propio horario a fin de que pueda hacerlo. Una vez que haya determinado qué puede eliminar para liberar más tiempo y dedicarlo a su personal, disciplínese para cumplir con su nueva rutina. Sólo entonces podrá enseñar con integridad a sus trabajadores cómo construir sus propios negocios de ventas sobre bloques productivos de tiempo.

SECCIÓN II

**ECHE LOS CIMIENTOS PARA CONSTRUIR
UN NEGOCIO DE VENTAS ALTAMENTE CONFIABLE**

La ley del ensayo con vestuario

*Practicar su libreto eleva el nivel
de su actuación.*

U sted quizás se sorprendería por el nivel de preparativos que requiere una producción teatral de primera categoría. Pero eso se cumple con cualquier gran actuación, especialmente en el campo de las ventas. ¿Recuerda cuando páginas atrás compartí con usted mi primera experiencia con Tom Hopkins? Una cosa que no le conté fue que la presentación de Tom aquel día duró seis horas e incluyó el examen de un manual de treinta y cinco páginas entregado a cada participante. Nada inusual para un seminario.

Pero aquel día sí ocurrió algo bastante desacostumbrado y sorpresivo. Poco después de comenzar, observé que durante casi treinta minutos Tom no había consultado sus notas en el podio y sin embargo nos estaba exponiendo el contenido del manual sin que se le escapara una sola palabra. Esto me impresionó, así que continúe observándolo por el resto de la sesión. En varias ocasiones me pregunté si habría mirado sus notas mientras yo escribía. De seguro –pensé– había mirado en algún momento. Ya cerca de la clausura del seminario, mientras disertaba sobre la importancia de redactar y memorizar previamente las presentaciones de ventas, Tom apuntó: «Si ustedes me han observado detenidamente, habrán notado que no consulté mis notas ni una vez. Y he podido hacerlo porque pasé más de cien horas asegurándome de que conocía de memoria mi material, a fin de poder presentarles a ustedes la información de modo efectivo y convincente».

Me había impresionado que pudiera hablar treinta minutos sin notas, pero ¿todo el seminario? Eso ya era asombroso y dejó en mi mente de joven vendedor una impresión duradera. Entonces comprendí que memorizar mis «parlamentos» era muy importante para mi éxito como profesional.

Y si usted se propone seriamente alcanzar su máximo potencial como vendedor, debe también reconocerlo. Es preciso que *conozca de memoria* sus parlamentos. Debe *memorizar* su presentación. Y también el paso siguiente. En el proceso de ventas no se dispone de tiempo para pensar. Cuando usted está interesado en ganarse la confianza de un cliente, no hay tiempo para hojear las páginas del manual *Cómo vender más y mejor*. Si desea convertirse en un vendedor profesional de primera, hay dos cosas que debe dominar sin pensar:

1. Cómo vender

2. Qué decir en una situación propicia para la venta

¿Recuerda el popular programa conducido por Dick Clark y Ed Mc Mahon y titulado *Pifias y chistes prácticos en televisión*? Durante una hora reíamos viendo cómo algunos de los mejores actores pifiaban sus parlamentos. Nos reíamos porque es muy humano cometer errores. Y ver a los actores cometiendo desatinos nos recordaba que a pesar de sus aparentemente impecables actuaciones en la televisión, aun los mejores pueden olvidar de cuando en cuando su texto.

Pero, ¿ha cometido usted algún yerro en su actividad de ventas? ¿Dijo alguna vez algo que no debía o hizo algo estúpido y luego deseó con todas sus fuerzas que alguien gritara «¡Corten!» para que pudiera comenzar de nuevo? A mí me sucedió y es una fea sensación. Y es que en las ventas, a diferencia de la televisión, usted no tiene una segunda oportunidad para repetir sus bocadillos. No hay un equipo de producción para editar los errores y crear la impresión de una interpretación impecable. En las ventas, una vez que una palabra se ha pronunciado o una acción se ha realizado, no puede echarla atrás. No es posible deshacer la impresión negativa que puede haber causado ni recuperar la venta que perdió. La actividad de ventas es día tras día una actuación en vivo, como una pieza teatral de Broadway, en que la mayoría de los errores se nota y donde un movimiento equivocado puede poner en peligro toda la producción si no anda con cuidado.

Considere por un momento: ¿qué tienen en común los siguientes enunciados?

➤ *Riverdance*

➤ *Cirque du Soleil*

➤ Un concierto de N'SYNC

➤ *El Fantasma de la Ópera*

➤ El discurso del presidente sobre el estado de la nación

Respuesta: Cada intérprete involucrado en estas grandes producciones dedica más tiempo a practicarla que a interpretarla en escena. Y lo mismo debe hacer usted, si desea edificar un negocio exitoso de alta confiabilidad. Debe practicar más que lo que actúa para que cuando se levante el telón sepa bien qué va a decir. En eso consiste la ley del ensayo con vestuario.

UNA ACTUACIÓN ALTAMENTE CREÍBLE NO OCURRE POR AZAR

Es lamentable que la mayoría de los vendedores no estén preparados para salir vencedores cuando se les presenta la oportunidad. Muchos no saben cómo proceder en una situación de venta propicia, pero proceden de todos modos, bien o mal. No están seguros de qué decir, pero hablan, bien o mal. Suelen acabar hablando demasiado y escuchando muy poco. Y cuando baja el telón, se preguntan por qué el cliente no les reconoció con sus aplausos. Lamentablemente, la mayoría no están preparados para ganarse la confianza de un cliente y entonces lo más común es que no la consigan. Esa es la razón de que el vendedor promedio tenga que hacer decenas de intentos de ventas antes de poder cerrar una. Y es que la credibilidad no se da por azar. Si bien de cuando en cuando usted puede persuadir, manipular o engañar al azar a los clientes para que compren su producto o servicio, de esa manera no podrá conquistar su auténtica confianza y un negocio duradero.

La ley del ensayo con vestuario postula que para ofrecer una gran actuación usted debe haber ensayado bien. En otras palabras, para ser altamente exitoso debe saber qué decir y hacer cuando se presenta la oportunidad para vender. Debe saber cómo ganarse desde el principio una sólida confianza, para después fomentarla y hacerla permanente.

EL SISTEMA DE VENTAS DE ALTA CONFIABILIDAD (SVAC)

En los próximos seis capítulos le conduciré a través de uno de los sistemas de ventas más profundos y productivos que se haya diseñado. El «Sistema de Ventas de Alta Confiabilidad» (SVAC), ha sido probado en el terreno durante los últimos veintidós años por profesionales de todos tipos y tamaños. Mi equipo y yo también lo usamos y generamos

millones de dólares en ventas al año. De hecho, miles de clientes de mi
compañía han implementado efectivamente este sistema en su práctica
de ventas y la mayoría han duplicado, triplicado o cuadruplicado sus
transacciones y sus ingresos en un tiempo tan breve como un año. Y
estoy seguro de que lo mismo puede lograr usted si está dispuesto a
implementar en su empresa este sistema y adherirse a él.

Antes de explicárselo, medite sobre algunas preguntas importantes que ayudarían a roturar y preparar el terreno de su mentalidad
de negocios para las fructíferas semillas que va a sembrar.

> ➤ ¿Tiene problemas para hablar con los prospectos?

> ➤ ¿Tiene firmemente grabado en su mente un proceso capaz de
>   llevar a cualquier prospecto de la inacción a la acción y a
>   decir «Sí» de forma natural y entusiasta cuando usted le
>   propone una cita o un negocio?

> ➤ ¿Tiene problemas para llamar por teléfono a fin de concertar
>   efectivamente sus citas?

> ➤ Cuando hace una llamada, ¿está pensando en sus ingresos
>   (comisiones) o en sus relaciones (megacomisiones)?

> ➤ Durante la fase de presentación de una cita, ¿conoce antici-
>   padamente lo que va a decir o necesita repasarlo?

> ➤ Cuándo surge una objeción, ¿sabe exactamente qué responder?

> ➤ Cuando alguien dice «No», ¿sabe usted cómo convertir a ese
>   prospecto en un cliente de transición que en los próximos 30
>   o 365 días se convertirá en un cliente de por vida?

> ➤ Cuando alguien dice «Sí», ¿cuenta usted con un sistema de
>   retención para continuar agregándole valor a esa persona a
>   medida que la relación crece?

> ➤ Cuando alguien le pregunta: «¿Cuánto me va a costar?», ¿se
>   queda usted pasmado y balbuceante?

> ➤ ¿Confía usted en lo que vende? De ser así, ¿en qué deposita
>   su confianza?

Si usted es como la mayoría de los vendedores, probablemente no
tendrá una buena respuesta para algunas de las anteriores preguntas
y eso no constituye una falta suya, al menos por ahora. El propósito
de este y de los siguientes seis capítulos es ofrecerle las respuestas

correctas para que pueda ganar confianza en su proceso de ventas, a fin de que luego pueda conquistar la de sus clientes y construir un negocio sólido. Espero que los primeros siete capítulos le hayan enseñado cómo echar los cimientos necesarios para convertirse en un vendedor confiable. Desde ahora en adelante discutiremos cómo crear el fundamento que se necesita para edificar una compañía de ventas digna de confianza. Considere este capítulo y específicamente el SVAC como el puente que comunicará su base como *vendedor* con el fundamento de su *compañía de ventas*.

El SVAC describe cuatro «actos» que debe ejecutar efectivamente si desea construir una empresa vendedora de alta confiabilidad. En este campo no basta con ser una persona confiable. Si bien es cierto que usted debe contar con una base confiable interior (bajo la superficie) a fin de triunfar en grande, las ventas de alta confiabilidad tienen que ver con la acción apropiada. Por tanto, para convertirse en un vendedor confiable con un negocio igualmente digno de confianza, usted no sólo debe saber *por qué* vende, sino también *cómo* vender durante cada acto del proceso.

Acto 1: LA APROXIMACIÓN
Técnica de prospección correcta para conseguir una cita de alta confianza

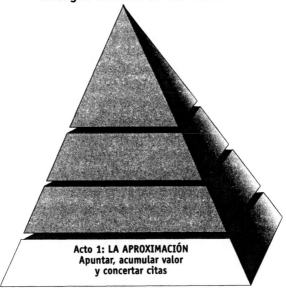

Acto 1: LA APROXIMACIÓN
Apuntar, acumular valor
y concertar citas

LA PIRÁMIDE DE LAS VENTAS DE ALTA CONFIABILIDAD

Es por eso que la ley del ensayo con vestuario resulta tan crucial, porque mientras mejor sepa usted vender, mejor será su actuación. Y todo negocio sólido de ventas se construye de transacción en transacción.

Toda empresa de alta confiabilidad se construye sobre una base de prospección; por tanto, toda llamada con ese fin debe establecer una base de valor y confianza si es que espera acordar una cita. Idealmente, la prospección comienza antes de intentar asegurar una cita con un prospecto potencial. Del lado de la cancha donde juega el vendedor, resulta sensato precalificar a los individuos que tienen más probabilidades de necesitar su producto o servicio. Una vez que uno de ellos ha quedado establecido como un prospecto sólido, se puede entonces proceder al acercamiento con confianza. El problema es que muy pocos vendedores disfrutan realmente de esta parte, porque no le tienen confianza al proceso mediante el cual deben desempeñarse.

La mayor parte de los vendedores mediocres se quedan sentados esperando a que el teléfono timbre. Esperan que alguien les llame y que, de modo mágico, esa persona sea un comprador perfecto para su producto o servicio. Ocasionalmente, tales vendedores envían un saco de cartas (porque el rechazo a una sola de ellas es mucho más fácil de asimilar), pero nunca les dan seguimiento. U obtienen pistas de su compañía, pero al cabo de diez rechazos les falta entusiasmo para hacer la undécima llamada. Entonces culpan por su pobre actuación al producto o al mal mercadeo y publicidad de la empresa. La verdad es, sin embargo, que los vendedores mediocres nunca asumen plena responsabilidad por sus actos. Y vender es el espectáculo del vendedor, su actuación. Por lo tanto, si espera alcanzar alguna vez la excelencia, usted debe dominar sus bocadillos.

**Vender es el espectáculo del vendedor, su actuación.
Por lo tanto, si espera alcanzar alguna vez la excelencia,
usted debe dominar sus bocadillos.**

Los vendedores altamente confiables inician su puesta en escena con una técnica enteramente diferente de la empleada por la mayoría, la cual es la clave de su soberbio desempeño en la prospección. Las ventas exitosas comienzan con un imponente acto inicial al que llamaré «La aproximación». Este se refiere por igual a la prospección y a la concertación de citas. Es aquí donde suele asomar su fea cabeza la renuencia a llamar (o miedo escénico). Pero la razón primordial por la que los vendedores experimentan miedo escénico en el primer acto es que, históricamente, sus acercamientos no consiguen proyectar suficiente valor ni crear suficiente confianza. Pero en esta fase los vendedores de éxito ya han ensayado sus textos y creen que lo que llevan a escena es considerablemente valioso y confiable. Como resultado, sienten menos renuencia y más entusiasmo.

La clave para un acercamiento seguro es sentir pasión por su propósito y su producto, así como por el valor que estos pueden agregar al prospecto. Un vendedor apasionado puede disfrutar del proceso de compra. De hecho, usted nunca debe hacer una llamada de prospección sin un propósito. Su grupo de prospectos sólo se mostrará receptivo si lo que usted tiene que ofrecerle le resulta atractivo. Imagine qué haría usted si pagara la entrada para ver un espectáculo calificado como un éxito de público, pero que después de los primeros parlamentos se percibiera más como un bodrio, o peor que eso, fuera un espectáculo totalmente diferente, uno que a usted no le interesara ver. Algo similar sucede cuando intenta llamar a un prospecto al azar sin

Acto 2: LA ENTREVISTA
Creando alta confianza en un prospecto

Acto 2: LA ENTREVISTA
Determinar valores medulares (intrínseco) y
necesidades del más alto valor (extrínseco)

Acto 1: LA APROXIMACIÓN
Apuntar, acumular valor
y concertar citas

LA PIRÁMIDE DE LAS VENTAS DE ALTA CONFIABILIDAD

haber preparado lo que va a decirle. Pero cuando ha ensayado bien sus bocadillos iniciales y les tiene confianza y si además se toma el tiempo para seleccionar al prospecto adecuado, recibirá mucha más aprobación que rechazo.

Una vez que ha captado la atención de un prospecto cualificado, lo segundo que debe ensayar y memorizar es cómo conducir efectivamente una «Entrevista con el cliente de alta confianza». Realizar entrevistas efectivas es una disciplina que todo vendedor de élite domina. Si usted no ha incorporado la entrevista con el cliente de alta confianza, su carrera como vendedor vacilará, perderá dinero y lo más seguro es que acabe trabajando con prospectos que sólo le causarán disgustos.

Cuando enseño en mis seminarios la entrevista con el cliente de alta confianza, divido al público en grupos de a dos. Hago que cada pareja decida quién será el primero y entonces les anuncio que cuando yo diga «Ya», el primer entrevistador tendrá treinta segundos para venderle su pluma a su compañero. Escuchando sus técnicas de entrevista, he encontrado que la mayoría hace la única cosa que no debería hacer: hablar. Entonces grito: «Alto», pero ellos, conforme a su entrenamiento, continúan vendiendo, hablando, tratando de cerrar. Aprecio su tenacidad. Sin embargo, los vendedores de alta confiabilidad saben que inicialmente entre el hablar y el cierre de la venta se da una relación inversa.

Para dar seguimiento a este ejercicio, hago al público esta pregunta: «Antes de que comenzaran a decirle al prospecto todo lo que su pluma puede hacer por él, ¿cuántos de ustedes preguntaron: "¿Qué importancia tiene para usted poseer una pluma?"» Rara vez se alza alguna mano. Entonces continúo: «¿Cuántos de ustedes estaban ciento por ciento seguros de que la pluma que estaban vendiendo era la que su prospecto desearía tener?» De nuevo, muy pocas manos arriba, si es que alguna. Sigo presionando: «¿Cuántos de ustedes estaban seguros antes de comenzar a vender de que su prospecto estaba buscando una pluma en el mercado?» Ninguna mano se alza. El caso ha quedado demostrado: el público comprende, como usted, que una parte vital de la venta es formular las preguntas apropiadas para que coincidan lo que usted vende y lo que el cliente desea. Si pasa por alto este acto, experimentará resistencia, la cual se manifiesta en la forma de reticencia, objeciones o negativas. Y lo que es peor, podría echar a perder cualquier oportunidad de negocios futuros. El resultado de una pobre actuación en el segundo acto es tener que hacer más llamadas a más personas para alcanzar las cifras que se ha propuesto y eso probablemente no le dará la vida que usted desea, porque significa más horas en la oficina y menos tiempo de asueto.

Para realizar una encomiable actuación en el segundo acto usted debe aprender que la esencia de vender no es vender en sí mismo, sino proveer. Y la clave de proveer es conocer por anticipado qué se va a suministrar. Ninguna de las dos cosas se puede lograr sin dominar el arte de responder las interrogantes sobre el valor que podemos agregar y de escuchar lo que los prospectos tienen que decir. Así que entiéndalo bien: En la mentalidad de un vendedor de élite no hay lugar para manipulaciones ni tácticas mañosas. En el escenario de las ventas los mejores actores piensan siempre en ganar.

> **Usted debe aprender que la esencia de vender no es vender en sí mismo, sino proveer. Y la clave de proveer es conocer por anticipado qué se va a suministrar.**

Nuestras investigaciones indican que quien domina el arte de escuchar antes de vender obtiene grandes ganancias. Esto demuestra que mientras más preguntas usted haga, más necesidades será capaz de descubrir. Y descubrir valores y necesidades es el propósito mismo de la entrevista con el cliente de alta confianza.

PREGUNTAS CLAVE PARA HACERLE PENSAR

Según el ejemplo de mi seminario que le presenté, para los profesionales que venden instrumentos de escritura sería importante, antes de vender una pluma, hacer estas preguntas:

➢ ¿Qué importancia tiene para el prospecto poseer una pluma?

➢ ¿Qué diseño de pluma es el que más le gusta?

➢ ¿Qué tipo de cartucho de tinta desea?

➢ ¿Qué color de tinta es su favorito?

➢ ¿Cuál es su presupuesto para la próxima pluma que vaya a comprar?

➢ ¿Cuántas plumas compra en un año?

Las respuestas a tales preguntas son cruciales, porque sin ellas usted tendrá que improvisar su presentación de ventas. Pongámoslo así: Sin el conocimiento ganado con las preguntas anteriores, usted no *conocería* la motivación emocional del prospecto para comprar la pluma, ni podría saber los factores lógicos que componen su estrategia de compra. ¿La quiere con casquillo o con botón? ¿De fuente o bolígrafo? ¿Con tinta negra o azul? Su presupuesto, ¿da para una BiC o para una Mont Blanc? ¿Cuál es su frecuencia promedio de recompra? Pero si usted conoce tales detalles por anticipado, sin duda le será mucho más fácil vender plumas, o cualquier otra cosa.

Una vez que ha entrevistado debidamente a su prospecto, el tercer acto de su interpretación consiste en presentar soluciones a sus necesidades. Aunque en ciertas ocasiones uno puede improvisar los dos primeros actos, en el tercero tiene que estar adecuadamente preparado. Para que una oportunidad de venta cuaje, en este punto la preparación tiene que ir a la par con la oportunidad.

Acto 3: LA SOLUCIÓN
Ofrecer soluciones confiables a las necesidades de su prospecto

Acto 3: LA SOLUCIÓN
Cubrir necesidades del más alto valor vinculadas a la realización de los valores medulares

Acto 2: LA ENTREVISTA
Determinar valores medulares (intrínseco) y necesidades del más alto valor (extrínseco)

Acto 1: LA APROXIMACIÓN
Apuntar, acumular valor y concertar citas

LA PIRÁMIDE DE LAS VENTAS DE ALTA CONFIABILIDAD

Todo vendedor de alta confiabilidad procura constantemente descubrir necesidades a las cuales pueda ofrecer soluciones. Para ofrecer una actuación digna de aplausos en el tercer acto, es necesario estar bien empapado de las posibles soluciones. Aprendí esto temprano en mi carrera y el resultado fue notable: en menos de un año mis ingresos se incrementaron en un 300%. Y la clave fue algo que me enseñó uno de mis primeros mentores: Existen diez razones básicas por las que un prospecto haría negocio con usted y otras diez por las cuales recurriría a su compañía. Él me hizo ver que todo lo que tenía que aprender eran esas veinte razones, desarrollar libretos para responderlas con efectividad y luego memorizar esos libretos. Y eso fue lo que hice. Durante cuatro semanas entrevisté a mis clientes para enterarme de sus necesidades; luego puse por escrito mis soluciones a sus necesidades específicas, de modo que nunca más perdiera una venta por falta de preparación. Y usted debe hacer lo mismo. Trataré esto más en detalle en un próximo capítulo, pero por ahora póngase a pensar en las necesidades de sus clientes potenciales.

A continuación enumero algunas de las que he escuchado plantear más frecuentemente en el mercado. Fíjese si se asemejan a las razones de sus clientes para trabajar con usted.

Usted:

➤ Experiencia

➤ Conocimiento

➤ Integridad

➤ Profesionalismo

➤ Comunicación

➤ Accesibilidad

➤ Flexibilidad

➤ Capacidad de respuesta

Su compañía:

➤ Localización

➤ Entrega

➤ Producto/Apoyo técnico

➤ Reputación

➤ Innovación

➤ Poder financiero

➤ Fracción del mercado

➤ Línea de productos

➤ Investigaciones y desarrollo

Cualesquiera sean las necesidades, usted debe tener las respuestas y debe poder confiar en la forma en que las presenta. Esa es la clave para una sólida actuación en el tercer acto.

Acto 4: LA ACCIÓN
Proponer el negocio al prospecto

Acto 4:
LA ACCIÓN
Proponer el
negocio

Acto 3: LA SOLUCIÓN
Cubrir necesidades del más alto
valor vinculadas a la realización
de los valores medulares

Acto 2: LA ENTREVISTA
Determinar valores medulares (intrínseco) y
necesidades del más alto valor (extrínseco)

Acto 1: LA APROXIMACIÓN
Apuntar, acumular valor
y concertar citas

LA PIRÁMIDE DE LAS VENTAS DE ALTA CONFIABILIDAD

Una vez que usted ha puesto a disposición de su potencial comprador soluciones efectivas, el cuarto acto y final en una presentación de ventas de alta confiabilidad es proponer el negocio. He encontrado que en esta área del proceso de ventas es donde mis opiniones difieren más de otros autores y entrenadores. Muchos manuales y libros para lograr ventas exitosas le enseñan a proponer el negocio constantemente al prospecto. Dicen que se necesitan varios intentos para obtener una venta. Pero eso sólo se cumple si usted no se ha desempeñado bien en los primeros tres actos. La clave de su actuación en el cuarto acto estriba en comprender que una persona hará negocio con usted si, y sólo si, usted le inspira confianza. En otras palabras, si un posible comprador no confía en usted, no comprará, no importa lo que haga ni cuántas veces le proponga el negocio. Pero aun si confía en usted, tampoco conseguirá cerrar esa venta a menos que se la proponga. La clave está en proponerla sólo después que usted haya

➢ comprendido en detalle las necesidades y la estrategia de compra del prospecto,

➢ respondido plenamente con sus soluciones a sus necesidades y preguntas,

➢ confirmado algún indicio de que está dispuesto a comprar.

Cuando tenga la prudencia de proponer a sus clientes potenciales el negocio en el momento oportuno, dejará de escuchar respuestas negativas.

INTERMEDIO: EL MANEJO DE OBJECIONES PROFUNDIZANDO EL NIVEL DE CONFIANZA DE UN CLIENTE

Cuando lleguemos al final de este libro, usted se habrá dado cuenta de por qué la mayoría de los vendedores de alta confiabilidad raramente tienen que lidiar con objeciones. Pero el manejo de objeciones es una habilidad valiosa si usted desea convertirse en un vendedor de élite. Y es importante observar que las objeciones pueden ocurrir en cualquier momento de su presentación. El hecho de que estemos discutiendo esto al final del capítulo no quiere decir que todas las objeciones ocurran después que usted ha propuesto el negocio, aunque es entonces cuando más se suelen presentar. Limítese a pensar en el manejo de objeciones como un intermedio en su interpretación como vendedor que puede suceder en cualquier momento, pero que idealmente no ocurrirá.

Hay sólo dos razones por las que usted encontrará una objeción. La primera es que no haya resuelto de manera detallada y convincente las necesidades planteadas por el posible comprador. Esto se debe, o bien a que usted no las conoce, o a que sus soluciones se han percibido como débiles. En otras palabras, aún no ha creado ante los ojos del cliente suficiente valor o confianza. La segunda posible razón es que su prospecto sienta temor al cambio que tal compromiso pueda acarrearle. Pero independientemente del motivo de la traba, la clave para el manejo de objeciones es no echar a perder con un manejo chapucero la afinidad que ya ha construido.

> **Las objeciones no son obstáculos: son oportunidades para desarrollar una relación y adelantar una venta.**

Las objeciones no son obstáculos: son oportunidades para desarrollar una relación y adelantar una venta. Es necesario que usted lo crea así. Si está bien preparado, una objeción no resultará tan insuperable como parece. Algo que no me agrada de la mayoría de los manuales de ventas es que le enseñan a «vencer» una objeción. Pero yo estoy aquí para decirle que si usted trata de vencer las objeciones, perderá más ventas que las que llegue a cerrar. En lugar de ello, la clave está en *manejar* exitosamente los «peros», preparando de antemano lo que responderá. Y la buena noticia es que las objeciones nunca son tantas. No suelen cambiar con los años. Prepararse para ellas es simplemente cuestión de aprender cuáles son y luego ensayar las respuestas.

Me entusiasmo cuando encuentro objeciones, porque esto generalmente me dice que el prospecto está todavía interesado en nuestro diálogo. Pero quiero que entienda que las objeciones no son necesariamente señales de que su actuación es demasiado llana. Algunos prospectos objetan sólo porque ese es su derecho. Su trabajo consiste simplemente en estar preparado para cuando se presenten.

Entre los vendedores profesionales que conozco, el que mejor personifica lo que estamos hablando es Jim McMahan. Cuando comenzó su carrera de ventas en 1986, Jim contaba con una fuerte motivación para triunfar. Tenía veintiseis años, estaba desempleado, vivía del salario de su esposa y un hijo venía en camino. No podía titubear, así que comenzó inmediatamente a estudiar a los vendedores de éxito, esforzándose por asimilar y emular sus estrategias y técnicas. Fue entonces que Jim conoció la ley del ensayo con vestuario.

Asimiló la idea de preparar respuestas y se dedicó a observar veinte de las situaciones más críticas del proceso de ventas a fin de obtener el conocimiento apropiado para crear guiones convincentes. Estos le prepararían para desempeñarse con excelencia en situaciones clave. Y lo logró. De hecho, armado con sus respuestas preescritas y unos cuantos ensayos, la efectividad y la credibilidad de Jim se incrementaron drásticamente.

En una ocasión, un compañero de trabajo le pidió que le ayudara a hacer una presentación a un cliente potencial. Y aceptó con gusto, a pesar de que no sacaría ninguna ganancia de la reunión. O al menos así lo creía. Cuando se sentaron los tres, Jim, su colega y la posible compradora, el primero ofreció una confiada presentación, tal como la había ensayado. Contestó con elocuencia a las preguntas y satisfizo todas las objeciones y dudas del prospecto. Y al final sucedió lo inesperado: Fue Jim quien se ganó la confianza de ella. Quedó tan impresionada por la lucidez de la presentación y el manejo de sus objeciones, que decidió reclutar a Jim para que trabajara con ella. Y no fue una mera palmadita en el hombro. Todavía hoy, los dos mantienen una asociación estratégica que le reporta a Jim ingresos anuales de siete cifras. Y esto es lo que puede acontecer si usted se atiene a la ley del ensayo con vestuario.

Pero hemos visto sólo en líneas generales lo que es una presentación de ventas exitosa. Vayamos a los detalles necesarios en cada acto para edificar un negocio de alta confiabilidad. Lo cual empieza por la ley de la diana.

APLICACIÓN AL LIDERAZGO EN VENTAS

Como líder de un equipo de ventas, una de sus tareas principales es ayudar a sus empleados a prepararse para sus presentaciones. A fin de poder hacerlo de la manera más efectiva, puede ser necesario que usted se involucre más en el proceso de ventas que lleva a cabo su personal. En muchos casos, los gerentes y jefes de equipos no están personalmente involucrados en las transacciones cotidianas. Pero le sugiero que si desea agregar el mayor valor a las presentaciones de sus empleados, se haga el propósito de participar personalmente en algunas ventas cada mes no sólo para comprender con qué clientes están interactuando sus trabajadores, sino también para asegurarse de que sus habilidades de presentación sean suficientemente aguzadas como para enseñar efectivamente a otros. En resumen, si pasa un día al mes (o el tiempo que estime necesario) vendiendo los productos o servicios de su compañía, usted se asegurará de no perder nunca el contacto con el público para quien su equipo hace sus presentaciones.

La ley de la diana

*Si usted no apunta a los mejores prospectos
es probable que haga negocios con cualquiera.*

S iento fascinación por el deporte de la arquería, especialmente la aguda precisión que se requiere para lograr la
excelencia. ¿Ha estudiado usted alguna vez los movimientos de un
arquero? ¿Le ha observado tomar la saeta, colocarla en el arco, tirar
de la cuerda, hacer una pausa para apuntar y luego disparar? Tal vez
pudo ver alguno de los eventos de arquería en las Olimpiadas de
invierno. En ese caso debe saber que los mejores arqueros repiten
siempre la misma rutina, al punto que enviar la flecha a la diana se
convierte para ellos en una segunda naturaleza. De hecho, si ha visto
en acción una y otra vez a un arquero profesional, debe saber que llegar a ser grande en ese deporte no tiene nada que ver con la suerte,
especialmente si ha presenciado como cuatro de cada cinco disparos
hacen blanco en el centro de la diana. Es muy simple: los mejores
arqueros saben lo que se necesita para no fallar y lo mismo pasará
con usted si desea ser un maestro de las ventas de alta confiabilidad.

En el caso de Linda Davidson, su puntería en la prospección le
llevó a vender, sólo este año, 300 unidades más, ventas adicionales
que le reportaron entre 30 y 40 millones de dólares. Y no fue algo
accidental. Linda tiene muy claros sus propósitos en la prospección.
Sólo apunta a los mejores y cuando da en el blanco, sabe cómo satisfacer sus necesidades mejor que sus competidores. Como resultado,
los prospectos se convierten en clientes de por vida.

A veces la recompensa por su precisa prospección le llega rápidamente; otras veces requiere una mayor inversión de tiempo. Pero gracias a su buena puntería, su prospección siempre le reporta grandes
ganancias.

Por ejemplo, ella estableció una relación de confianza con un
prospecto que no cuajó hasta cuatro años después de iniciarse. ¿Por
qué continuó cultivándola durante tanto tiempo? Pues porque ella

sabía que este prospecto en particular –que se mantenía leal a uno de sus competidores– era uno de los mejores clientes de la industria. En otras palabras, el retorno en potencia bien valía la inversión y el tiempo demostró que ella tenía razón. Cuando su rival no pudo cumplir un contrato de gran magnitud, el prospecto la llamó inmediatamente. Linda concertó una cita en la cual ambos acordaron no sólo ese negocio, sino también muchos más para el futuro: el cliente le había transferido a ella su lealtad. Ese comprador ahora representa aproximadamente 750.000 dólares mensuales en ventas para Linda. Y a eso se le llama hacer diana, algo que ella continúa logrando de manera regular.

Para que tenga una idea de la buena puntería de Linda, considere esto: el primero de enero de cada año ella confeccionaba una «lista de deseos» de los diecinueve principales prospectos en su campo. A mediados de año, ya estaba haciendo negocios con diez de los que integraban su relación. Y de los nueve restantes, había determinado que no valía la pena invertir en tres, con lo que quedaban sólo seis a convencer. En su lista de prospección sólo los mejores permanecen. Pero aun aquellos en los que sí vale la pena invertir no se quedan por mucho tiempo en ella, pues Linda no tarda en convertirlos en clientes de por vida.

LA SICOLOGÍA PRÁCTICA DE UNA PROSPECCIÓN RENTABLE

El hecho es que aun si usted posee grandes habilidades para la entrevista, la presentación y el manejo de objeciones, pero no cuenta con los prospectos apropiados, sus habilidades no le servirán de nada. Como es obvio no se puede vender nada sin alguien a quién vendérselo. Por tanto, si usted no se dedica a buscar prospectos, su negocio morirá. La prospección es la sangre que lo mantiene vivo. Y no sólo cuando está comenzando. La prospección no es un interruptor que se enciende y se apaga; es un control de volumen que se sube cuando usted desea hacer más negocios y se baja cuando el negocio va viento en popa. Pero existe una manera correcta y otra equivocada de conseguir prospectos y usted debe entender la diferencia.

> **No importa cuántos prospectos entreviste usted.**
> **Lo que importa es lograr las entrevistas**
> **con los prospectos idóneos.**

Hasta cierto punto, todos en el campo de las ventas jugamos el juego de las cifras. No obstante, sería un error suponer que si usted entrevista a más clientes potenciales hará más negocios. Es cierto que cuando estamos comenzando nuestra carrera de vendedores se necesitan generalmente más prospectos que cuando ya nos hemos establecido. Pero en ambos casos, a la larga no son las cifras las que cuentan. No importa cuántos prospectos entreviste usted. Lo que importa es lograr las entrevistas con los idóneos.

¿Preferiría entrevistar a diez clientes potenciales y cerrar una venta, o entrevistar a uno con igual resultado? La respuesta es obvia, ¿verdad? A nadie le gusta que nueve prospectos le digan que no. Su confianza y sus ganancias sólo recibirán un impacto positivo de la cantidad de posibles compradores que hagan negocio con usted, no de la cantidad de llamadas que haga. Es así que la prospección es un juego de productividad, no de cifras. Y para maximizar la eficiencia de su prospección usted debe sustituir la noción tradicional cuantitativa de que «Más es mejor», por la cualitativa que expresa que «Menos es lo mejor» cuando en su carrera usted domina la ley de la diana. Esto es especialmente importante si considera cuánto tiempo puede escamotear de su jornada laboral una prospección que no produzca ventas.

Para que esta actividad resulte rentable y eficiente usted debe entender que sus prospectos se convertirán en clientes y que estos usarán su tiempo o abusarán de él. Se les puede catalogar atendiendo a los siguientes cuatro perfiles:

1. **Pocas ganancias/mucho mantenimiento:** Prospectos cuyo potencial es producir pocos negocios y escasas referencias, mientras que resulta difícil servirles debido a demandas poco realistas de precios y servicios y prácticas empresariales ineficientes.

2. **Muchas ganancias/mucho mantenimiento:** Prospectos cuyo potencial es producir muchos negocios y algunas referencias, pero a quienes resulta difícil servir debido a exigencias poco realistas de precios y servicios, prácticas empresariales ineficientes y una gran necesidad de halagar sus egos.

3. **Pocas ganancias/poco mantenimiento:** Prospectos cuyo potencial es producir pocos negocios y pocas referencias, pero con probabilidades de reportar mayores ganancias a medida que la relación crezca y que son fáciles de servir debido a un alto

nivel de profesionalismo, un fuerte deseo de asociarse con usted y prácticas empresariales eficientes.

4. **Muchas ganancias/poco mantenimiento:** Prospectos cuyo potencial es producir muchos negocios y muchas referencias y que son fáciles de servir debido a un alto nivel de profesionalismo, fuerte deseo de asociarse con usted y prácticas empresariales eficientes.

Los tipos de prospectos 3 y 4 son obviamente los tipos de personas con quienes usted desearía trabajar de manera regular. Apuntar a prospectos del tipo 2 puede resultar útil, pero sólo si usted puede aminorar el nivel de tiempo y energías que demanda servirles. Sin embargo, mi experiencia es que el proceso de tratar de convertir a un tipo 2 en un tipo 3 requiere casi siempre más tiempo de lo que amerita, especialmente si existen muchos otros prospectos calificados disponibles. Con prospectos del tipo 1 no vale generalmente la pena hacer negocios. Resumiendo, los tipos 1 y 2 suelen rechazar sus ofertas y le fatigan discutiendo precios y servicios, además de ser irracionalmente desconfiados. Los prospectos de los tipos 3 y 4 suelen dar respuestas afirmativas y una vez que establece con ellos una alta confiabilidad resultan grandes clientes.

Independientemente de si usted vende sofisticadas opciones de computadoras o sencillos equipos de imagen; bienes raíces o servicios de préstamo; mercedes o fords; oportunidades de negocio o suministros de oficina; planeamiento financiero, consejo legal o servicios de contabilidad, el éxito de todas sus presentaciones de ventas estriba en dar con los prospectos apropiados, quienes a su vez se convierten en clientes que le reportarán altos retornos de por vida.

> **El éxito de todas sus presentaciones de ventas estriba en dar con los prospectos apropiados, quienes a su vez se convierten en clientes que le reportan altos retornos de por vida.**

Constantemente me sorprende el número de ventas que se quedan en la mesa cuando los vendedores no piensan a largo plazo, pero si usted realiza su prospección con el propósito de hallar buenos clientes vitalicios, también comprenderá que debe trazarse la meta de asegurar su confianza desde el principio. Lo que haga entre el momento en que conoce a una persona y el momento en que ese individuo decide comprar, determinará si se convierte en su cliente o en el de sus competidores. He aquí algunos ejemplos tomados de mi propia experiencia:

> Un vendedor de automóviles me pide mi tarjeta y me llama una vez, tres semanas más tarde. Para entonces ya he comprado un auto en otro concesionario que se comunicó conmigo seis veces antes de que qué escogiera el carro y cinco veces después de sacarlo del lote. Como resultado, el primer vendedor perdió una venta de 50.000 dólares; el segundo se ganó mi confianza.

> Sesenta y cinco agentes de bienes raíces obtienen mi nombre, pero sólo uno me da seguimiento y de poca gana. No les compro nada. Llamo al agente número sesenta y seis y después de tres reuniones le selecciono y empleo sus servicios tres veces en cinco años, un total de 65.000 dólares en comisiones para él.

> Siendo yo el vendedor, una cliente específica no me entregó su primer pedido hasta dieciocho meses después de convertirse en mi prospecto. Durante ese tiempo me comuniqué con ella ochenta y una veces, tratando en cada ocasión de agregarle valor, para que al final me escogiera como su proveedor. Acabó siendo mi mejor y más lucrativo cliente.

Lo que quiero que comprenda es que apuntar a los mejores prospectos no consiste en llamar en frío a todo el mundo y su familia. No es llamar al azar a alguien cuyo nombre usted no conocía hasta ahora. Tampoco entrar a una oficina donde usted nunca entró e intentar reunirse con alguien con quien nunca se ha comunicado. No es dejar una tarjeta de presentación en la mesa de un restaurante, debajo de un limpiaparabrisas o de la puerta de alguien. Las ventas de alta confiabilidad no tienen nada que ver con la suerte ni con la alineación de las estrellas. Una prospección que conduzca a ventas de alta confiabilidad y clientes a largo plazo se relaciona íntimamente con su preparación (saber tomar puntería con precisión) y su actuación (saber cuándo disparar).

Las ventas de alta confiabilidad no tienen nada que ver con la suerte ni con la alineación de las estrellas.

LA CARRERA DE VENDEDOR EMPIEZA TEMPRANO

Apuesto a que si se sentara a ver las películas que no le dejaban ver cuando era niño, tal vez notaría que su carrera de vendedor comenzó temprano en su vida. De hecho, probablemente estuvo tratando de influir en otros desde sus primeros balbuceos. Entonces la esencia consistía en que si deseaba verdaderamente algo, procuraba hallar la forma de conseguirlo.

Tal vez recuerde su primera venta. Haga memoria. Quizás fue vendiendo chocolates en recaudación de fondos para las Ligas Infantiles o las Niñas Exploradoras, o vendió papeletas de rifa para la escuela, pero es muy probable que haya habido en su vida un punto en el que comenzó su carrera «informal» de vendedor. Mis primeros recuerdos de haber vendido algo se relacionan con las Ligas Infantiles, cuando tenía ocho años.

Recuerdo que papá me dijo que si quería vender los chocolates, tenía que ir donde estaba la gente. También me aseguró que era muy difícil que el timbre de la puerta de los vecinos sonara si me quedaba en casa viendo dibujos animados. Entonces no lo sabía, pero aquel fue mi primer contacto con la importancia de buscar un buen prospecto en lugar de venderle a cualquiera. Siguiendo el consejo de mi padre hice lo que haría cualquier vendedor novato: una lista de todas las personas conocidas que pudieran comprarme chocolates, subrayando a aquellos que esperaba me comprarían más. Después de hacer mi lista, estudié lo que iba a decir y salí a las calles del vecindario. En cuestión de dos días, los había vendido todos, mientras los demás apenas estaban comenzando. Lástima que cuando me inicié en mi primer trabajo real como vendedor no recordara aquella experiencia de mi infancia.

Hasta donde recuerdo, no tenía ninguna preparación sustancial antes de mi primer día real en el terreno, donde para ganarme la vida tenía que vender algo. Y para entonces, ya papá no estaba en la habitación contigua para decirme qué hacer. Mi entrenamiento como vendedor profesional siguió más bien estas líneas: «Aquí está tu escritorio. Aquí, tu teléfono. Buena suerte, Todd. Lo demás corre por tu cuenta». Quizás fuera por eso que mi primer día en el terreno fue tan memorable, si bien por razones equivocadas.

El caso es que, aunque hice más de cien llamadas, no vendí nada. Y como no era una sensación que quisiera volver a experimentar, inmediatamente dejé de vender de esa manera y me pregunté por qué me había sucedido. La respuesta me llegó sobre las 4:00 P.M., mientras observaba como uno de mis competidores hacía una llamada. Él atravesó la puerta con confianza en la mirada. Resplandeciente de entusiasmo. Se anunció profesionalmente a la recepcionista y le hicieron pasar a la oficina del prospecto al que había estado llamando. Unos cuarenta y cinco minutos después salió de allí estrechando la mano de su nuevo cliente y diciéndole: «Espero tener una larga y fructífera asociación con usted». Había hecho algo que yo había estado buscando todo el día. Había asegurado un nuevo cliente. Después de ver esto, pensé: *¿Cómo podría yo lograr eso y en qué tiempo?* La respuesta, según aprendí, fue que tan pronto como quisiera. Y lo mismo podría hacer usted.

He aquí lo que aprendí en los días siguientes, cuando comencé a observar detenidamente a otros vendedores de éxito como aquel de mi día inaugural. En primer lugar, ellos parecían hacer menos llamadas que la mayoría, pero tenían un índice mucho más alto de conversión en ventas. Y también daba la impresión de que los prospectos a quienes llamaban estaban más motivados para reunirse con ellos que para resistirles. Además, sus citas parecían prolongarse generalmente más que las de la mayoría, pero producían resultados más positivos. Y por último, todo parecía indicar que ellos estaban ganando mucho más dinero que todos los demás. Estas observaciones me llenaron de inspiración, así que comencé a emularlas y mi negocio despegó.

A fin de incrementar mis éxitos, hacía algunas cosas de manera diferente, como los vendedores exitosos a quienes había estudiado.

1. Siempre procuraba ubicar a otro cliente o vendedor que conociera los nombres de mis prospectos, de modo que al presentarme pudiera utilizarlos. Esto me ayudaba a generar credibilidad y confianza y a reducir la tensión.

2. Nunca volví a realizar «llamadas en frío», sino que procuraba entibiar mis llamadas frías, calentar mis llamadas tibias y poner a hervir mis llamadas calientes, enviando una carta siempre antes de llamar para concertar una cita.

3. Siempre me aseguraba de que mis cartas iniciales tuvieran una «Propuesta Única de Valor», algo imbricado con la misiva que llamara genuinamente la atención y cautivara el interés.

4. Limitaba a menos de noventa segundos cualquier llamada telefónica en la cual estuviera solicitando una cita de negocios,

fuera yo quien llamara al prospecto o a la inversa. Me comprometí a descubrir necesidades y ofrecer soluciones personalmente, no por teléfono.

5. Dos días antes de reunirme con mis prospectos les enviaba una carta de agradecimiento y un testimonio de alguno de mis clientes ya existentes.

Como resultado de este cambio en la aproximación, mis ventas comenzaron a incrementarse y en cuestión de meses me convertí en uno de los mejores vendedores de mi compañía. Deseo ayudarle a usted a hacer lo mismo. En lo que resta de este capítulo le mostraré cómo el seguir la ley de la diana puede ayudarle a ligar los mejores prospectos en su negocio de ventas. Como al arquero olímpico, ella le ayudará a diseñar una rutina de prospección que asegurará que dé con sus prospectos en el centro de la diana casi todas las veces que dispare.

PREPAREN...

Es absolutamente importante que usted se prepare bien para la prospección, pero por favor, tenga en cuenta que existe un punto en el que tendrá que actuar. Si lo único que hace es tomar puntería, nunca dará en el blanco y lo peor es que rara vez conseguirá algún negocio.

Debido a experiencias pasadas con una forma inadecuada de prospección, puede que al principio se sienta tímido con el arco y eso lo entiendo. Pero por el resto de este capítulo permítame ayudarle a ganar confianza enseñándole a alistarse, tomar puntería y disparar a los prospectos que le ofrezcan más probabilidades de elevar su negocio al próximo nivel.

Paso # 1: Asegure su plan de negocios. Para elaborar metas de ventas debe primero establecer objetivos de prospección. Quizás ya los ha establecido después de leer el capítulo 4, pero repasaremos aquí esos pasos, aplicándolos a la prospección.

Asegurar su plan de negocios exige que usted emprenda los siguientes pasos.

1. Establecer sus metas de volumen de ventas. Si desea ingresos de seis cifras, su primer año podría verse aproximadamente así:

Meta de ingresos: $100.000
Ventas requeridas: 100 (si $1.000 fuera el ingreso
                         medio por venta)

2. Determine sus cifras diarias. Si sigue el ejemplo anterior se verían así:

Si se necesitan 100 ventas en 250 días laborables por año, deberá cerrar dos ventas semanales, o una cada 2,5 días.

100 ventas / 250 días laborables = 1 venta cada 2,5 días laborables.

3. Determine su objetivo de conversión. Esto se refiere al porcentaje de ventas que desea cerrar en relación con el número de intentos. Siempre según el ejemplo, se vería así:

Si su meta es cerrar una venta por cada dos intentos que realice, la tasa de conversión deseada será del 50%.

100 ventas por año a una tasa de conversión del 50% = 200 intentos de venta necesarios.

Por tanto, incrementar simplemente el porcentaje de prospectos que convierta en ventas puede aumentar significativamente sus ingresos. Por ejemplo, digamos que usted cumple su meta de ingresos de $100.000 en su primer año cerrando 100 de 200 intentos de venta, para una tasa de conversión del 50%. Si, al año siguiente, usted realiza la misma cantidad de intentos de venta (200) pero ha incrementado su tasa de conversión al 60% tras mejorar sus habilidades de prospección, sus ingresos aumentarían en un 20 %. Y se verían así:

Primer año: Tasa de conversión del 50% x 200 intentos de
                 venta = 100 ventas

Primer año: $100.000 en ingresos anuales

Segundo año: Tasa de conversión del 60% x 200 intentos de
                 venta = 120 ventas

Segundo año: $120.000 en ingresos anuales

El valor inherente de la ley de la diana es que al afinar su puntería con los prospectos adecuados, usted puede incrementar sus ingresos sin aumentar las horas que trabaja. Pero asegurar su plan de negocios es sólo el comienzo del proceso de preparación para una prospección que dé siempre en el blanco. Si bien es importante que establezca sus cifras de antemano para que pueda elaborar un plan de prospección eficiente, aún necesitará determinar cómo hacer para que el plan funcione o, en términos de tiro al blanco, cómo sacar las saetas de su plan y colocarlas en su arco.

> **El valor inherente de la ley de la diana es que al afinar su puntería con los prospectos adecuados, usted puede incrementar sus ingresos sin aumentar las horas que trabaja.**

APUNTEN...

El próximo paso al preparar su prospección consiste en determinar qué fuentes tiene a su disposición para incrementar cifras de prospectos sin aumentar el tiempo. Este paso es el equivalente de apuntar al blanco.

Paso # 2: Asegure sus fuentes de prospección. Existen dos tipos de relaciones de las cuales usted puede conseguir más prospectos sin dedicarles más horas de su tiempo: las que le refieren prospectos de calidad y aquellas en las que ha entrado con el propósito de conseguir referencias y repetición de negocios. Las primeras se conocen como «centros de influencia». Las segundas son típicamente clientes ya existentes.

Ejemplos de centros de influencia:

➢ Si usted vende equipos médicos, un doctor que le refiera a departamentos del hospital donde podrían comprarle más equipos.

➢ Si es proveedor de programas de computadora o soluciones para redes, el ejecutivo principal de una compañía que le refiera a los departamentos de compras y tecnología de la información, así como otros ejecutivos principales con similares departamentos que podrían adquirir de usted software adicional y soluciones de redes.

➢ Si es prestamista hipotecario, un representante de títulos que le refiera a constructores o agentes de bienes raíces que podrían transferirle negocios tradicionales.

> Si es vendedor de automóviles, un gerente de ventas que le refiera a su equipo de vendedores, el cual podría incluir a varias personas que andan buscando un carro en el mercado.

Ejemplos de clientes:

> Si usted vende equipos médicos, un departamento específico de un hospital que necesite adquirir equipo seis o más veces por año.

> Si es proveedor de programas de computadora o soluciones para redes: un departamento de compras y tecnología de la información que necesite todos los meses sus productos y servicios.

> Si es prestamista hipotecario, un agente de bienes raíces con el cual usted esté actualmente asociado y que le refiera cada año de veinte a treinta personas necesitadas de préstamos para comprar casa.

> Si vende automóviles, alguien de un equipo de vendedores a quien usted tenga actual acceso y que desee comprar un auto nuevo para su esposa dentro de seis meses y otro para su hijo dentro de doce.

Antes de que suelte la saeta en dirección a su prospecto, es importante que usted haga lo posible por incrementar las probabilidades de asegurar a un cliente de alta confianza y largo plazo. Es por eso que los centros de influencia son tan valiosos: porque le pueden ahorrar tiempo y problemas ayudándole a conocer más sobre sus prospectos antes de que trate de convertirlos en clientes. En esencia, son como otro arquero parado sobre su hombro y diciéndole cuándo debe y cuándo no debe disparar la flecha.

La clave para asegurar sus fuentes de prospección es hacerse esta pregunta: ¿A quién conozco que conozca a quien yo quiero conocer? Su respuesta a esta interrogante le ahorrará horas de preocupación, revelándole cuál sería su mejor disparo para acertar a la diana. Recuerde que otros pueden venderle mejor de lo que usted mismo puede vender. Por eso, la prospección por referencias es la forma más efectiva y eficiente de obtener sólidas pistas de venta. Utilizando este método experimentará menos reticencia en su aproximación a los prospectos y luego una tasa más alta de conversión.

La clave de la prospección por referencias es implementar algo que yo llamo proceso de «Referencia por diseño», el cual comienza con un libreto que usted utiliza al llamar o escribir a sus fuentes de prospección.

Es algo así: «Estoy expandiendo la esfera y alcance de mi negocio y necesito su ayuda. ¿A quién conoce usted que...?»

EJEMPLOS: ¿A quién conoce usted que...

➢ piense comprar o vender una casa en los próximos seis meses?

➢ necesite consejo para planear sus finanzas?

➢ piense buscar un automóvil nuevo en el mercado en los próximos noventa días?

➢ no esté contento con su trabajo y quiera comenzar un negocio de ventas propio?

➢ tome decisiones respecto a los suministros de oficina de su compañía?

➢ esté a cargo de comprar equipo de computadoras para su compañía?

➢ piense construirse una casa a su gusto en los próximos doce meses?

Al personalizar estas preguntas para su propia industria, recuerde siempre la idea de la prueba social. Como otras personas pueden venderle a usted mejor que usted mismo, pregunte a sus fuentes de prospección si puede utilizar sus nombres en el cuerpo de sus cartas de aproximación (lo veremos en breve) así como en su proceso de concertación de citas. Encontrará que en muchos casos una fuente de prospección accederá a hacer a su favor una llamada dirigida a concertar una cita.

Los siguientes son breves resúmenes de cinco métodos tradicionales para obtener referencias de prospectos. Debe utilizar cada uno –según se aplique a su industria– para maximizar cifras de prospectos antes de disparar al blanco:

1. **Punto de venta:** Nunca abandone una cita exitosa de desarrollo de negocios sin procurar referencias.

2. **Ciclos de recompra:** Si usted trabaja con clientes que tienen ciclos de compra rutinarios, sígales siempre la pista. No abandone

nunca una cita exitosa de desarrollo de negocios ni deje que transcurran sus relaciones con clientes ya existentes sin determinar el próximo ciclo de pedidos o procurar referencias.

3. **Asociaciones / Grupos de contacto:** Todo vendedor debe estar involucrado en varias asociaciones y grupos de contacto a fin de ampliar sus oportunidades de venta y asociación.

4. **Clubes:** Dése a conocer en las organizaciones a las que está afiliado. Si no está afiliado a ninguna, comience hoy. Allí están esperándole nuevas referencias.

5. **Negocios afines:** La palabra *afinidad* significa «estrechamente vinculado», y es muy probable que los prospectos que usted está convirtiendo en clientes tengan otros negocios con los cuales la empresa principal está estrechamente vinculada. He aquí un buen ejercicio: Dibuje un círculo en el centro de una hoja de papel y describa en él el perfil de su cliente principal. Luego, en cinco minutos o menos, escriba todo tipo de negocio o prospecto que ese cliente esté en capacidad de referirle. La primera vez que hice esto, me produjo 99 fuentes adicionales de prospectos.

Paso # 3: Verifíquelos. Después que ha asegurado las mejores fuentes de las cuales obtendrá los mejores prospectos, hay un paso final que usted necesita dar antes de que comience a disparar al blanco. En síntesis, debe saber a quién está apuntando para hacer negocios y mantener después esos prospectos con ese propósito. Haga lo posible por asegurarse de que un prospecto al que espera convencer tiene el potencial para convertirse en el tipo de cliente que usted desea mantener de por vida. Si espera que sus clientes potenciales le provean negocios por un período largo de tiempo, debe saber si ambos podrán trabajar armónicamente juntos. En esta área sus fuentes de prospectos pueden ayudarle mucho.

Recuerdo haber contactado a uno de mis centros de influencia antes de llamar a una cliente potencial. Le pregunté simplemente que sabía acerca de esta, esperando obtener alguna información que me ayudara a satisfacer mejor sus necesidades. «¡No lo hagas!», fue su respuesta. «Hemos trabajado con ella una y otra vez en los últimos años y es un dolor de cabeza. Ahórrate esa jaqueca». Mi centro de influencia me fue igualmente útil al advertirme con quien no debía hacer negocios como al decirme con quien sí debía hacerlos.

¡FUEGO!

Si hasta donde usted conoce sus prospectos parecen de buena ley, entonces está casi listo para comenzar a disparar al blanco. Pero primero, necesita asegurarse de que sus flechas sean lo bastante agudas.

Paso # 4: Diseñe y envíe su carta de aproximación. Vender consiste en construir confianza, y si los prospectos no perciben durante sus iniciativas de prospección que usted es digno de ella, nunca le darán una cita. Por eso es tan crucial que cuide su comunicación inicial con ellos.

He encontrado que una relación con un cliente potencial marcha generalmente en la dirección deseada cuando se inicia con una carta de aproximación poco pretenciosa. Para que sea efectiva la carta de aproximación debe tener la forma de un mensaje de presentación cordial, conciso y con agarre, dirigido a lograr lo siguiente:

➢ Capturar la atención en el *primer párrafo.*

➢ Decir quién es usted en el *segundo párrafo.*

➢ Informar cómo consiguió sus nombres en el *tercer párrafo.* (Utilice aquí el nombre de su fuente de referencia.)

➢ Despertar su interés en el tercer párrafo con una «Proposición de Valor Único». (Recomiendo utilizar guiones o algo similar para hacer la PVU fácil de ver y de leer.) Una PVU efectiva debe contener tres ingredientes:

1. Ofrecer evidencia sustancial que le distinga a usted de sus competidores.
2. Utilizarla al principio de una relación a fin de ganarse la confianza de un prospecto.
3. Agregar más valor al cliente que a usted mismo.

➢ Sugerir la exclusividad de su oferta así como el próximo paso en el *cuarto párrafo.*

Una carta de aproximación bien elaborada provocará en sus prospectos una sensación de genuina curiosidad, así como creará la base para la confianza especialmente si usted envía su misiva con un empaque creativo y atractivo (como los tubos de color azul brillante que usa en su correo mi compañía). Y una carta de aproximación es sin duda una forma mucho menos amenazante y mucho más considerada de captar a un cliente potencial la cual, si le da seguimiento, le abrirá las puertas de la oportunidad.

Paso # 5: Seguimiento. Una vez que su carta, o cartas, ha sido enviada, no se quede sentado a esperar que el teléfono timbre. Créame, eso no sucederá. Si es que desea fundar un negocio de alta confianza tendrá que dar seguimiento.

La disciplina del seguimiento es crucial porque habla mucho de su credibilidad y confiabilidad. Si usted acaba de comenzar una carrera de vendedor, deberá dar a sus prospectos seguimiento diario. A medida que su compañía madure, esta disciplina podría reducirse a una o dos veces a la semana. Pero independientemente de a cuántos prospectos necesite dar seguimiento, la oportunidad es un factor de peso. Le recomiendo utilizar la «Regla de las 48 horas», la cual postula que no debe enviar ninguna comunicación a menos que esté preparado para dar seguimiento en las siguientes cuarenta y ocho horas (obviamente esto no se aplicará a prospectos que se encuentran fuera del país o de la provincia y que no recibirán su carta en los próximos dos días). Resumámoslo así: Cuando una carta es enviada, acostúmbrese a programar inmediatamente una llamada de seguimiento para cuarenta y ocho horas después.

Paso # 6: Arregle la cita usando un libreto sólido y que agregue valor. Idealmente, usted habrá ganado una pequeña cuota de confianza mediante su carta de aproximación, pero la verdadera prueba de su confiabilidad tendrá lugar cuando hable por primera vez con el prospecto. Concertar la cita en forma profesional y efectiva exige que esté preparado y tenga confianza en lo que está diciendo, para que no titubee cuando se ponga al teléfono. Y recuerde, usted está llamando a sus prospectos para agregar valor a sus vidas, no para sumar dólares a su propia cuenta bancaria.

Los siguientes son ocho pasos simples para concertar una cita:

1. Llame al prospecto y preséntese profesionalmente, haciendo referencia a su carta de aproximación.

2. Mencione que su referente o centro de influencia le pidió que llamara y preséntele al prospecto una posible solución para una necesidad de su vida o su negocio.

3. Pregunte al potencial cliente si dispone de noventa segundos para explicarle.

4. Plantee el propósito de su llamada.

5. Solicite una cita de cuarenta minutos cara a cara para explorar las posibilidades de asociarse.

6. Pregunte cuándo sería conveniente reunirse.

7. Confirme los objetivos de la reunión.

8. Dé las gracias al prospecto y asegúrele que va a ser un tiempo bien invertido.

Hágase el propósito de ver frente a frente y por lo menos durante treinta minutos a todos los prospectos que quiere se conviertan en sus clientes. Así podrá consolidar la relación, establecer confianza y asegurar la afinidad.

El paso final: Seguimiento. Si su potencial comprador accede a la cita, entonces la escena está lista para su entrevista de alta confianza y su presentación de ventas. Pero, ¿qué sucedería si usted sigue todos estos consejos y el prospecto no accede a reunirse? La respuesta es: Darle seguimiento. A veces, toma tiempo que un prospecto se decida. No le estoy diciendo que deba continuar intentándolo una y otra vez hasta que se rinda por lástima hacia usted. Tampoco le sugiero que le vuelva loco, aturdiéndole con una persistencia desconsiderada. Pero si le advierto que si este posible cliente es alguien que usted desea verdaderamente tener como cliente a largo plazo, no se rinda después de la primera llamada. Recuerde que establecer confianza toma tiempo y a veces implica agregar valor sin recibir negocio. No le recomiendo que invierta la mayor parte de su tiempo de prospección o su dinero tratando de conquistar a prospectos indecisos o que le hayan rechazado; pero si un comprador potencial representa el centro de su diana de vendedor y usted cree que puede agregarle más valor del que ya está recibiendo, antes de tirar la toalla comprométase a agregarle valor durante uno o dos años.

> Establecer confianza toma tiempo y a veces significa
> agregar valor sin recibir negocio.

Como he referido antes, una de mis mejores clientas actuales se decidió a hacer negocio conmigo dieciocho meses después de su primer «no». Pero, como resultado de agregarle valor durante ese período, terminó mucho más satisfecha y mejor servida, tanto que el acuerdo generó millones de dólares en ventas.

Créame, cuando usted se toma el tiempo para crear y dar seguimiento a un sistema de prospección que le permite tomar puntería y disparar coherentemente a los mejores prospectos en su campo, su negocio alcanzará rápidamente nuevas alturas. Eche un vistazo a esta carta de uno de mis estudiantes, el cual implementó el proceso de prospección que hemos discutido:

Querido Todd:
Como sabes, Andrea y yo asistimos a tu conferencia en Lanai el verano pasado y a tu escuela de ventas en San Francisco hace unas semanas.

Después de regresar de tu conferencia, comencé a trabajar con una nueva compañía. No tenía contactos ni conocía a nadie. Compré un sistema de banco de datos y me fijé la meta de ganarme a los mejores sesenta y cinco prospectos, un quince por ciento de mi mercado. Utilizando tu sistema, en dos semanas mi calendario estaba saturado de citas individuales con veintidós prospectos. Tuvimos que retrasar el correo, pues no habría citas disponibles en varias semanas.

Estoy muy entusiasmado con nuestro futuro y buena parte de esto tiene que ver contigo. No sé cómo agradecerte.
¡Espero te alegre el día!
John

Hablé con John semanas después y en un plazo de ocho semanas, luego de haber concluido nuestra Academia de Ventas de Alta Confianza, ya se había reunido con treinta y siete prospectos y conquistado treinta y tres nuevos clientes con los cuales ya estaba haciendo negocios. Quería mostrarle esta carta porque prueba el valor increíble de un sistema efectivo de prospección, especialmente si su meta es construir una empresa altamente confiable y exitosa.

YA ESTÁ EN EL CAMINO

Hasta este momento hemos discutido cómo iniciar relaciones de alta confianza. Empecemos ahora a hablar de cómo estructurar su negocio de ventas para que usted pueda fomentar apropiadamente estas relaciones, según la ley de la balanza.

APLICACIÓN AL LIDERAZGO EN VENTAS

¿Les ha enseñado a sus empleados a identificar el tipo de prospecto al que deben apuntar? Si usted es el líder, esa es su tarea. Ayudarles a comprender las características de las personas que prefiere servir su compañía es parte de la visión de su negocio. Es sencillo: si su personal no sabe a qué tipo de cliente está apuntando, usted no podrá esperar que ellos den en el blanco de manera regular. De hecho, no debe esperar que «disparen».

Haga el tiempo para dibujar un retrato claro del tipo de cliente al que se debe apuntar, cómo luce este, cómo actúa y piensa. Luego, ayude a sus empleados a dirigir sus esfuerzos de ventas a ese objetivo y nada más que a ese. Hacerlo no sólo liberará parte del estrés, sino que también ayudará a sus empleados a eliminar algunas de las frustraciones que resultan del tratar de venderles a personas equivocadas.

CAPÍTULO DIEZ

La ley de la balanza

Si desea más negocios,
debe tener menos clientes.

Fui víctima de ello cuando era un joven vendedor. Y quizás también usted, cuando era un vendedor profesional novato. En realidad, usted podría ser aún víctima del que quizás es el error más común en la profesión de vendedor: tratar de cubrir las necesidades de todo el mundo sin asegurar la lealtad de nadie.

¿Cuántos clientes se han mantenido con usted durante más de cinco años? ¿Y diez años? Piénselo bien, porque las respuestas a estas interrogantes son muy significativas en lo que respecta al éxito en ventas de alta confiabilidad. El problema es que si usted se dispersa demasiado a la hora de hacer lo necesario para ganar de por vida la lealtad de un cliente, se venderá muy poco. La ley de la balanza postula que si usted se dedica por entero a unos cuantos clientes clave, a la larga hará más negocios que si trata de atender los quejidos de todos sus clientes potenciales. Esto se debe a que clientes leales producen más ingresos y referencias que los que producirán aquellos que sólo le compran una vez, aun si las cifras parecen disparejas.

En cierto momento de su carrera de corredor de préstamos para hipotecas, Tim Broadhurst tenía en su clientela a treinta agentes de bienes raíces. Todos los meses dedicaba tiempo a fomentar las relaciones con ellos, proponiéndoles negocios y administrando los que recibía de ellos. Durante ese período Tim promedió, durante dos años consecutivos, unos 10 millones de dólares anuales vendiendo préstamos. No estaba mal. Tim aseguraba así una vida decente para él y su joven familia; pero hasta entonces no había aplicado a su trabajo la ley de la balanza y estaba por tanto muy lejos de realizar su potencial.

Cuando finalmente reconoció que se estaba dispersando demasiado, tanto que no podía invertir la cantidad de tiempo y energías que demandaban o merecían sus mejores clientes, redujo su clientela en casi dos tercios. En lugar de invertir sus recursos en treinta, comenzó

155

a invertir todo su tiempo y energías en relaciones de alta confianza con los mejores doce. Los resultados hablan por sí mismos. El negocio de Tim se cuadruplicó hasta 40 millones de dólares en los primeros nueve meses después de empezar a aplicar la ley. Pero no sólo eso, sino que como bonificación adicional en los tres años siguientes su tiempo libre se incrementó de una semana al año a quince semanas. Y hoy en día, la compañía de Tim sigue manteniendo un alto valor en el mercado. De hecho, debió incrementar su personal para acomodar todos los nuevos tratos que esos doce clientes clave han hecho con él, con lo cual supera actualmente los 80 millones de dólares anuales. Y recuerde que todo esto sucedió en menos de cuatro años. Y que fue resultado de aplicar la ley de la balanza.

> **La verdadera victoria en la profesión de ser vendedor llega como resultado no sólo de dar a las personas un motivo para que compren lo que usted les vende, sino también de asegurarse de que jamás le olvidarán.**

Al contrario de lo que usted pudiera pensar o lo que le han enseñado, no basta con hacer un buen negocio que conduzca a la transacción de venta. La victoria no está solo en convencer a un cliente para que haga un trato con usted una vez. Cierto, una buena impresión y presentación son esenciales para el éxito en este campo, pero incluso si usted es el más respetable, conocedor y útil vendedor profesional involucrado en la venta y después de cerrar no invierte en su comprador, más de la mitad de las veces este no le tendrá presente. Es un hecho. La verdadera victoria en la profesión de vendedor llega como resultado no de sólo ofrecer a las personas una razón para que le compren, sino de asegurar también que nunca le olviden. Es hacer más por ellos después de la transacción que lo que hizo para lograrla. Y esa es la esencia de la ley de la balanza.

LA BALANZA DE LAS VENTAS

Imagínese una antigua balanza de platillos con base y cuello de bronce, astil de hierro equilibrado en la parte superior y dos platillos idénticos colgando de cada uno de sus extremos. Imagine que en uno de los platillos se han colocado dos artículos:

1. El valor monetario de una venta y

2. el valor de endose de dicha venta, el cual incluye cualquier negocio futuro derivado de ella, sea por repetición o referencia.

En el plato contrario de la balanza se encuentran otros dos artículos que contrapesan sus ventas:

1. Las obligaciones financieras (personales y profesionales), y

2. las experiencias negativas del vendedor, lo cual incluye cualquier interacción con clientes que resulte en la pérdida de futuros negocios.

Digamos que el peso de una obligación financiera es básicamente igual al peso del valor monetario de una venta. En otras palabras, si usted invierte en una transacción tanto dinero como gana, ambos artículos se contrapesan y se anulan. Si la balanza está equilibrada su éxito es, cuando más, mediocre. Cierto, usted vende, pero sus retornos son contrapesados por sus inversiones.

Digamos ahora que el peso de una experiencia comercial negativa es aproximadamente igual al de un endose positivo derivado de una venta. O en otras palabras, si usted invierte tanto en una venta como lo que gana, la balanza no se moverá. Y de nuevo, si se mantiene así, su negocio nunca despegará, porque usted pierde tanto como lo que gana.

Por tanto, el ser un vendedor profesional de éxito es mantener la balanza inclinada a su favor. Es la pericia y la capacidad para agregar continuamente más «peso» al lado positivo: obtener más ingresos de las ventas que lo que invierte en conseguirlas y sacar de las experiencias comerciales más aliados que adversarios. Desafortunadamente ese no suele ser el caso.

Considere el siguiente escenario para ayudar a ilustrar cómo funciona la balanza de las ventas:

Digamos que el mes pasado usted negoció tres cierres de «peso mediano», que básicamente compensaron sus esfuerzos de mercadeo y le produjeron una pequeña ganancia monetaria. Usted no hizo nada extraordinario por esos clientes, pero tampoco les maltrató, así que no se sienten motivados para seguir negociando con usted, ni tampoco para difundir publicidad negativa sobre su persona. En resumen, un mes mediocre, ya que apenas hizo suficiente dinero para contrapesar sus obligaciones financieras y salir a cenar unas cuantas veces con lo que le quedó. No obstante, el mes finaliza con la balanza inclinada ligeramente a su favor. *Ha tenido un éxito mediocre.*

Desafortunadamente, al iniciarse el siguiente mes cometió un error. Hizo enojarse a un comprador. No le entregó los suministros a tiempo, porque usted estaba demasiado ocupado haciendo malabares con las siempre cambiantes quejas de otros dos clientes, de los que demandan mucho mantenimiento. Como resultado, el cliente enojado advirtió a otras cinco personas (que habrían sido referencias suyas) que evitaran hacer negocios con usted. *¡Ya está!* En un esfuerzo por conservar cuanto negocio inseguro pudiera abarcar, usted ha terminado perdiendo los de al menos seis personas y quizás más. Como resultado el mes siguiente termina con la balanza inclinada en su contra.

Pero digamos que usted decide aprender de su error, dejando de dedicar tanto tiempo a la noria de las ventas inseguras. En lugar de ello, invierte más tiempo y dinero en asegurar negocios consistentes de sus mejores compradores. Al comenzar el tercer mes, elabora una lista de los cinco compradores con quienes ha tenido recientemente una buena experiencia de ventas; luego desarrolla una estrategia para fomentar relaciones más profundas con ellos. Como resultado, durante los siguientes tres meses la balanza se inclina en la dirección equivocada, porque usted está invirtiendo la mayor parte de sus recursos en asegurar la lealtad de sus cinco mejores clientes. No obstante, mantiene el curso, porque le interesa un éxito congruente y duradero.

En el sexto mes su estrategia de inversión empieza a dar frutos. Dos de sus cinco mejores cuentas vuelven a hacerle pedidos. Y no sólo eso, sino que otros dos del mismo grupo le refieren nuevos negocios. El sexto mes termina así con la balanza inclinándose de nuevo a su favor. Ahora sí está en el camino correcto y decidido a continuar.

El séptimo, octavo y noveno meses se comportan más o menos como el sexto, manteniendo el fiel de la balanza inclinado en la dirección favorable. Y lo que es más importante, usted continúa construyendo más sólidas relaciones de alta confianza con sus mejores clientes, recibiendo de ellos negocios repetidos y nuevas referencias.

Para el décimo mes, ha asegurado estrechas relaciones con sus mejores cinco compradores y también ha añadido a su lista a otros cinco referidos, elevando su relación de alta confianza a diez clientes. Después de algunos cálculos determina que cada uno de estos diez promediará seis transacciones anuales propias y le referirá otras seis de amigos o familiares.

Durante el resto de ese año, usted juega su mano, continuando la inversión en sus diez mejores compradores y evaluando los cálculos. Estos resultan acertados. Entonces determina que si el año entrante se limitara a concentrar la mayor parte de su tiempo en satisfacer las necesidades de los diez mejores y sus referencias, podría esperar un total de 120 transacciones de ventas, o diez por mes, lo cual equivale a más que triplicar su producción en el primer mes del año anterior. Y todo como resultado de un cambio en su filosofía de ventas.

EVALÚE SU ÉXITO COMO VENDEDOR

Ya sé lo que debe estar pensando: *Eso no es más que ficción. En el mundo real de las ventas no sucede así.* Aunque admito que la historia anterior es ficticia, el resultado es muy realista. La ley de la balanza es exacta y confiable. Y es muy posible que si no la está aplicando en su negocio, esté todavía muy lejos de maximizar su potencial de vendedor.

Considere el caso de una de nuestros clientes, Sarah Middleton, quien en un momento dado de su carrera de ventas había llegado a producir ingresos anuales por valor de 115 millones de dólares, con más de 250 clientes. A Sarah le iba bien, pero no le quedaba mucho tiempo para disfrutar de los frutos de su trabajo, para vivir. Después de recibir asesoría de Building Champions acerca de cómo aplicar la ley de la balanza, ella redujo de 250 a 50 su clientela. Y ¿sabe qué ocurrió? Que su volumen de ventas se mantuvo exactamente igual. Para Sarah los resultados fueron tan fenomenales como para Tim, de quien hablamos al principio del capítulo. Aunque no incrementó sus ingresos, sí los mantuvo con un ochenta por ciento menos de clientela y como diría ella, con un cien por ciento menos de dolores de cabeza. Para muchos de ustedes esto debe resultar mucho más atractivo que el dinero mismo.

En cierto momento (y si todavía no le ha llegado ese momento, es ahora) usted deberá preguntarse: *¿Por qué no querría yo incrementar mis ingresos y mi tiempo libre y reducir mi estrés?* No conozco a ningún vendedor profesional que no desee esas tres cosas. Y el hecho es que las tres pueden convertirse en realidad si usted pone en práctica la ley de la balanza. Se empieza por hacer un inventario honesto de sus actuales relaciones de negocios.

¿Cómo ha estado tratando a sus clientes? Si usted es como la mayoría, podría haberse acostumbrado a una metodología de «mostrar y volar». Como si fuera un jardinero, ¿se aparece, provee su servicio y se marcha enseguida? ¿Hace un trabajo bien hecho, pero sin ofrecer interacción ni inversión real, porque le preocupa más la productividad que las personas? ¿Tiene usted clientes que ni siquiera le han visto? Si es así, es tiempo para un cambio.

El otro día estaba yo en una farmacia y un vendedor le decía a su comprador: «Siento no haberle frecuentado tanto como hubiera querido. Debo tratar de reunirme con usted más a menudo». A lo que el comprador respondió: «Quizás eso le haría un favor a sus ventas». Ese comprador comprende el significado de la ley de la balanza. El vendedor, lamentablemente, no. Y no quiero que usted comparta su suerte.

> **Si no hay nada que le distinga de entre sus competidores, sus clientes siempre seguirán siendo clientes potenciales de alguien más**

La metodología de ventas de «mostrar y volar» plantea un par de problemas. El primero y más obvio es que usted depende constantemente de clientes potenciales para hacer negocios. Esto resulta generalmente demasiado estresante, porque es tan incongruente como imprevisible. Todos hemos pasado por ahí y no creo que a nadie le guste vivir así. El segundo problema de mostrar y volar es que cuando usted no mantiene una verdadera interacción con sus clientes al margen del puro lucro, estos no se sentirán alentados a recurrir de nuevo a usted ni a dar sus referencias a otros. Como he dicho antes, una buena impresión es importante y puede ayudarle a sellar un trato, pero si eso es todo lo que usted hace, no asegurará necesariamente nada más allá de la venta inicial. Pongámoslo así: Si nada le distingue a usted de sus competidores, sus clientes siempre serán los prospectos de otros.

¿Cómo está evaluando su negocio? Si lo colocara en la balanza de ventas, ¿hacia qué lado se inclinaría esta? ¿Se van sus ingresos por encima de sus obligaciones financieras, o guardan cada mes la misma proporción? ¿Están agregando los endoses de su clientela un peso significativo a la balanza, inclinándola coherentemente a su favor, o está padeciendo un número igual de experiencias de ventas negativas? Si nunca ha evaluado su éxito como vendedor, hágalo ahora. Y si bien puede ser que nuestra balanza imaginaria no le ofrezca una medición precisa, sí prueba un punto importante. Si usted está invirtiendo sus recursos en hacer malabares con todas las ventas que pueda abarcar, la balanza se inclinará a su favor o no y lo último será lo más frecuente. Pero cuando usted invierte sus recursos principalmente en retener la alta confianza y el apoyo de sus mejores compradores, sus actos acabarán inclinando la pesa a su favor de manera definitiva.

El enfoque de ventas de una estrella de cine

El popular filme de 1996 *Jerry Maguire* ofrece una buena descripción de cómo un vendedor profesional descubre e intenta aplicar los principios de la ley de la balanza. La escena inicial lo dice todo.

Jerry Maguire (interpretado por Tom Cruise) es un agente deportivo profesional que a la edad de treinta y cinco años ha llegado a comprender que ya no se soporta. Se ha convertido en el tipo avariento, mentiroso y servil que siempre había despreciado. Con setenta y dos diferentes atletas profesionales como clientes y un promedio de 264 llamadas telefónicas diarias, ya no tenía tiempo para satisfacer, ni mucho menos pensar, en las necesidades reales de sus clientes. Sólo le preocupaba una cosa: el dinero. Y eso había acabado por repugnarle. Al iniciarse la película, el narrador (Maguire) explica al público cómo llegó finalmente al punto de ruptura.

Seré honesto con ustedes. Comencé a darme cuenta hace unos años, pero no dije una palabra. En la búsqueda del saco de dólares muchos detalles salían mal. Últimamente, eso había empeorado. ¿En quién me había convertido? ¿Acaso en otro tiburón de saco y corbata?

Dos días más tarde, en nuestra conferencia corporativa en Miami, llegué al límite. No tuve un ataque de nervios, sino que llegué al límite. No podía escapar de una simple idea: me detestaba. No, no eso, sino que detestaba mi lugar en el mundo.

Tenía mucho que decir y nadie que me escuchara. Y entonces sucedió. Fue la cosa más rara e inesperada. Empecé a escribir eso que llaman «declaración de misión». No un memo. Una declaración de misión. Usted sabe, una propuesta para el futuro de nuestra compañía. Una noche como esa no se da muy a menudo. Y la aproveché.

Lo que comenzó como una página se convirtió en veinticinco. De repente, era otra vez el hijo de mi papá. Recordaba los placeres simples de esta profesión. Cómo había terminado en ella después de graduarme de derecho. Cómo suena un estadio cuando uno de mis jugadores tiene un gran rendimiento en el terreno. Cómo se supone que les protejamos en la salud y en las lesiones. Pero con tantos clientes, habíamos olvidado lo que era importante.

Escribí, escribí, escribí y escribí. Y ni siquiera soy escritor. Recordaba incluso las palabras del primero de todos los agentes deportivos, mi mentor, el grande y ya desaparecido Dickey Fox, cuando decía: «La clave de este negocio son las relaciones personales». De pronto todo se aclaró. La respuesta era «menos clientes». Menos dinero. Más atención. Preocuparnos por ellos. Preocuparnos por nosotros y también por los juegos. Comenzar, simplemente, nuestras vidas. De verdad.

Bien, soy el primero en admitirlo. Lo que escribí era un poco melodramático. Pero no me importaba. Había perdido la capacidad para mentir. Era el yo que siempre había querido ser.

En medio de la noche llevé el manuscrito en una bolsa a un lugar donde hacían copias, e hice imprimir 110. Hasta la cubierta se me parecía a la de *El Guardián en el Trigal*. Lo titulé: «Cosas que pensamos y no decimos: El futuro de nuestro negocio». Todo el mundo recibió una copia.

Tenía treinta y cinco años. Había comenzado mi vida.

Si usted ha visto la película, debe saber que poco después de distribuir su «declaración de misión» Maguire es despedido por su jefe,

Bob Sugar (interpretado por Jay Mohr), quien pronto se convierte en su antagonista. Con un discurso torpe pero apasionado, Maguire les promete a los jerarcas de su antigua compañía que triunfará a pesar de ellos. Y en compañía de la única empleada que se siente inspirada por su nueva misión (René Zellweger), lucha contra las tendencias de su profesión y sus propias prácticas rastreras para implementar su nueva filosofía.

En una de las escenas finales de la cinta, vemos a Maguire, con lágrimas en los ojos, abrazando a su único cliente (Cuba Gooding Jr.), quien acaba de jugar el partido de fútbol americano de su vida. Mientras, uno de los clientes de Bob Sugar les contempla, y volviéndose a este le dice: «¿Por qué no tenemos una relación como esa?»

Reducir para triunfar

¿Dónde se encuentra usted en su búsqueda del éxito como vendedor? ¿De qué manera se valora? ¿Cómo dirían sus clientes que le está yendo? ¿Está construyendo relaciones de alta confianza o solamente haciendo negocios? ¿Quizás, como Jerry Maguire, en la carrera de ratas por incrementar sus entradas de dinero ha olvidado los placeres simples de la profesión? ¿La interacción estrecha con la gente? ¿El contemplar la sonrisa en el rostro de un cliente satisfecho? ¿Estrechar la mano de alguien que, más que un comprador, es un buen amigo? ¿El sentirse al final del día genuinamente realizado por haber añadido valor sustancial a las vidas de sus clientes?

¿O quizás, como mi amigo Tim, se dispersa demasiado y no puede hacer más?

Sólo usted conoce el peso actual de su negocio. Y sólo usted sabe si está aplicando a cabalidad la ley de la balanza. Pero independientemente de cómo se compare actualmente con otros, si siente que puede hacer algo más por los demás y por usted mismo, entonces comprométase a emprender los siguientes pasos para hacer que la ley de la balanza empiece a cumplirse en su empresa.

Paso 1: Haga un inventario honesto. Aun si actualmente está cosechando éxitos, eso no significa que esté maximizando su potencial. De hecho, si no está viviendo conforme a la ley de la balanza, probablemente estará dedicando más tiempo del necesario a su trabajo y produciendo menos de lo que realmente puede. Para hacer inventario, sea simplemente honesto consigo mismo. Pregúntese:

¿Conozco realmente a mis clientes? ¿Paso más tiempo construyendo relaciones leales con mis mejores compradores, o tratando de complacer a los caprichosos? ¿Cuándo fue la última vez que me senté con mis clientes principales e hice un análisis minucioso de sus necesidades y un inventario de valores? ¿Sostengo sesiones anuales de planeamiento con ellos para planificar el año por venir y sus expectativas futuras? ¿Qué porcentaje de mis negocios se concreta como resultado de repetición de ventas? ¿Y de referencias? ¿Estoy invirtiendo mis recursos en negocios confiables de clientes leales o en negocios erráticos de clientes arbitrarios? Las respuestas a estas y otras preguntas similares ayudarán a determinar si usted está aplicando verdaderamente la ley de la balanza.

Paso 2: Evalúe mediante la balanza de ventas su productividad del próximo mes. ¿Son tan pesadas sus obligaciones financieras que está gastando más de lo que gana? ¿Están pesando más sus experiencias comerciales negativas que sus endosos? Si pesara los próximos tres meses en la balanza, ¿se mantendría esta inclinada en la misma dirección o subiría y bajaría? Si la balanza se inclina consistentemente en la dirección contraria o sube y baja, determine qué se debe hacer para añadir más peso a su platillo. Y recuerde que los artículos más pesados son los endosos de clientes satisfechos que conducen a nuevos negocios.

Paso 3: Determine la cantidad máxima de clientes en que puede invertir ofreciendo a cada uno el tiempo y las energías que merecen. (Tome en consideración que estos clientes «principales» idealmente le referirán nuevos negocios y también le contratarán los suyos. Además, asegúrese de tener en cuenta la cantidad de tiempo que tomará recibir y administrar cada negocio referido.) Recuerde que su meta es construir relaciones leales a largo plazo con estos compradores. Y tenga presente que los mejores quizás no se cuentan todavía entre sus clientes. No se limite a aquellos con los que ha hecho negocios en el pasado. Podría necesitar empezar de cero con algunos nuevos, lo cual incluye a los que pueda arrebatarles a sus competidores aplicando la ley de la diana.

Paso 4: Comience a invertir en sus clientes principales hoy. No espere que ellos vengan a usted. Ingenie formas creativas de llegar a ellos. Compártales su visión; una vasta mayoría de las personas a quienes sirve se sentirán entusiasmadas con la perspectiva de ser uno de sus más valiosos clientes. Podría incluso considerar algún tipo de acuerdo con ellos mediante el cual usted les concediera «Servicios de primera» a cambio de que se comprometan con una cifra determinada de negocios futuros y referencias. Tanto Tim como Sarah, los clientes míos cuyas historias le narré antes en este capítulo, lo hicieron así y tuvieron gran éxito.

Paso 5: Tenga paciencia. No se culpe si en los primeros meses no observa una diferencia notable. Recuerde que está cambiando la forma en que hace negocios y lograrlo puede tomar algún tiempo, especialmente si está rehaciendo desde cero la lista de sus clientes principales. No voy a decirle que haga el cambio fríamente. Sólo usted conoce qué sacrificios puede hacer sin dejar de mantenerse a flote. Pero entienda esto: Mientras más pronto establezca en su empresa la ley de la balanza, más pronto alcanzará un nivel de ventas exitosas que nunca creyó posible. Le insto enérgicamente a hacer lo necesario para implementar la ley tan pronto como pueda y aun antes. Créame cuando le digo que cualquier sacrificio que haga valdrá la pena. Porque la ley de la balanza mejorará radicalmente algo más que su negocio; mejorará su estilo de vida.

APLICACIÓN AL LIDERAZGO EN VENTAS

Si está al frente de un equipo de ventas necesita evaluar cómo darle más potencia a sus vendedores actuales y futuros, para implementar individualmente la Ley de la Balanza. Recomiendo seguir lo indicado por uno de los clientes de mi compañía, Rich Land, que lidera una fuerza de venta de cincuenta y ocho vendedores. Aumentó su productividad por vendedor en un 300% en menos de un año aplicando esta Ley a su estrategia de reclutamiento, capacitación y desarrollo permanente. Al hacerlo, aseguró que cada una de las personas en su equipo de ventas tuviera una posibilidad de éxito comercial y personal permanente. Seguir estos pasos puede significar que deba reestructurar el modo en que retribuye a sus vendedores por las ventas efectuadas. Y también quizá implique que algunas personas se vayan. Sin embargo, no importa qué haga falta hacer o qué ocurra como resultado, la implementación de la Ley de la Balanza en su equipo es primordial para lograr éxito consistente y al máximo.

La ley del cortejo

*Para que una relación sea buena por fuera,
debe ser antes buena por dentro.*

U na cosa con la que todo el mundo se identifica es el corte-jar. ¿Por qué lo hacemos? Creo que estará de acuerdo en que, de modo general, salir con una persona del sexo opuesto tiene el propósito de aprender tanto como sea posible sobre ella a fin de comprobar si existe una buena razón para invertir en una relación más íntima. Y si el proceso continúa de buena fe, su propósito será también el de preparar a las dos personas involucradas para un matrimonio sano que dure toda la vida.

Lo cierto es que es si falta un período previo suficiente en compañía de la otra persona, muchos matrimonios tradicionales de la cultura occidental –donde no los arregla la familia– tienden a durar poco, porque se quedan sin conocer vastas zonas de la otra mitad donde podríamos comprender que no debemos confiarnos. Estos matrimonios por capricho tienden a basarse en compromisos precarios y sobre ellos se derrumban. La historia reciente ha demostrado que el éxito de tales uniones, especialmente en los Estados Unidos, es a lo sumo un albur y que definitivamente no es nada probable. Una relación con un cliente seguirá el mismo patrón.

> **Los vendedores profesionales incrementarían drásticamente
> sus índices de éxito si hicieran un mejor trabajo «cortejando»
> a sus prospectos antes de decir «Sí» a la relación
> comercial con ellos.**

Los vendedores profesionales incrementarían drásticamente sus índices de éxito si hicieran un mejor trabajo «cortejando» a sus prospectos antes de decir «Sí» a la relación comercial con ellos. Pero el problema es que la mayoría de los vendedores se apresura a comprometerse sin conocer nada sustancial sobre la otra persona. Sin saber si existen valores y objetivos compartidos. Sin saber las expectativas, necesidades o deseos de la otra parte. Como resultado, tal como en un matrimonio por capricho, el éxito de tales relaciones es a lo sumo frágil.

Antes de que yo interiorizara la ley del cortejo, mi enfoque era algo así como «consigue los prospectos que puedas, acepta los negocios que puedas y haz todo el dinero que puedas».utilizando esta dudosa estrategia, me las arreglaba para vender, pero pronto me vi perdido en un laberinto de problemas. El teléfono timbraba más que nunca, con clientes que desde el otro extremo de la línea me planteaban demandas poco realistas. Así, no tardé en convertirme casi siempre en el villano de la película. Comencé a recibir amenazas como: «Si no haces esto por mí, nunca más en tu vida te haré otro pedido». Duro lenguaje. Comencé a responder, pero equivocadamente. Con la forma en que manejaba mis relaciones empecé a comprometer mis estándares. A permitir a los clientes que hicieran lo que les diera su gana con tal de mantener abiertas sus cuentas. Y así violaba un código de conducta arraigado en mí desde que era joven. Mis clientes, según pude darme cuenta, no compartían algunos de estos ideales; cosas como el profesionalismo, la integridad, la cortesía, la calidad.

Aunque veía perder el control de mi negocio, comprendí que mientras más continuara aceptando órdenes de estos clientes, peor me sentiría conmigo mismo y más arriesgaría mi longevidad como vendedor profesional. Las cosas no mejoraron hasta que decidí hacerlas mejorar. Con el tiempo aprendí que buena parte de lo que mis clientes consideraban importante para mí no lo era y eso lo podía haber aprendido temprano, aun antes de empezar a aceptar sus pedidos.

La ley del cortejo proclama que para que una relación comercial funcione por fuera, debe antes funcionar por dentro. En otras palabras, para que pueda construir relaciones leales y duraderas con sus compradores, debe tomarse tiempo para conocerles *a* ellos y no sólo para conocer *sobre* ellos. Y también tiene que permitir que le conozcan a usted. La ley del cortejo versa sobre «salir» con su prospecto antes de proponerle un matrimonio comercial. Mientras más sepa sobre él —qué considera importante de una relación con usted; qué busca en su producto o servicio; y a qué le asigna valor—, más competente será usted y más confiado se sentirá para decidir si persigue o no una relación más profunda y significativa.

LAS RELACIONES DEBEN SER «ESENCIALES»

El año pasado, mientras abordaba el autobús de American Airlines en Dallas, vi a Ken Blanchard y me detuve a saludarlo. Supe que también iba de regreso a casa en el mismo vuelo a San Diego, la ciudad donde los dos residimos. Nos las arreglamos para tramitar una pequeña negociación de asientos, a fin de sentarnos juntos durante el vuelo de dos horas y media. Lo que creí sería una conversación casual se convirtió en una muy necesaria sesión de crecimiento profesional. Creo que de lo que discutimos también usted aprenderá mucho.

> **Las relaciones comerciales constan de dos partes: esencia y forma. Si la esencia no es apropiada, usted tendrá que dedicar el noventa por ciento de su tiempo a la forma.**

En aquel momento, me sentía muy ansioso por una de mis relaciones comerciales y no estaba muy seguro de cómo debía manejarla. De hecho, venía de Atlanta, donde había contado a un buen amigo mis preocupaciones al respecto. Él me dijo claramente que tenía que hacer algunos cambios y cuando compartí con Ken esta misma preocupación, él me escuchó y luego me recordó algo que se me estaba escapando: Las relaciones comerciales constan de dos partes: esencia y forma. Si la esencia no es apropiada, usted tendrá que dedicar el noventa por ciento de su tiempo a la forma.

La explicación de Ken pone al descubierto la raíz de la mayoría de las relaciones comerciales fracasadas o en proceso de fracasar, incluyendo la mía en aquella ocasión. La semilla de los problemas se planta en una relación cuando los vendedores tratan de obtener ingresos antes que construir relaciones, o en otras palabras, intentan casarse sin antes cortejar. Y luego tratan de cultivar la parte externa de la relación (la forma) antes que su parte interna (la esencia). Y el resultado es que la mayoría de las relaciones comerciales acaban siendo epidérmicas y muy infructuosas.

Toda relación de negocios, personal o profesional, es gobernada por el mismo principio. En las relaciones comerciales nuevas, cada prospecto tendrá o no una correspondencia esencial con usted, tal como sucede al buscar pareja. Si existe esa esencia compartida, la relación puede ser altamente lucrativa y exenta de demandas irrazonables y estrés, como en un buen matrimonio. Sin embargo, si usted y el cliente no comparten una esencia, la relación sufrirá bajo el peso de expectativas poco realistas y estrés innecesario, como en un matrimonio conflictivo. Parte de su trabajo como vendedor profesional es decidir conscientemente sobre qué tipo de relaciones desea fundar su negocio y luego mantener ese estándar.

Por ejemplo, digamos que usted es un agente de bienes raíces que vende inmuebles para ganarse la vida. En términos generales, sus clientes obviamente serán quienes deseen vender sus casas y para la mayoría de los agentes inmobiliarios los estándares de la relación terminan en ese punto. Pero los más exitosos establecen normas mucho más elevadas y específicas, porque desean obtener el mayor retorno por la inversión de su tiempo y sus recursos. Si usted aspirara a ser altamente exitoso como agente de bienes raíces y a eliminar todo estrés innecesario en las relaciones con sus clientes, debería hacer lo mismo. Y esto implicaría rechazar los negocios con aquellos compradores o potenciales compradores que no se ajusten a sus normas.

Por ejemplo, digamos que su vecino, el que vive tres casas más allá, le envía a un compañero de trabajo que quiere vender su vivienda en los próximos dos meses. Como se trata de un amigo de su amigo, usted accede a reunirse con él una vez, a fin de determinar si existe un potencial para una relación sólida. O sea accede a «salir con él una vez», por así decirlo. Pero en ese primer encuentro, se da cuenta de que el colega de su vecino tiene una opinión poco realista sobre el valor de su casa y que la defiende firmemente; y lo que es peor, el inmueble muestra señales de infestación con termitas y él desea que usted trate de mantenerlo oculto, o que por lo menos le reste importancia. Es evidente que en su lista –si es que figura en ella– la integridad no es una prioridad y demuestra ser un poco obtuso y egocéntrico. En conjunto, no es alguien con quien usted disfrutaría haciendo negocios, ni siquiera una única vez. Y aunque usted podría hacer lo que hace la mayoría en la industria de bienes raíces, aceptar la venta con tal de hacer unos dólares más, al hacerlo estaría perdiendo su tiempo. No sólo estaría comprometiendo sus propios principios para con los clientes –suponiendo que ya los haya establecido– sino que también estaría invirtiendo tiempo en una relación que demanda demasiado mantenimiento sin ofrecer un verdadero potencial de altos retornos. Por lo tanto, estaría desperdiciando ese tiempo que podría invertir en alguna relación altamente rentable y disfrutable.

PREGUNTAS QUE APUNTAN AL ÉXITO

Seguir la ley del cortejo no es tan complicado. Para hacerlo, sólo tiene que disciplinarse a fin de emprender los pasos necesarios para determinar, antes de ir más allá, si una relación tiene buenas probabilidades de éxito duradero. La confianza en el éxito futuro de tales vínculos llega cuando se ha establecido una esencia compartida –cuando ambas partes comparten de manera consciente los mismos valores, expectativas y deseos para su relación– algo que, claramente, faltaba en nuestro ejemplo anterior. Resumiendo, la clave de la ley y del cortejo es asegurar que antes que usted se involucre profundamente con una persona, sepa con quién se está involucrando. Es asegurar que la relación es primero buena por dentro, donde más importa y sólo entonces continuar gestionándola.

Una vez que usted tiene un dominio suficiente de la prospección y la concertación de citas, la siguiente habilidad más importante en el proceso de ventas de alta confiabilidad es la capacidad para plantear preguntas significativas a aquellos con quienes está considerando una relación. A veces, como en nuestro ejemplo previo, las respuestas de un prospecto son tan transparentes que no se necesita hacer preguntas. Pero ese no suele ser el caso, ni debemos contar con ello. Como en toda relación que comienza, su meta al preguntar es enterarse de los valores, necesidades, deseos y expectativas de su prospecto, de modo que pueda determinar si en lo interno comparten suficientes rasgos comunes como para continuar. Desafortunadamente, la mayoría de los vendedores fracasan de forma miserable en esta fase. Y las razones son simples: o bien no les preocupa mucho preguntar, o no saben cómo hacerlo. De cualquier modo, pasan por alto una parte importante del desarrollo de las relaciones de alta confianza. Póngalo en estos términos: Si usted nunca se casaría con alguien de quien no sabe nada, tampoco debe hacer negocios con alguien a quien no conoce. Es más, no debe esperar negocios de alguien que no le conoce a usted.

En todas las investigaciones que ha realizado mi compañía, en todas las visitas que hemos realizado *in situ*, en cada observación que hemos hecho entre comprador y vendedor, la capacidad de hacer preguntas significativas y bien pensadas ha sido siempre muy útil para establecer una relación comercial duradera y lucrativa. En realidad, todo vendedor de éxito que hemos observado, aconsejado o monitoreado ha demostrado que

➢ antes de reunirse con un prospecto ha redactado y pensado sus preguntas,

➢ posee un protocolo sobre cómo y cuándo preguntar,

➢ para determinar el potencial de una relación sigue un proceso interrogatorio diferente del que usa para asegurarla y sostenerla,

➢ dispone de un proceso interrogatorio habitual para asegurar la satisfacción del comprador y el crecimiento de la relación,

➢ hace sus preguntas con el propósito de brindar soluciones casuales,

➢ hace sus preguntas con el propósito de satisfacer necesidades.

Y para establecer relaciones duraderas en su carrera de vendedor también usted debe adquirir la habilidad de formular a sus prospectos las preguntas correctas, aun si eso significara preguntarles sobre algo que no le haga sentir a usted totalmente cómodo. En nuestro ejemplo, pudo haber sido necesario inquirir con el prospecto sobre su deseo de ocultar el potencial problema con las termitas, o pedirle que explicara la tasación exagerada que hacía de su vivienda.

La importancia de preguntar se hace obvia si usted considera que todo prospecto tiene valores que desea sean considerados, necesidades que quiere satisfacer, objetivos que anhela ver cumplidos y quizás sueños que quiere ver realizados, todo en el contexto de su estrategia de compra. De manera ideal, su producto o servicio debería reunir cada una de estas condiciones, pero si no lo hace o no puede hacerlo y trata de vender, estará perdiendo su tiempo. De hecho, intentar fomentar una relación comercial a pesar de una incompatibilidad en la esencia, es como tratar de salir con alguien que no está ni remotamente interesado en usted. No va a suceder y si sucede, estará basado en propaganda o en compasión, dos cimientos nada duraderos. Hacer las preguntas apropiadas asegura que no ocurran resultados tan poco envidiables. Las preguntas correctas –y una oreja que sepa escuchar activamente– le ayudarán a comprender los valores básicos del prospecto y sus necesidades reales, colocándole idealmente en posición para agregarle valor con su producto, allí donde el valor es más deseado y necesario.

LEVANTE SU CARPA:
LA ENTREVISTA DE ALTA CONFIANZA

Nexos de confianza entre usted y sus prospectos son el fundamento imprescindible de las relaciones lucrativas a largo plazo. Todo el entrenamiento en ventas del mundo no creará un éxito duradero si sus clientes potenciales no confían en usted. Pero en la medida en que la confianza crece, las tensiones se reducen y la aceptación de sus propuestas se incrementa. Eche un vistazo al siguiente gráfico.

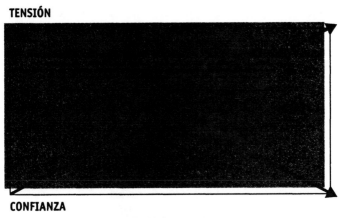

Como puede ver, las interacciones comerciales comienzan generalmente con mucha tensión y poca confianza, lo cual resulta en resistencia a sus proposiciones. Pero a medida que sus prospectos se desplazan de la poca a la mucha confianza, la tensión en ellos decrece y la posibilidad de que accedan se incrementa.

> Nexos de confianza entre usted y sus prospectos son el fundamento imprescindible de las relaciones lucrativas a largo plazo. Todo el entrenamiento en ventas del mundo no creará un éxito duradero si sus clientes potenciales no confían en usted.

Existe un procedimiento efectivo mediante el cual usted puede lograr lo que llamamos «Entrevista de alta confianza». Es la encarnación en la tierra de la ley del cortejo y una vez implementada y dominada, le dará los medios para construir efectivamente las relaciones de alta confianza necesarias para un éxito sustancial en su negocio de ventas. Pero antes de que empecemos a discutir el primer paso de la entrevista de alta confianza, deseo repasar rápidamente lo que hemos expuesto hasta ahora en la sección II, a fin de asegurar que usted comprenda dónde encaja la ley del cortejo en el cuadro general del éxito en las ventas de alta confiabilidad.

Debe recordar que en el capítulo 8 –la ley del ensayo con vestuario– hablamos sobre la importancia de estar bien preparado para cualquier interacción en el proceso de ventas. Esto incluía una breve explicación del Sistema de Ventas de Alta Confiabilidad (SVAC), la cual enumeraba los cuatro actos principales que debe dominar a fin de edificar un negocio de ventas de alta confiabilidad. He aquí un apretado recordatorio de los cuatro actos:

Acto 4:
LA ACCIÓN
Proponer el
negocio

Acto 3: LA SOLUCIÓN
Cubrir necesidades del más alto
valor vinculadas a la realización
de los valores medulares

Acto 2: LA ENTREVISTA
Determinar valores medulares (intrínseco) y
necesidades del más alto valor (extrínseco)

Acto 1: LA APROXIMACIÓN
Apuntar, acumular valor
y concertar citas

LA PIRÁMIDE DE LAS VENTAS DE ALTA CONFIABILIDAD

Usted recordará que el primer acto (su aproximación) se centra en determinar con quién hará negocios y con quién no. Tratamos la aplicación de este primer acto en los dos capítulos anteriores. La ley de la diana le enseñó cómo apuntar a los mejores prospectos para construir un nuevo negocio o ampliar los existentes y la ley de la balanza le enseñó cómo reordenar las prioridades en su actual base de compradores para asegurar que esté construyendo su compañía sólo sobre un fundamento duradero, compuesto por los clientes más leales y lucrativos. Lo cual nos lleva al segundo acto (su entrevista) del Sistema de Ventas de Alta Confiabilidad

También recordará que el segundo acto se concentra en la forma de crear alta confianza entre los nuevos prospectos de ventas. Es este acto el que los vendedores profesionales tienden a soslayar más que cualquier otro, porque se vuelven codiciosos o desesperados. Por lo tanto el segundo acto del Sistema de Ventas de Alta Confiabilidad es la primera clave para distinguirle a usted del competidor medio y elevar su negocio al nivel de élite. Y el segundo acto se inicia cuando aprende a aplicar la ley del cortejo. Más específicamente, cuando aprende a realizar una entrevista de alta confianza (EAC) con sus principales clientes potenciales. Comencemos por el primer paso.

LA ENTREVISTA DE ALTA CONFIANZA

PASO 1: UNA APERTURA DE GRAN IMPACTO

Es incuestionable que cuando usted se reúne por primera vez con sus prospectos necesita causarles un impacto positivo inmediato. Las primeras impresiones son clave, pero desafortunadamente la mayoría de los vendedores sudan la camisa en esta área. Sea por falta de preparación, confianza, propósito o por nerviosismo, la mayor parte suele pasar sus primeros minutos con un posible comprador incrementando las tensiones y reduciendo la confianza. La ley del ensayo con vestuario debe haberle ayudado a reconocer la importancia de practicar bien antes de ingresar a una situación de ventas con un prospecto, de modo que usted se proyecte en un estilo profesional, competente y atento. Si ha ensayado, tendrá mejores probabilidades de conquistar la confianza del prospecto en los primeros minutos de su entrevista.

El propósito de una apertura de gran impacto es obtener sencillamente el permiso para hacer preguntas que proveerán la información que usted necesita, tanto a fin de determinar si existe una esencia compartida como para ofrecer soluciones específicas a las necesidades de la otra parte. Toda apertura de gran impacto reúne las siguientes características:

1. **Agradecimiento por el tiempo del prospecto.** Esto se explica por sí mismo. Demasiada conversación trivial o minutos

empleados en nimiedades dan una clara señal al prospecto de que usted está nervioso y mal preparado. Si alguien le refirió a este posible cliente, use el nombre de la persona en su apertura. Esto ayuda generalmente a asegurar suficiente confianza para continuar la conversación.

2. **Una declaración impactante.** Debe decir algo que le distinga de sus competidores y permita avizorar el valor que tendrá la conversación si continúa.

3. **Una rápida transición al proceso interrogatorio.** La clave aquí es mantener el control del diálogo realizando una rápida transición a las «Preguntas de Descubrimiento de Valores» y las relacionadas con las necesidades del más alto valor.

En unos instantes discutiremos la preguntas de descubrimiento de valores y las que intentan averiguar las necesidades del más alto valor. Pero antes permítame presentarle algunos ejemplos de aperturas de gran impacto.

He aquí como sonaría una de ellas si usted estuviera ofreciendo servicios de entrenamiento para vender:

«Señor Smith, le doy las gracias por su tiempo y le agradezco a Debbie que nos propusiera reunirnos. Muchas personas creen que mi negocio es vender a las compañías sistemas de entrenamiento para vender, pero realmente no lo veo así. Mi objetivo es ayudar a mis clientes a lograr el máximo nivel de éxito posible con un liderazgo efectivo y una mayor productividad de sus representantes de ventas. Y mi experiencia me ha demostrado que puedo ayudarle mejor a maximizar el liderazgo y la productividad si conozco qué importancia tiene para usted el éxito del entrenamiento. Así que, Señor Smith, ayúdeme a entender: ¿Qué considera usted importante de los sistemas de entrenamiento para vender exitosamente?»

Ahora he aquí como sonaría una apertura de gran impacto si usted se dedicara al negocio de equipos de oficina vendiendo copiadoras:

«Señor Smith, le doy las gracias por su tiempo y le agradezco a Debbie que nos sugiriera reunirnos. Muchas personas creen que mi negocio es vender copiadoras a mis clientes, pero realmente no lo veo así. Mi objetivo es ayudar a mis clientes a lograr el mayor nivel de éxito posible con las copiadoras en que invierten, proteger su imagen y reforzar su calidad mientras minimizó sus costos. Y mi experiencia me ha demostrado que puedo satisfacer mejor sus necesidades si conozco qué importancia tienen para usted estos asuntos y qué papel desempeñan en su empresa las copiadoras. Así que, Señor Smith, ayúdeme a entender: ¿Qué considera usted importante en las copiadoras que está pensando comprar?»

Si usted fuera un planificador financiero, una apertura de gran impacto sería así:

«Señor Smith, le doy las gracias por su tiempo y le agradezco a Debbie que nos sugiriera reunirnos. Muchas personas creen que mi negocio consiste simplemente en crear planes financieros, pero realmente no lo veo así. Mi objetivo es ayudar a mis clientes a lograr el máximo nivel de éxito financiero posible ayudándoles a integrar un plan general para administrar su dinero, minimizar sus costos y maximizar su flujo de efectivo. Y mi experiencia me ha demostrado que puedo satisfacer mejor sus necesidades si conozco qué importancia tiene para usted lograr el éxito financiero. Así que, Señor Smith, ayúdeme a entender: ¿Qué considera usted importante en cuanto a su éxito financiero?»

Si usted fuera un prestamista hipotecario, su apertura de gran impacto sería una como esta:

«Señor Smith, le doy las gracias por su tiempo y le agradezco a Debbie que nos sugiriera reunirnos. Muchas personas creen que mi negocio consiste simplemente en hacer préstamos, pero realmente no lo veo así. Mi objetivo es ayudar a mis clientes a integrar los préstamos hipotecarios que seleccionen con sus metas financieras y de inversión a corto y largo plazo, así como satisfacer sus objetivos en cuanto a pagos, capital propio y flujo de efectivo. Mi experiencia me ha demostrado que puedo satisfacer mejor sus necesidades si conozco qué importancia tiene para usted este préstamo. Así que, Señor Smith, ayúdeme a entender: ¿Qué considera usted importante de este préstamo hipotecario?»

El tiempo total de una apertura de gran impacto debe oscilar entre cuarenta y cinco a sesenta segundos. Una vez que usted ha presentado de manera profesional y genuina su apertura, puede continuar, previa aprobación de su prospecto, con el siguiente paso.

PASO 2: PREGUNTAS DE DESCUBRIMIENTO DE VALORES (NECESIDADES INTRÍNSECAS)

Aunque la apertura de gran impacto destaca la importancia de las primeras impresiones, no es el paso más crucial en la entrevista de alta confianza. Ese título pertenece a las preguntas de descubrimiento de valores y a las de las necesidades del valor más alto, porque ambas harán más por sostener el interés del comprador y crear confianza que la más impresionante apertura de gran impacto.

> **Las personas compran sensaciones. Sin embargo, la mayoría de los vendedores venden características o beneficios que casi nunca son efectivos para las ventas afincadas en las relaciones.**

Las personas compran sensaciones. Sin embargo, la mayoría de los vendedores venden características o beneficios, que casi nunca son efectivos para las ventas afincadas en las relaciones. Si su meta es crear alta confianza, dará un gigantesco paso cuando las características de sus productos o servicios se correspondan con las necesidades y valores intrínsecos de un prospecto. Usted sin duda habrá escuchado decir a entrenadores de ventas que para lograr una transacción es necesario vender a la emoción del comprador. Aunque esto pueda ser cierto en su mitad final, es un consejo deficiente. Lo cierto es que los mejores vendedores poseen sencillamente una intuición para determinar cuáles son los valores fundamentales de sus prospectos (su esencia) y para dirigir luego su estrategia de ventas a esas áreas de valor donde radican las emociones más profundas.

El paso 2 de la entrevista de alta confianza consiste en hacer preguntas que le conduzcan en forma previsible a los valores más preciados que posee el prospecto en cuanto a la vida, el negocio y la relación con usted. Preguntas como

> ➤ ¿Qué importancia tiene para usted el éxito?

> ➤ ¿Qué importancia tiene para usted ganar más dinero?

> ➤ ¿Qué importancia tiene para usted optimizar su imagen?

> ➤ ¿Qué importancia tiene para usted la productividad?

> ➤ ¿Qué importancia tiene para usted ahorrar dinero?

> ➤ ¿Qué importancia tiene para usted lograr seguridad?

> ➤ ¿Qué importancia tiene para usted la seguridad física?

> ➤ ¿Qué importancia tiene para usted hacer una diferencia?

> ➤ ¿Qué importancia tiene para usted ahorrar tiempo?

> ➤ ¿Qué importancia tiene para usted la rentabilidad?

Cuando usted vende seguridad, imagen propia, paz mental, plenitud, satisfacción, prestigio, felicidad, alegría o serenidad, el prospecto está mucho más apto para acoger su información sin resistencia excesiva.

He aquí cómo sonaría el paso 2 si usted estuviera en el negocio de equipos de oficina vendiendo copiadoras:

Usted:	Entonces, señor Smith, ayúdeme a entender: ¿Qué considera usted importante de las copiadoras que está pensando comprar?
El prospecto:	Quiero que nuestras copiadoras sean increíblemente duraderas y capaces de soportar toneladas de uso.
Usted:	¡Magnífico! Todos nuestros clientes consideran importantes diferentes aspectos cuando seleccionan sus copiadoras y este es uno de ellos ¿qué importancia le concede a contar con copiadoras duraderas que puedan soportar un uso intensivo?
El prospecto:	Estoy hastiado de escuchar a empleados frustrados quejándose de que no pueden hacer su trabajo cada vez que una copiadora se daña. No quiero darles ninguna excusa.
Usted:	Eso tiene perfecto sentido. Ahora dígame: ¿por qué es importante para usted que sus empleados no tengan excusas para no hacer su trabajo?
El prospecto:	Es obvio que así mejoraría su rendimiento general.

Usted: ¿Qué es lo que más le interesa respecto a mejorar el rendimiento general?

El prospecto: Tener paz mental, sabiendo que estamos haciendo nuestro mejor esfuerzo.

Como puede ver, en este ejemplo la entrevista de alta confianza fue adelantada por la misma pregunta con un giro ligeramente diferente, dependiendo del producto o servicio ofrecido. Las respuestas iniciales del prospecto no fueron muy emotivas, pero podrá ver que insertando cada respuesta en la siguiente pregunta, usted puede conducir naturalmente a su posible cliente a que comparta con alguien como usted valores medulares en la conducción de un negocio. Es importante observar que a partir de esta fase de la entrevista de alta confianza, usted debe estar anotando en una hoja de papel las respuestas de su cliente potencial. No se obligue a tratar de recordar todo lo que le han dicho a medida que escucha, escriba las necesidades clave del prospecto y sus valores a fin de que pueda continuar y referirse a ellas con precisión durante la entrevista. Podría incluso crear un formulario para la entrevista de alta confianza, con el propósito de llenarlo cuando conozca mejor a su prospecto.

El tiempo total que sus preguntas de descubrimiento de valores deben tomar es de tres a siete minutos. Luego, una vez que ha establecido los valores medulares de un prospecto y comprobado que están a tono con los suyos, está listo para continuar con el tercer y último paso de la entrevista de alta confianza.

PASO 3: PREGUNTAS SOBRE NECESIDADES DEL MÁS ALTO VALOR (NECESIDADES EXTRÍNSECAS)

Las necesidades del más alto valor son aquellas junto a las expectativas vinculadas a la relación, a las cuales el prospecto asigna el más alto valor. Los clientes posibles suelen responderlas con conceptos como calidad, rapidez, profesionalismo, accesibilidad, claridad en la comunicación, conocimiento e integridad. Hay muchas más, pero estas son las más comunes. El objetivo en el paso 3 es determinar cómo espera el prospecto que usted conduzca el negocio y mantenga la relación, a fin de que luego usted pueda personalizar una estrategia altamente atractiva con vistas a la compra. De modo general usted procurará descubrir entre tres y cinco necesidades.

He aquí cómo hacer la transición del paso 2 al paso 3 si usted vendiera copiadoras:

Usted: Señor Smith, ahora que comprendo qué es importante para usted de las copiadoras que está pensando comprar, ¿Qué considera más importante al asociarse con un vendedor profesional de copiadoras?

Recuerde que estas preguntas suelen tratar menos del producto y más de la relación. Porque si un comprador no confía en usted, las características de su producto serán insignificantes. Asegúrese aquí de no adelantarse a sí mismo. Aun si el prospecto le ha expuesto sus valores y expectativas, eso no significa que usted ya esté equipado para fomentar una relación lucrativa, al menos todavía no. Aún le queda mucho más por aprender en una forma eficiente a fin de prepararse para el triunfo.

Aunque las preguntas relacionadas con las necesidades del más alto valor hayan sido respondidas, el paso 3 de la entrevista de alta confianza no ha terminado. Como las personas tienen definiciones muy diferentes de las cosas, debe estar seguro de que ha comprendido bien lo que su prospecto le ha dicho. Este proceso tiene tres pasos:

1. Establecer la necesidad.

2. Comprender sus reglas. (Esto ayudará a demostrar que usted está cumpliendo.)

3. Descubrir los beneficios específicos que el prospecto desea obtener de la necesidad satisfecha.

Sobre cada necesidad revelada y anotada (recuerde que está tratando de descubrir de tres a cinco), debe recabar tanta información como sea posible y en forma eficiente y profesional. Este proceso de recolección de evidencias le ayudará a personalizar, cuando llegue el momento apropiado, una presentación de ventas para necesidades específicas. Durante el proceso, tenga presente que nunca debe suponer que adivina lo que está pensando un prospecto.

Una vez que ha establecido alguna de sus necesidades, debe comprender las reglas del potencial comprador cuyas necesidades deberá satisfacer, haciendo preguntas como las siguientes:

➢ «¿Cómo define usted...?»

➢ «¿Qué cambiaría usted...?»

➢ «¿Cómo determinaría usted...?»

➢ «¿Cuál ha sido su experiencia previa con...?»

➢ «¿Cómo mejoraría usted...?»

➢ «¿Qué le parece eso?»

➢ «¿Qué parámetros considera clave para...?»

➢ «¿Qué funciona mejor a su juicio para...?»

➢ «¿Cómo selecciona usted...?»

➢ «¿Cuáles son sus normas para...?»

He aquí cómo usted podría averiguar la principal necesidad del prospecto y sus reglas.

Usted:	Señor Smith, ahora que comprendo qué es importante para usted de las copiadoras que está pensando comprar, ¿Qué considera más importante al asociarse con un vendedor profesional de copiadoras?
El prospecto:	La buena comunicación.
Usted:	¡Eso es magnífico! La buena comunicación significa diferentes cosas para diferentes personas ¿cómo define usted la buena comunicación?
El prospecto:	Lo primero que me viene a la mente es la honestidad. Quiero estar seguro de que lo que usted diga que ocurrirá, realmente ocurrirá.
Usted:	Eso es muy importante, ¿podría enumerar otros de sus principios para una buena comunicación?
El prospecto:	Deseo que mis llamadas sean respondidas el mismo día que llame.
Usted:	Es muy razonable, ¿Qué más?

El prospecto:	Quiero que me mantengan al tanto de todo. Me gusta actualizar semanalmente el estatus de mis pedidos.
Usted:	Eso es obviamente importante. No quiero que tenga que estar adivinando dónde están sus pedidos. ¿Hay algo más?
El prospecto:	No, eso era lo más importante en cuanto a la comunicación.

Una vez que usted posee esta información, necesita descubrir simplemente el beneficio que el señor Smith está esperando recibir como resultado de que sus necesidades de comunicación sean cubiertas. Para concluir, usted dirá algo como lo que sigue:

Usted:	Señor Smith, esta es una información muy útil. Explíqueme por qué una comunicación honesta, oportuna y regular es importante para usted.
El prospecto:	Me asegura la paz mental, porque alivia mis preocupaciones.

Fíjese cómo el beneficio último que busca el señor Smith en su comunicación con usted tiene una naturaleza emocional, similar a la de sus valores. Esa es la información que usted debe procurar descubrir en cualquier prospecto con respecto a sus necesidades más importantes, si desea desarrollar una relación duradera. Como ve, es obvio que un posible comprador de copiadoras como el señor Smith desearía un modelo rápido, confiable, de alta calidad y precio razonable. Muy pocos prospectos no querrían tales características. Y usted no se distinguirá de sus competidores si comenzara inmediatamente a hablarle a un prospecto de cuán rápidas y confiables son sus copiadoras, su buena calidad y sus razonables precios. Para llegar a la élite de las ventas, usted necesita vender algo más que una buena copiadora, necesita vender soluciones para las necesidades más secretas de su prospecto. Necesita venderle la realización de su deseo más íntimo, lo cual en el caso del señor Smith es la paz mental.

Luego de concluir la secuencia anterior, habrá descubierto una necesidad importante de su potencial cliente. Pero recuerde que su objetivo es establecer entre tres y cinco de ellas. Por lo tanto, para continuar la conversación (búsqueda de más necesidades), debe inquirir simplemente: «Señor Smith, ¿qué más es importante para usted en la asociación con un vendedor de copiadoras profesionales?» Luego, durante los siguientes diez o veinte minutos, discutirá con el posible comprador todas las necesidades que él tenga en cuanto a trabajar con usted. Para desarrollar efectivamente su estrategia con vista a la compra, deberá comparar sobre la marcha las necesidades para determinar cuál es más importante, cuál le sigue en segundo lugar y así sucesivamente. Su objetivo aquí es muy simple: al llegar al tercer acto del sistema de ventas de alta confiabilidad, la solución, deberá presentar soluciones a las necesidades del prospecto según el orden de importancia establecido por él. Por ejemplo, puede que una comunicación clara y coherente no sea una de las necesidades más importantes del señor Smith.

Digamos que mientras usted continúa su entrevista de alta confianza, descubre que la solución de problemas es en realidad su necesidad primordial y el entrenamiento sobre productos, la tercera en importancia. Ante este escenario, su estrategia sería entonces presentar primero soluciones efectivas para su necesidad de solución de problemas, en segundo lugar para la de comunicación y en último, para la de productos. Es importante observar que los diferentes prospectos tienen estrategias diferentes de compra. Por ejemplo, otro posible comprador de sus copiadoras podría tener las mismas tres necesidades que el señor Smith, pero en orden diferente de importancia. En ese caso usted alteraría convenientemente su presentación.

LA PUERTA DE ENTRADA A LAS VENTAS

La entrevista de alta confianza es tan exitosa porque le ayuda a establecer lo que debe vender a fin de ganarse tanto la confianza de un prospecto como sus órdenes de compra. Pero permítame ser muy claro aquí: No llegue con un posible comprador hasta este punto, ni continúe con el proceso de ventas, si no va o no puede brindarle al prospecto lo que desea. La integridad es vital: integridad con usted mismo e integridad con sus posibles clientes. La información que adquiere durante una entrevista de alta confianza no debe ser manipulada en modo alguno. Si, por amor al dinero, finge ser algo que no es, o trata de vender su producto como algo que no es, nunca triunfará en la profesión de vendedor. Sí, podría cerrar una o dos ventas basadas en el engaño. Pero ese tipo de transacciones acabará incinerándole. Y cuando eso suceda, andará con suerte si se mantiene en el negocio.

> **Hay suficientes personas que harán negocios a la manera de usted como para andarse preocupando por el resto.**

La entrevista de alta confianza no consiste en aprender a manipular a un prospecto. Consiste en aprender a servirle de la mejor manera posible. Y en satisfacer necesidades reales, no en tratar de crear necesidades falsas. Si en algún momento durante el proceso de entrevista, usted reconoce que la relación nunca será internamente buena, ahórrese el mal rato y abandone el partido. Como dice mi amigo Jim Rohn: «Hay suficientes personas que harán negocios a la manera de usted como para andarse preocupando por el resto».

¿Recuerda la historia que le conté al principio del capítulo? ¿De cómo comprometí mis principios en las relaciones comerciales con tal de mantener el negocio? Pues bien, la verdad es que nada cambió para mí hasta que aprendí el valor de la entrevista de alta confianza. Pero cuando comencé a experimentar con esta estrategia, empecé también a estudiar las tendencias buenas y malas de las relaciones comerciales antes de decidirme a hacer negocios con un cliente potencial. A averiguar antes si compartíamos los mismos valores y expectativas.

De hecho, como resultado de este proceso de aprendizaje, me sentaba con algunos de mis clientes ya existentes y los entrevistaba por primera vez. Entonces se aclaró para mí por qué sufría mi negocio: estaba permitiendo que mis clientes fijaran las normas y valores de mi empresa. No en balde padecía niveles tan elevados de frustración y estrés. Recuerdo un ejemplo muy gráfico, no mucho después de que hiciera este descubrimiento, en el que un cliente ya establecido me pidió hacer algo que yo sabía que estaba mal, algo que hubiera quebrantado mi integridad y, muy posiblemente, arriesgado mi carrera. Anteriormente, yo había accedido a propuestas semejantes de este cliente específico, pero esta vez le dije que no, aunque implicara la pérdida de su cuenta. Sabía que tenía que detener mi patrón destructivo, así que le dije: «John, en los últimos meses hemos hecho muchos negocios juntos y se lo agradezco. Sin embargo, he evaluado mi plan a largo plazo y no puedo seguir haciendo por usted lo que exige de un vendedor. Así que en lugar de cambiar la forma en que sé hacer mejor mis negocios, quisiera darle las gracias y recomendarle que busque otro proveedor capaz de ofrecerle el tipo de servicio que desea». Así terminó la historia y me sentí muy bien.

En otra ocasión, estaba realizando una entrevista de alta confianza con un cliente potencial y en medio del diálogo sus expectativas empezaron a incomodarme. De modo que en lugar de fingir que eran inofensivas –como solía hacer antes de conocer la ley del cortejo– le dije: «Bill, hemos pasado treinta minutos juntos y tengo la sensación de que lo que usted desea de un proveedor y lo que yo sé que le puedo ofrecer no son la misma cosa. Así que antes de engañarnos pretendiendo que la disparidad no existe, quiero darle las gracias por su tiempo y recomendarle que continúe buscando proveedores que le puedan ayudar como usted quiere». Me excusé, abandoné la entrevista y me dediqué a otra cosa.

Aunque mi comportamiento con Bill pueda parecerle un poco abrupto, el hecho es que no sólo se alinea con los mejores intereses de usted como vendedor, sino también con los de su prospecto. Bill y yo no hicimos buena pareja. Y eso fue todo. Yo lo sabía y a decir verdad, probablemente también él. Mantener la relación sólo habría ampliado nuestras diferencias y causado un estrés innecesario. Por lo tanto lo mejor que pudimos hacer los dos fue terminarla.

El mensaje central de la ley del cortejo es llegar a conocer a sus prospectos. Con algunos eso podría tomar más de una entrevista. Con otros podría tardar sólo quince minutos. Pero en ambos casos la implicación es la misma: antes de iniciar una relación comprador-vendedor debe establecer si usted y un prospecto son el uno para el otro. Las ventas de alta confiabilidad se basan en relaciones clientelares con un compromiso a largo plazo y lealtad vitalicia. Y si está interesado en alcanzar su potencial y llegar a realizarse verdaderamente como vendedor profesional, esas son las relaciones sobre las cuales debe edificar su empresa.

Mientras lee el siguiente capítulo, le mostraré cómo usar la información que compiló en su entrevista de alta confianza para ofrecer presentaciones de ventas atractivas que ejerzan un impacto significativo en cada uno de los prospectos a los que apunte. También aprenderá cómo asegurar una ventaja competitiva en toda oferta de ventas, cómo manejar efectivamente cualquier objeción que se presente y cómo hacer que prospectos con una actitud negativa la cambien por otra firmemente afirmativa.

Si está listo para aprender los secretos del proceso de ventas de alta confiabilidad, comencemos por estudiar cómo desempeñarse en el tercero y cuarto actos del sistema de ventas de alta confiabilidad, que forman parte de la ley del gancho.

APLICACIÓN AL LIDERAZGO EN VENTAS

Como líder de un equipo de ventas, debe asegurar que cada uno de sus vendedores comprenda cómo debe realizar una entrevista de alta confianza efectiva. Si lo estima apropiado, convoque a una reunión del equipo y hágales pasar por cada uno de los pasos del proceso y procure que lo practiquen interactuando unos con otros. Podría incluso hacer copias de los pasos del 1 al 4 de la entrevista, para que cada uno pueda colocar la suya cerca del teléfono y usarla como una pauta, hasta que realizar una entrevista de alta confianza se le convierta en una segunda naturaleza.

Si aplicar la ley del cortejo es un cambio radical respecto a la manera en que su compañía realiza comúnmente sus negocios, también es importante que usted haga saber a sus empleados por qué está implementando una nueva estrategia y proceso de ventas. Explíqueles que su objetivo es edificar un negocio de ventas duradero y lucrativo para todos los que están involucrados en él y que eso demanda un cambio de estrategia. Aunque al principio podría experimentar alguna resistencia, hágase el propósito de dotar a sus vendedores de la capacidad para triunfar de la manera correcta. Recuerde que su misión como líder no es sólo fijar el tono, sino también mantenerlo.

La ley del gancho

*Un público cautivado
se quedará hasta el final.*

P iense en el libro más fascinante que haya leído recientemente. ¿Cómo empezaba? ¿En qué parte se quedó usted
cautivado? Sin duda, algo captó su atención desde el principio. De
otro modo no habría seguido pasando las páginas y desvelándose la
mitad de la noche para terminarlo. ¿Algún programa de televisión o
película le mantuvo hace poco en el filo del asiento y le provocó fuertes emociones? ¿Cómo comenzaba esa historia? De seguro era fascinante. O sus ojos no habrían quedado pegados a la pantalla. Quizás
la esposa del héroe fue asesinada y usted quería saber si él encontra-
ría la fuerza para sobreponerse y hasta vengar su muerte. Tal vez
pasó algo completamente inexplicable y usted esperaba que alguien
fuera capaz de explicarlo. O quizás en algún escenario romántico dos
jóvenes se conocían y se enamoraban, pero entonces tenían que
enfrentar la realidad de vivir en mundos diferentes, a 5.000 kilómetros de distancia... y usted quería saber si al final se reencontraban.

Ahora piense en su última experiencia de ventas. ¿Cómo comenzó? ¿Se sentía cautivado? ¿Motivó el interés de su prospecto como
para que este accediera a trabajar con usted? ¿Le despertó emociones que realmente deseaba sentir? ¿Le creó un deseo de repetir la
experiencia? Si usted estaba siguiendo la ley del gancho, debe haber
hecho todas estas cosas y más.

La ley del gancho postula que un público cautivado se queda
hasta el final. Y eso se debe a que el mismo principio que mantiene
pegados sus ojos a la pantalla y sus manos a un libro es el que mantiene a sus prospectos a su alrededor. Un público es un público, esté
en una oficina de ventas o en un cine y para mantener al público
motivado, la actuación debe cautivar desde el principio. Póngalo en
estos términos: ¿Cuándo fue la última vez que terminó un libro que
no le atrapara desde el primer capítulo? Si usted es como yo, en sus

estantes debe haber algunos libros criando polvo que simplemente no le motivaron, porque no eran lo bastante fascinantes desde el principio. No lograron captar su atención. Y lo mismo se cumple con los vendedores que no cautivan a su público desde la línea de partida: son desdeñados por alguien más atractivo.

Por otro lado, cuando un prospecto es cautivado por lo que usted le ofrece y la manera en que lo ofrece, se siente compelido a entregarle sus negocios; y no solamente una vez. Una presentación de ventas confiable y de calidad es como un gran libro o una gran película: cautiva desde el principio y nos hace regresar buscando más.

Considere el gancho que tiene el principio de este famoso cuento de Louis L'Amour, *Off The Mangrove Coast* [Cerca de los manglares costeros]:

> Éramos cuatro allí, en el fondo de la creación; cuatro tipos endiablados y endurecidos según cualquier criterio humano. Nos habíamos juntado como lo hace un grupo de amigos en la playa. La idea había surgido de una conversación ociosa. No teníamos nada mejor que hacer; éramos todos unos tontos o algo peor, así que nos tomamos en préstamo un bote de las Nueve Islas y pusimos proa mar afuera.
>
> ¿Ha cruzado usted el mar del sur de China en un bote de doce metros durante la temporada de los tifones? Por supuesto que no es un picnic, ni tarea para chiquillos; más bien, para gente como nosotros, que a nadie le importábamos y en un bote robado.
>
> Ahora bien, estábamos acostumbrados a andar solos. Habíamos trabajado en barcos y en otros lugares, compartiendo faenas con otros hombres, pero la verdad es que cada cual procuraba sus fines y vigilaba a los demás.
>
> Estaba Limey Johnson, de Liverpool; y Smoke Bassett, de Port au Prince; y también Long Jack, de Sidney; y estaba yo, el más joven, vagando por una tierra extraña...
>
> Fue Limey Johnson quien contó la historia del hundimiento del barco mercante cerca de los manglares; un buque con 50.000 dólares en la caja fuerte del capitán, el único que lo sabía.
>
> ... y nosotros sin un penique. Cincuenta mil dólares hundidos a apenas diez brazas, fáciles de alcanzar. Cincuenta mil, divididos entre cuatro. Una bonita cantidad de dinero para gastar en muchachas y bares de Singapur o Shanghai... o quizás de París.
>
> Doce mil quinientos dólares por cabeza ... si los cuatro sobrevivíamos. Y ese era un punto para reflexionar, porque si sólo dos sobrevivían... serían veinticinco mil dólares por cabeza... ¿y quién

podría decir qué pasó o no pasó bajo la superficie de un mar enyerbado cerca de los manglares costeros? ¿Quién puede conocer el destino de un hombre? ¿Quién podría adivinar que algunos estábamos pensando en echarle una mano al destino?

¿Desea seguir leyendo? Le ha fascinado L'Amour, ¿cierto? (no es coincidencia que en todo el mundo se hayan impreso más de 260 millones de ejemplares de sus libros). Gracias a Louis L'Amour, usted está cautivado y quiere saber qué sucederá a los cuatro merodeadores ¿Irán a buscar el tesoro? ¿Lo encontrarán? ¿Morirá alguno por el camino? ¿Es esa muerte accidental o un asesinato? Como dice uno de los personajes: «¿Quién puede conocer el destino de un hombre?» Esa pregunta le ha cautivado. Y es que alguien conoce el destino de estos cuatro hombres y usted también quiere conocerlo... así que regresa a seguir leyendo, a buscar más.

¿Cuál es su gancho? ¿Tiene alguno? ¿Ofrece usted a sus prospectos algo tan fascinante y cautivador como para que se vean compelidos a averiguar el resto de la historia, que se impacienten por ver cómo finaliza el trato? Si todavía no tiene un gancho, es hora de que lo busque.

Basado en lo que usted dice, hace, presenta, escribe, promueve o distribuye inicialmente con vistas a proponer un negocio, ¿puede decir honestamente que se sentiría compelido a confiarse un pedido a sí mismo? ¿Quedaría usted fascinado consigo mismo? ¿Haría negocios consigo, basado en el impacto de su actuación inicial? Si no lo sabe, es hora de cambiar su forma de vender.

En los tres capítulos anteriores discutimos cómo desempeñarse en los actos primero y segundo del sistema de ventas de alta confiabilidad, etapas que le condujeron hasta su oferta de venta. Repasemos rápidamente esos actos:

ACTO PRIMERO: LA APROXIMACIÓN.

Este es el proceso mediante el cual usted determina con antelación quiénes son sus mejores prospectos y luego inicia con ellos relaciones de alta confianza, concertando en forma efectiva una cita para reunirse.

ACTO SEGUNDO: LA ENTREVISTA

Es el proceso que sigue a la aproximación, en el cual realiza una entrevista de alta confianza para asegurar que entre usted y su prospecto existe una esencia compartida. También en este acto usted establece las necesidades de su posible comprador, sus estrategias de compra y la plenitud emocional que debe ofrecerle a fin de satisfacer sus necesidades reales y obtener su negocio.

Y ahora déjeme presentarle el...

ACTO TERCERO: LA SOLUCIÓN

La presentación consiste en ofrecer soluciones cautivadoras y satisfactorias a sus prospectos, a fin de asegurar su devoción comercial a usted. Y es ahí donde debe empezar a aplicar la ley del gancho, porque aunque haya llegado hasta este punto con un cliente, una presentación deficiente puede hacer desaparecer rápidamente a un prospecto. Es por eso que resulta tan crucial lograr un impacto rápido. (Recuerde la analogía con el libro.) Pero antes de internarnos en las habilidades que requiere el tercer acto, descartemos algunos de los mitos más comunes en cuanto a presentar las soluciones que vendemos.

LA PIRÁMIDE DE LAS VENTAS DE ALTA CONFIABILIDAD

MITOS DE LAS VENTAS QUE SE DEBEN DESCARTAR

Desde principios de los años 1920, muchos instructores dedicados a entrenar a vendedores profesionales han enseñado cuatro estrategias específicas que se supone que resulten en aperturas de gran impacto. Sin embargo, nuestras investigaciones de las dos últimas décadas han dejado de confirmarlas como técnicas efectivas de presentación para un vendedor. Lo cierto es que, muy a menudo, recurrir a estas cuatro técnicas cuestionables hará que su prospecto abandone la sala antes de que la función haya terminado. Antes de examinar cómo cautivar al prospecto con su presentación, despejemos algunas nociones descaminadas que usted podría haber interiorizado en su carrera de vendedor.

Mito # 1: Las preguntas abiertas son más efectivas que las específicas. En general, las preguntas específicas pueden ser respondidas con un simple «sí» o «no» y requieren muy poca explicación, mientras que las preguntas abiertas se dirigen a conseguir más información del cliente. Durante años el *status quo* ha afirmado que resulta mejor hacer preguntas que permitan que hable el prospecto. Pero no es así. El hecho es que diferentes situaciones de ventas requieren tipos diferentes de preguntas y para ser eficaz usted no puede casarse con una sola forma de indagación.

Recuerde que su meta es conocer las necesidades y valores que más aprecia el prospecto y esto a veces exige ser muy concentrado y específico, formulando preguntas directas para obtener respuestas específicas. Y también hallará situaciones donde deberá limitarse a preguntar y escuchar. Pero su objetivo no debe ser hacer el tipo apropiado de preguntas, sino llegar a conocer verdaderamente al prospecto, utilizando las interrogantes que estime más apropiadas.

Las investigaciones de mi compañía han demostrado que, como regla general, mientras más cerca está un vendedor de cerrar un trato, menos apropiadas resultan las preguntas abiertas. Póngalo en estos términos: si usted está invirtiendo su tiempo a fin de estrechar una relación con alguien, sus conversaciones no van a girar en torno al clima ni la última película que cada uno vio. Si le interesa construir una relación a largo plazo con esa persona, al final hará preguntas más específicas que le ayuden a conocerla, no sólo a saber más de ella. Por ejemplo, enterarse de que alguien es profesor de bachillerato le proporciona cierto conocimiento sobre su persona. Pero saber que se hizo profesor de bachillerato porque le apasiona ayudar a los adolescentes a descubrir y desarrollar sus dones, le ayuda a descubrir lo que hace único a ese individuo; a comprender lo que más valora esta persona en su vida.

Mito # 2: Debe demostrar un conocimiento sólido de sus productos. Es bueno conocer todos los detalles de su producto o servicio y ya encontrará el momento y el lugar apropiados para ofrecer esa información. Pero el hecho es que si los compradores no confían en usted o suponen que no van a percibir suficiente valor de una compra, su conocimiento de los productos poco valdrá. Además, suele ocurrir que a una publicidad prematura del producto le falta empatía, y es interpretada por el comprador como una táctica unilateral. ¿No razona así cuando se lo hacen a usted?

Como vimos en la ley del cortejo, no importa cuánto pueda comunicar a un potencial cliente sobre sus productos o servicios si no ha determinado antes la capacidad de los mismos para satisfacer plenamente una necesidad o valor real del prospecto. Sin eso, está perdiendo su tiempo y no tardará en ser rechazado.

Mito # 3: Las características cierran más ventas. Tal como en el mito # 2, atiborrar a un posible comprador con las características «maravillosas» de su producto no es una técnica de ventas convincente. El problema es que a la mayoría de los compradores no les interesan las características hasta que saben que a usted le interesan. Inicialmente, a ellos les preocupan sus valores y si no les habla en ese nivel, se estará comunicando en una longitud de onda diferente a la de ellos. No le digo que deba ignorar las capacidades y características de su producto, pero sí que necesita despojarse del concepto de que la gente se entusiasma escuchando todo lo que este puede hacer. Como ya dijimos, eso carece de importancia si no se vincula de algún modo con los valores o necesidades del cliente. Intentar vender su producto pregonando características tiende a transmitir una actitud egocéntrica y raras veces tiene éxito.

Mito # 4: Siempre debe estar procurando cerrar. Hasta la fecha, he leído o presenciado personalmente unas setenta y cinco técnicas diferentes de cierre. Si fueran usadas hoy, la mayoría tendría un impacto negativo en una situación de ventas. Tenemos la técnica de las «Opciones Alternativas», la de la «Papa Caliente», la del «Zapato en el otro pie», la del bumerán, la de «Qué haría usted ahora», la Benjamin Franklin, la de la «Prueba Social», la «Autoritaria», la de la «Cuenta Bancaria», la de «Halagar el ego» y muchas más. Quizás usted podría nombrar otras cuantas. Y la mayoría de los entrenamientos en ventas actuales sugieren que para ser un vendedor profesional eficaz uno debe rotar constantemente estas diferentes técnicas de cierre, como si aplicando tentativas fuera a descubrir cuál técnica de cierre es la que funciona. Yo estoy en total desacuerdo con esta noción.

> **Lo cierto es que los prospectos cierran de hecho sus propias ventas cuando usted les ofrece soluciones valiosas a sus necesidades y valores reales**

Para empezar, tales técnicas distraen su atención de lo que los prospectos desean comunicarle: sus necesidades y valores. En segundo lugar, el cierre de una venta, si se hace correctamente, nunca debe ser forzado ni concebirse como un juego de azar. El cierre de una venta debe ocurrir con naturalidad, porque lo que se ofrece debe ser altamente cautivador. Como en una gran película, el prospecto se debe sentir compelido a quedarse hasta el final. Lo cierto es que los prospectos cierran de hecho sus propias ventas cuando usted les ofrece soluciones valiosas a sus necesidades y valores reales. Y como ya aprendió en el capítulo anterior, cuando tratamos la entrevista de alta confianza, un prospecto le revelará los beneficios exactos que está buscando en su producto o servicio si usted se toma el tiempo para preguntarlo de una manera profesional y estratégica. Esto significa que cuando pase a su presentación de ventas, deberá estar seguro de que está ofreciendo a su posible comprador exactamente lo que le ha dicho que desea. Y de eso trata la ley del gancho.

Considere su más reciente experiencia de compra de un automóvil. ¿Qué tipo de aproximación utilizó el vendedor? ¿Le invitó a sentarse e inmediatamente empezó a disertar sobre todos los artilugios en el interior y el exterior del auto? ¿Le impresionó? ¿Hizo que se sintiera con deseos de comprarle un automóvil... o de quitarle un calcetín y metérselo en la boca? ¿Le preguntó en algún momento lo que realmente deseaba? Creo que la mayoría de nosotros hemos tenido alguna experiencia similar en algún concesionario de automóviles. En nuestra próxima compra, ¿regresamos donde este vendedor? ¿Enviamos a todos nuestros amigos a ese vendedor y ese concesionario? Lo más probable es que no.

Pero quizás alguna experiencia suya comprando autos ha sido buena. Tal vez el vendedor se sentó con usted y le preguntó qué le interesaba más de un vehículo. Quizás le confió sus propias frustraciones como comprador de autos y se comprometió a posibilitar que la suya fuese agradable. Hasta es posible que ni siquiera le hablase de los extras del vehículo hasta que le escuchara explicar lo que deseaba en un automóvil. ¿Desearía comprarle un auto a alguien así? ¿Consideraría su recomendación de comprar un modelo que a su juicio se ajustaría más a sus necesidades? Y cuando le compró el auto, ¿se sintió dispuesto a regresar donde él y a enviarle a familiares y amigos en caso de que quisieran comprar un auto nuevo? Muy probablemente. Y en eso subyace la belleza de seguir la ley del gancho. Con frecuencia, el poder de un impacto rápido es lo que cierra un trato.

CÓMO LOGRAR UN IMPACTO RÁPIDO

Todos sabemos que no siempre se puede confiar en primeras impresiones. ¿Nunca ha conocido a alguien y sacado sobre su persona conclusiones apresuradas que después descubrió no tenían base? Sucede todo el tiempo, ¿cierto? En una reunión corporativa, un ejecutivo se encuentra con otro de una firma competidora y supone enseguida que este es un obtuso y su carácter le resulta sospechoso. Después de todo, es el enemigo. Tres semanas después, los dos se encuentran en el cine, acompañados por sus hijos. Entonces descubren que se han graduado de la misma universidad y que los hijos de ambos asisten a la misma escuela primaria. Eso lo cambia todo.

Las percepciones iniciales sobre personas suelen ser imprecisas, porque se basan en un conocimiento superficial: en conocer sólo algunos datos sobre ellas. Y si usted considera el estereotipo que se asocia generalmente con los vendedores, comprenderá la importancia de que supere a la mayor brevedad ese estigma de persona egoísta y truculenta. Para formarse una impresión acertada sobre alguien, debe indagar más profundamente, llegar a conocerle, incluyendo sus valores y deseos. Ello no sólo significa que usted llegue a conocer a sus prospectos y clientes, sino que debe permitirles a ellos que le conozcan a usted con igual profundidad y tan pronto como sea posible. La mejor manera de hacerlo es causar un impacto rápido que cree una impresión positiva y duradera.

Para asegurar que sus prospectos han sido cautivados y que, por buenas razones, no soltarán el gancho, recuerde estos requisitos:

Inspiración: Si usted no se siente inspirado por lo que está ofertando a un prospecto, este no encontrará inspiración para continuar escuchando lo que tenga que decirle. Lo cual se remonta a la razón por la que decidió dedicarse a vender. Hágase el compromiso de vender sólo lo que se sienta inspirado a vender.

Motivación: Si desea causar un fuerte impacto debe motivar a su prospecto para que proceda. Cuando un potencial cliente ve ratificados sus valores, la venta es casi trato hecho.

Profesionalismo: No hace falta decir que todo lo que haga en su presentación de ventas debe estar signado por el mayor profesionalismo. Eso no significa ser ni exuberante ni estoico. Sólo que no puede permitirse fallar al tratar con prospectos y clientes a quienes desea servir de por vida. Póngalo en estos términos: si son los mejores, merecen lo mejor.

Aplicación: Ya hemos discutido esto, pero vale la pena repetirlo. Determine con antelación si vale la pena invertir su tiempo y el de sus prospectos en su esfuerzo de ventas, e insista si, y sólo si, la presentación puede conducir a una relación lucrativa a largo plazo para ambas partes.

Consideración: No se apresure demasiado a ofrecer soluciones, no sea que se porte desconsideradamente con su potencial cliente. Entusiásmese con lo que tiene que ofrecer, pero también dispóngase a escuchar lo que el prospecto tiene que decir. Tenga siempre presente que sus clientes más leales serán también sus amigos y debe tratarlos como tales desde el principio.

Confiabilidad: Su oferta deberá ser sincera a fin de causar un impacto mensurable. Recuerde que aunque usted sea una persona confiable, si su producto no lo es, usted tampoco lo será. Asegúrese de que tanto usted como lo que vende sean dignos de confianza.

Comparto con usted estos elementos porque quiero que comprenda perfectamente qué se oculta tras el telón de una presentación de ventas cautivadora, para que cuando esté listo a ofertar soluciones atractivas para las necesidades de sus prospectos, lo haga con los motivos y con el ritmo apropiados.

Ofrezca soluciones significativas
El tercer acto es uno de los segmentos más breves del sistema de ventas de alta confiabilidad, pero es el más importante para crear un

impacto duradero. Esto se debe a que durante su presentación de ventas es cuando usted consigue por fin brillar. De hecho, si ha cumplido su tarea preliminar de establecer los valores y necesidades de su prospecto y confía en que su producto o servicio puede satisfacerle, su presentación de ventas debe desenvolverse como cuando se ofrece a un amigo un regalo bien pensado. Y, como cuando escogemos la envoltura perfecta, usted debe asegurar que las palabras que seleccione estimulen el entusiasmo de su prospecto por recibir el regalo.

Muy temprano en mi carrera me dieron uno de los mejores consejos que he recibido. Uno de mis primeros mentores me recomendó que nunca improvisara al presentar algo que esperaba vender. Muy poco después de recibir este consejo di uno de mis mayores saltos profesionales. Comencé a estudiar las necesidades que mis prospectos me revelaban durante entrevistas de alta confianza y a crear guiones sobre cómo mi producto podía satisfacerlas. También comencé a compilar dichas necesidades, infiriendo que muchas de ellas serían similares. Las anotaba en mi «Diario de éxito» junto con los libretos que había redactado para atenderlas. Luego grababa estos en cinta magnetofónica, diez veces cada uno y escuchaba la cinta hasta que podía recitarlos de manera profesional y natural.

Por favor, comprenda que aprenderme los libretos palabra por palabra no fue nunca mi objetivo, ni hubiera sido apropiado. En lo que respecta al éxito de las presentaciones de ventas, la clave no es memorizar, sino saber lo que debe decir y de eso se trata el acto tercero.

A fin de hacer una buena presentación, usted debe empezar a pensar como sus clientes desde antes de la misma. Tiene que calzarse los zapatos de ellos y establecer qué pediría y desearía usted en igual situación. Cuando comprenda las necesidades y valores que más aprecia su potencial comprador, podrá diseñar un guión bien informado que le permita prepararse para atenderlas de manera natural, profesional y confiada. De esa forma, cuando usted realice una presentación de ventas, no estará haciendo malabares con palabras ni proponiendo ofertas sin validez. Permítame ofrecerle un ejemplo de cómo funcionó esto en mi carrera cuando era un vendedor bisoño.

Tendría veintidós años y me aterrorizaba dar el primer paso en mi nuevo trabajo de vendedor. Lo último que quería (y a menudo lo sufrí) era que un prospecto me dijera que deseaba trabajar con alguien que tuviera mucha experiencia. Yo no tenía ninguna. Pero sabía que si quería causar un impacto debía ser de algún modo capaz de satisfacer la necesidad que mi prospecto me estaba transmitiendo. Sabía que debía estar preparado para resolver su necesidad antes de que la expresara por segunda vez. Como resultado, me senté a escribir y en una hora había redactado y practicado el siguiente libreto:

«Aunque soy nuevo en el negocio hipotecario, no me es ajena la idea de tratar con esmero a mis clientes. De hecho, en los últimos seis años ayudé a que una cadena de tiendas de artículos deportivos implementara sistemas que le permiten atender con esmero a los suyos. La razón de que escogiera a ABC Financial como empleador es que han estado en el negocio hipotecario durante más de diez años; han ayudado exitosamente a más de 50.000 familias a comprar casa; y están comprometidos con el mismo nivel de servicio al cliente que yo. Y creo que su experiencia, combinada con la mía, producirá al final los resultados que usted desea».

Nunca tuve que volver a mencionar esa necesidad. De hecho, en unos dos meses había grabado más de treinta otras que mis prospectos me habían comunicado, con los correspondientes libretos de soluciones para atender cada una de ellas. Como resultado, mis ventas se incrementaron y desde aquel momento en adelante me mantuve mes tras mes como uno de los mayores productores de mi compañía. Sé que usted puede lograr lo mismo. Comience a anotar todas las necesidades que sus prospectos (y clientes ya existentes) le manifiesten. Escríbalas una por una; luego redacte un guión donde explique cómo espera usted atenderlas y resolverlas. (Fíjese que aquí es importante la integridad: no escriba ni exprese algo que usted no puede hacer o no hará.) Si creara cada semana un nuevo guión y lo practicara hasta que le quedara natural, estoy seguro de que podría ascender al siguiente nivel de éxito como vendedor.

He aquí, a modo de breve recordatorio, algunas de las necesidades más comunes que es probable que escuche mencionar a los prospectos en cuanto a usted como proveedor. Aunque las comparto aquí para que tenga una visión clara de lo que estamos hablando, no limite a estas necesidades a sus posibles compradores. Escuche durante la entrevista de alta confianza lo que tienen que decir y aplíquelo a los libretos que redactará.

➢ Experiencia

➢ Conocimiento

> Integridad

> Profesionalismo

> Comunicación

> Accesibilidad

> Flexibilidad

> Capacidad de respuesta

> Creatividad

> Disponibilidad

> Confiabilidad.

Y, de nuevo, he aquí las necesidades más comunes que sus prospectos probablemente plantearán acerca de su producto, servicio, o compañía:

> Ubicación

> Entrega y duración del ciclo

> Productos y apoyo técnico

> Reputación

> Innovación

> Solidez financiera

> Fracción del mercado

> Línea de productos

> Investigaciones y desarrollo

> Garantías.

Independientemente de cuáles necesidades y valores exprese su prospecto, *la clave del tercer acto es preparar soluciones antes de presentarlas*. Es lo que se necesita para causar sin dilación un impacto significativo. Y aunque puede que tenga que dedicarle tiempo extra al principio, este le rendirá grandes dividendos una vez que usted se sienta más confiado en su interpretación del tercer acto.

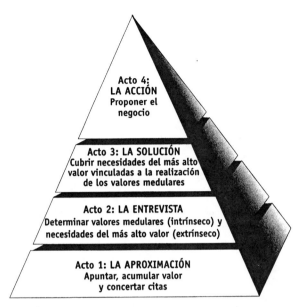

Acto 4:
LA ACCIÓN
Proponer el
negocio

Acto 3: LA SOLUCIÓN
Cubrir necesidades del más alto
valor vinculadas a la realización
de los valores medulares

Acto 2: LA ENTREVISTA
Determinar valores medulares (intrínseco) y
necesidades del más alto valor (extrínseco)

Acto 1: LA APROXIMACIÓN
Apuntar, acumular valor
y concertar citas

LA PIRÁMIDE DE LAS VENTAS DE ALTA CONFIABILIDAD

La parte que más entusiasma de cualquier presentación de ventas es escuchar una respuesta afirmativa de un prospecto luego de proponerle el trato. Una vez que usted ha logrado un impacto con su presentación, llegará un punto en el que, si lo ha hecho todo bien, debe proceder a proponer el negocio. Hasta ese punto de la interacción, el cuarto acto debe resultarle fácil. De hecho, habrá incluso ocasiones en las que no tendrá que presentar la propuesta, sino confirmar lo que el prospecto ya le ha manifestado.

Por ejemplo, digamos que usted es un contratista que vende servicios de remodelación de viviendas y que un potencial cliente –una pareja de mediana edad que desea remodelar su sótano– le pide que vaya y les ofrezca un precio por el trabajo. Como este matrimonio sólo le conoce a través de algunos antiguos vecinos y usted sabe muy poco de ellos, debe comenzar una entrevista informal de alta confianza mientras les acompaña a recorrer la casa. Si le dicen que el sótano será para su hijo, quien pronto se graduará en la universidad, usted sabrá que para ellos es muy importante la familia. Si luego le informan que el muchacho se graduará dentro de cuatro meses, comprenderá que en esta venta específica es también muy importante trabajar con gran eficiencia. Podría continuar su entrevista informal preguntándoles sobre sus planes a largo plazo con la casa, o incluso sobre sus planes de jubilación. Entonces, como es obvio, discutirían los detalles de lo que ellos desean hacer en el sótano, lo cual podría permitirle averiguar los intereses y pasatiempos de su hijo, o incluso sus planes de trabajo. Todo lo cual ayudaría no sólo a conocer más sobre la familia, sino que también le proporcionaría los medios para personalizar su servicio a la medida de los deseos y necesidades de los padres y el hijo. A lo largo de este proceso, usted no sólo habrá cultivado la confianza de los potenciales clientes, sino que habrá entrado en posesión de los recursos para hacer una presentación cautivadora, efectiva y con grandes probabilidades de ser bien recibida. Hasta es posible que no tenga que proponer el negocio.

Lo siguiente es un proceso simple en cuatro pasos para cautivar a buenos prospectos con el fin de convertirles activamente en asociados que confían en usted.

Paso 1: Saber cuándo hacer su propuesta. Sólo al final de una presentación de ventas, cuando usted haya completado detalladamente los actos 1 al 3 del SVAC, es que debe pensar en proponer su negocio. Son raros los casos en que un prospecto le lleva al cuarto acto mucho más rápido de lo normal, pero eso generalmente ocurre cuando ya existía en la relación determinado nivel de confianza. En los escenarios típicos, cuando usted ha conducido a un prospecto de la aproximación, a la entrevista, a la presentación y todas las luces se mantienen verdes, lo único que le queda por hacer es determinar el momento apropiado para su propuesta. Recuerde, puede confiar en que, si usted ha llegado tan lejos, la mayoría de las veces su prospecto estará listo para comprar. No obstante, he descubierto que el saber leer las señales que revelan la disposición a comprar de un potencial cliente ayuda a evitar una situación difícil. He aquí algunas de las que debe observar y escuchar:

A. Lenguaje corporal positivo.

   ➤ Se inclina hacia delante, sonríe, asiente con la cabeza, se vuelve más activo en la conversación.

B. Interés por el precio: el prospecto pregunta:

   ➤ «¿Cuánto cuesta?»

   ➤ «¿Cuál es el precio de este?»

   ➤ «¿Y sólo cuesta eso?»

C. Intereses de valor: el prospecto pregunta:

  ➤ «¿Haría usted eso por mí?»

  ➤ «¿Y puede hacer todo eso?»

  ➤ «¿Y viene con todo eso?»

D. Preguntas acerca de la entrega: el prospecto pregunta:

  ➤ «¿Cuán pronto podré tenerlo?»

  ➤ «¿Cuándo lo podrían entregar?»

  ➤ «¿Podría tenerlo para entonces?»

  ➤ «¿Podría hacerlo para entonces?»

E. Petición de referencias: el prospecto pregunta:

  ➤ «¿Quién más está usando esto que yo conozca?»

  ➤ «¿Tiene una lista de los clientes que sirve?»

F. Comentarios positivos

  ➤ «Se parece a lo que he estado buscando»

  ➤ «Me encanta cómo se siente»

  ➤ «Esto es de primera»

  ➤ «No puedo creer que al cabo de tantos años no tuviera uno así»

Hay muchas más señales que ayudarían a indicar cuándo un prospecto está listo para comprar, pero la clave para recibir una respuesta positiva es haber hecho antes el calentamiento.

En nuestro ejemplo, la reacción positiva de la pareja a las soluciones que usted presenta a sus necesidades específicas de remodelar su sótano, indicarían que están listos para seguir adelante, o podrían preguntar algo menos sutil como: «¿Cuándo podría empezar a trabajar?» De cualquier modo, las reacciones positivas de ellos a sus sugerencias de solución –aun antes de firmar un contrato– serían una luz verde, indicadora de que están positivamente dispuestos.

Al final, el cuarto acto deberá desarrollarse como una progresión natural de la relación, un resultado de lo que usted ha hecho hasta ese momento. Créame, cuando usted ha seguido cuidadosamente el SVAC y su público ha quedado fascinado, debe empezar a prepararse para proponer el negocio.

Paso 2: Saber cómo hacer su propuesta. Cuando esté listo para proponer el trato, deberá decir algo así: «Señor y señora Smith, basándonos en lo que les he propuesto [lo que han visto, como se sienten, su evidente interés], ¿les parece que tenemos razones para trabajar juntos?» Sí, esta es la única pregunta que usted necesita para cerrar si hasta ese punto lo ha hecho todo bien, si ha establecido un nivel apropiado de confianza. No necesita nada rebuscado, ni memorizar setenta y cinco técnicas diferentes de cierre. Una pregunta simple, directa que provocará una de dos respuestas posibles: sí o no. Si la respuesta del prospecto es «Sí», su relación de alta confianza está lista y funcionando. Pero no olvide que aun si recibiera en este punto una negativa, si usted está seguro de que son el tipo de clientes que desea, todavía puede darle vuelta a la situación. Discutiremos esto en unos instantes. Pero antes terminemos con los pasos que deben seguir cuando el prospecto accede al trato.

Paso 3: Saber lo próximo que debe decir. Es importante mantener el impulso de la relación acordando cuál será el próximo paso. Siempre aconsejo a mis estudiantes que eviten ceder esta parte al cliente potencial. Creo firmemente que uno debe mantener el control desde este momento hasta el final, manteniendo vivo el diálogo. Una de las formas más efectivas de hacerlo es volviendo a lanzar la propuesta de valor único que ofreció originalmente en su aproximación. Recuerde, si está decidido a dar, recibirá.

Con la pareja de nuestro ejemplo eso significaría reiterar los deseos originales que le manifestaron respecto a su sótano y a su hijo. Tocar de nuevo este punto les ayudará a recordar que usted pone por delante sus necesidades y valores.

Paso 4: Saber cuál será su próximo paso. Toda relación con un nuevo cliente debe contar con un plan activo de crecimiento, si desea que florezca desde el principio. Un planeamiento periódico de la asociación mantiene viva la energía en una relación de alta confianza y fomenta el deseo del cliente de continuar trabajando con usted. Profundizaré sobre esto en los capítulos finales, pero por ahora comprenda que es más efectivo concertar una serie de contactos desde el principio, para que usted pueda concentrarse y cultivar la relación desde temprano.

En nuestro ejemplo, eso implicaría sentarse con la pareja y determinar un calendario de remodelación con el que se sintieran cómodos y que fuera factible para usted, el contratista. A partir de entonces usted concertaría no sólo dos o tres reuniones para chequear el progreso de la obra, sino que también indicaría su deseo de continuar, después que el sótano esté terminado, una relación mutuamente beneficiosa en los años por venir con este matrimonio y sus amigos y familiares.

EL INTERMEDIO

A todos nos gusta una posición en la que no encontremos objeciones. Pero al margen de lo que usted haga, las personas siempre temerán al cambio y encontrarán alguna razón para objetar, aun si sólo lo hacen por puro hábito. Dicho esto, la razón fundamental por la que los vendedores encuentran objeciones es, sin embargo, que no han seguido efectivamente el proceso de ventas que usted ha ido aprendiendo en este libro. En otras palabras, las objeciones son principalmente una responsabilidad del vendedor.

> **Las objeciones son principalmente una responsabilidad del vendedor.**

Si en una presentación usted habla demasiado y expone demasiadas características, ello incrementará la sensibilidad de los prospectos al precio. Si se excede hablando sobre beneficios no relacionados, incrementará la sensibilidad del prospecto hacia la integridad. Si no presenta soluciones de manera pormenorizada, la preocupación del prospecto por su capacidad aumentará. Lo que estoy tratando de decir es que las objeciones son síntomas de un proceso de ventas deficiente, que a la larga sólo estimula la falta de confianza. Pero cuando usted domina el proceso de aproximación, entrevista, presentación y proposición del negocio, reducirá significativamente las objeciones, si no es que las elimina del todo.

Cuando uno comprende cómo atender y ofrecer solución a una necesidad surgida durante una entrevista de alta confianza, puede enfrentar igualmente de manera efectiva las objeciones cuando estas se presenten. Si se toma el tiempo para establecer la raíz de una objeción –mediante preguntas simples como las que hizo en su entrevista– podrá determinar si la traba está vinculada a una necesidad real que usted puede resolver. Una vez que gane experiencia en el manejo de objeciones, verá que la mayoría está directamente relacionada con necesidades del prospecto y que pueden ser resueltas preparando libretos sencillos (que ya puede tener redactados y ensayados). Así, no tardará mucho en que la mayor parte de sus tareas de manejo de objeciones se conviertan en una simple prevención de las mismas, un intermedio en su actuación como vendedor, aunque no su conclusión.

Habrá sin embargo ocasiones cuando un prospecto al que usted está apuntando no aceptará su oferta de solución, aunque usted se haya preparado y realizado de manera efectiva su presentación y su manejo de objeciones. Llegado ese momento, es importante recordar que si evaluó lo suficiente al prospecto como para ponerlo en su lista, no debe rendirse inmediatamente. Si bien es importante que no dedique una cantidad irracional de tiempo a fomentar relaciones con prospectos que no le han proporcionado negocios, es sin duda razonable mantener con ellos contactos regulares, con la esperanza de asegurar en cierto punto una alta confianza y, posteriormente, sus pedidos. Yo no sabía esto entonces, pero fue precisamente lo que hice cuando envié a mi prospecto una serie de mensajes de agregación de valor mes tras mes durante año y medio, antes de cerrar mi primera venta con ella. (Recordará que le conté esta historia en el capítulo 9.)

En lo referente a los contactos con buenos prospectos que aún no están listos para el negocio, le recomiendo tener presentes dos cosas. Primero, asegúrese de que el tiempo que piensa invertir en este cliente potencial no estaría mejor invertido profundizando las relaciones con sus clientes existentes de alta confianza. Una vez asegurado esto, comprométase a agregar valor a dicho prospecto mediante cartas, llamadas telefónicas, correos electrónicos, etcétera, una vez al mes durante un mínimo de dos años. Aunque algunos podrían comprometerse con usted en menos tiempo, muchos de los mejores prospectos en su campo tendrán una relación vigente con algún competidor; y vencer esto requiere más tiempo.

Suponga que dos vendedores, a quienes llamaremos Susan y Brian, trabajan en la misma compañía. Ambos realizan su prospección y sus ventas partiendo del mismo número de pistas preestablecidas cada semana y los dos disponen de los mismos recursos en términos de mercadeo y material de seguimiento. Sin embargo, Susan produce el triple de ventas que Brian y así se ha mantenido durante los últimos tres años. ¿Por qué? Pues por una razón fundamental.

Cuando Brian encuentra una objeción de un prospecto, la interpreta según sus intereses y permite que la relación continúe. A su modo de ver, su trabajo es encontrar a aquellos prospectos que satisfagan sus necesidades: que no encuentren nada objetable en él, en sus técnicas de ventas, ni en su producto. Y es por eso que Brian no consigue cerrar muchas ventas. Y si no, ¿por qué es que tan pocos prospectos acaban comprándole?

Susan, por su parte, maneja las cosas de otra manera. Cuando recibe una objeción de un cliente potencial, la ve como una oportunidad de mejorar, de personalizar mejor su oferta y satisfacer más pormenorizadamente las necesidades de aquel, asegurando su negocio. En realidad, muchos de sus clientes estables actuales –diez de ellos, para ser exactos– son antiguos prospectos de Brian, con objeciones que él no estuvo dispuesto a resolver. Y esos compradores no sólo le proveen a Susan negocios que la mantienen aventajando a sus colegas, sino que también representan casi la mitad de su clientela, una porción que le permite generar el triple de ventas e ingresos que Brian, mientras pasa en la oficina sólo la mitad del tiempo.

Recuerde que el objetivo de todo manejo de objeciones es fomentar un nivel más profundo de confianza y mantener a su público cautivado. En muchos casos, no le será difícil lograrlo si ha seguido cuidadosamente el sistema de ventas de alta confiabilidad. Al final, si el público continúa verdaderamente fascinado –sea inmediatamente después de su oferta de solución o luego de algún manejo efectivo de objeciones y seguimiento– deseará continuar con usted siempre. Y en el escalafón élite de las ventas de alta confiabilidad esto significa que su empresa habrá realizado el valor total de dichas relaciones, meta final de cualquier relación comercial.

Y esto nos conduce al tema del próximo capítulo: la ley de la incubación; la cual postula que las relaciones más lucrativas maduran con el tiempo.

APLICACIÓN AL LIDERAZGO EN VENTAS

Asegurar que su equipo de ventas comprenda y aplique la ley del gancho podría requerir de su parte cierta vulnerabilidad y humildad. Enseñar esta ley podría demandar de usted que desacredite algunos métodos inefectivos transmitidos a los niveles inferiores por mediación de la jerarquía de su empresa. Pero si su meta es llevar al más alto nivel su éxito y el de sus vendedores, debe estar dispuesto a ceder para ascender. Le exhorto a dar los pasos necesarios para implementar plenamente el sistema de ventas de alta confiabilidad como una parte del entrenamiento regular de su equipo, a fin de que llegue a convertirse en la pauta por la cual se guía su compañía para vender. Si bien el comienzo puede tomar algún tiempo y requerir esfuerzo adicional de su parte, créame cuando le digo que al final habrá valido la pena.

La ley de la incubación

Las relaciones más lucrativas
maduran con el tiempo.

R ecientemente mi compañía aseguró una de las relaciones más lucrativas de nuestra historia: un trato de siete cifras durante varios años. Pero a este ex prospecto le estuvimos agregando valor por más de tres años, estableciendo primero una alta confianza y luego fomentándola hasta que la relación maduró en una asociación a largo plazo. Y es ahí donde nos esperaban las verdaderas ganancias. Pero a decir verdad, aún no hemos terminado de agregarle valor. Mientras continuemos trabajando juntos, mi compañía procurará constantemente satisfacer las expectativas de nuestro asociado a medida que estas maduren, tal como él procurará satisfacer las nuestras, porque sabemos que esa es la única manera de realizar el valor total de la asociación.

Cuando una relación comercial comienza como empieza una pareja ideal, al crecer también aumenta su potencial de ganancias. Un amigo y cliente, Jeff Lake, ejemplifica bien este enfoque dirigido a sacar el máximo provecho a las relaciones con los clientes.

Según él mismo reconoce, durante años Jeff fue como una botella de ocho onzas que contuviera dieciséis onzas de líquido. Trabajaba setenta horas a la semana y pasaba el setenta y cinco por ciento de ese tiempo haciendo prospección e intentando construir nuevas relaciones y sólo un veinticinco por ciento fomentando las relaciones existentes con clientes que ya le reportaban ganancias. Y aunque había aprendido bien a mantener funcionando su maquinaria –haciendo lo suficiente para mantener contento a casi todo mundo– la calidad de su vida había declinado. Aquel año, él y su esposa dieron la bienvenida a este mundo a una niña, pero el creciente tiempo que pasaba él en la oficina estaba drenando el que debía dedicar su familia. Y no sólo eso, ni siquiera estaba cerca de realizar el valor total que cada uno de sus clientes existentes podía reportarle.

Intuitivamente, sabía que tendría que ceder en algo; pero en términos prácticos, no sabía qué hacer. Había intentado diferentes soluciones durante varios años, pero nada parecía funcionar. Aún trabajaba demasiadas horas y le perturbaba la falta de tiempo de calidad para hacer lo que realmente era importante para el, especialmente después del trabajo. Una idea le desvelaba: la de llegar un día a casa y encontrar a una niña que apenas conocería a su papá. Decidió que eso no iba a suceder.

En 1993, Jeff determinó hacer algunas investigaciones fuera de su industria para determinar cómo otros vendedores profesionales mantenían un alto nivel de éxito sin afectar su calidad de vida. En realidad le iba bien, produciendo alrededor de 60 millones de dólares anuales en ventas, pero estaba decidido a encontrar la forma de recuperar una alta calidad de vida manteniendo la misma productividad.

Como resultado de sus sondeos, alguna asesoría y unos cuantos seminarios, Jeff comprendió que necesitaba cambiar su enfoque en lo referente a sus relaciones con los clientes. Invertía demasiado tiempo tratando de establecer nuevos vínculos y muy poco fomentando los ya existentes a fin de realizar su máximo valor. Aunque sabía que le tomaría tiempo y posiblemente una merma en sus ganancias, Jeff se comprometió a hacer ese cambio. Parte del proceso consistía en reducir el número de compradores con los que trabajaba a fin de dedicarse por completo a servir a aquellos que consideraba la crema y nata de su clientela. Comenzó a reunirse con sus asociados y a explicarles este cambio de enfoque y una abrumadora mayoría de ellos aplaudió sus esfuerzos. También ellos sentían que una calidad de vida decente era más importante que cualquier otra cosa.

Desde 1993, Jeff ha mantenido su compromiso con esta estrategia de realizar el valor máximo de cada relación con un cliente. De hecho, ahora sólo dedica un veinticinco por ciento de su tiempo a procurar nuevos negocios; el setenta y cinco por ciento lo invierte en construir y cultivar las relaciones existentes para que maduren. Y aunque sus ganancias se redujeron ligeramente al principio, él y su equipo de cuatro empleados producen ahora 250 millones de dólares al año en ventas, para un incremento del 400 por ciento. Y lo más importante, sólo trabaja un promedio de cuarenta y cinco horas a la semana, mientras disfruta cada año de diez semanas de vacaciones con su familia.

Para comprender la ley de la incubación como la comprendió Jeff, usted debe reconocer esto: en la construcción de relaciones más lucrativas y duraderas no existen atajos. No me malinterprete. Seguir el SVAC asegurará sin duda la mayoría de las relaciones de alta confianza que usted desea y estas incrementarán drásticamente sus ganancias en los primeros años. Pero para maximizar sus ganancias con el paso del tiempo, debe antes entender cómo funcionan las relaciones.

Regresemos al ejemplo de los novios. ¿Cuántas historias ha escuchado sobre hombres que invierten bastante tiempo, energías y creatividad tratando de seducir a bellas mujeres para que salgan con ellos? Son historias bastante comunes, ¿cierto? (Como también lo son las citas comerciales.) Tal vez usted ha pasado por una experiencia similar. Pero si le preguntara al galán si cree que alcanzaría su objetivo en la primera cita, rápidamente lo negará. Lograr que ella diga «Sí» a una cita es sólo el primer paso –si bien uno importante– cuando la meta final es un matrimonio duradero. Más allá de esa primera cita, deben darse importantes pasos para cultivar el noviazgo, los cuales determinarán si los dos llegan a casarse (ley del cortejo). Es más, una vez que hayan atado el lazo, será sólo el comienzo de su vida en común. Más allá de los votos del matrimonio la pareja deberá enfrentar todo lo que se necesita para asegurar el éxito de una unión. Y al final, el hombre que conquista para toda la vida el corazón de una mujer –y viceversa– es aquel cuyos actos han cultivado consistentemente la confianza establecida en las primeras citas. Algo muy similar debe ocurrir si usted desea que sus relaciones comerciales realicen su potencial.

¡UNA LECCIÓN QUE DEBE APRENDER DE UNA VEZ!

Un noventa y cinco por ciento de los vendedores recorren el noventa y cinco por ciento del camino y sólo obtienen el cinco por ciento de lo que está disponible para ellos. Un cinco por ciento de los vendedores recorren el cien por ciento del camino y obtienen el noventa y cinco por ciento de lo que está disponible para ellos. A usted le toca decidir en qué grupo desea estar.

La ley de la incubación postula que las relaciones más lucrativas maduran con el tiempo. Para estar seguro de que usted comprende esto, antes de que sigamos avanzando, deseo que comprenda que no estamos hablando solamente de tener tenacidad y una actitud vencedora. Esas son sin duda cualidades admirables, pero no bastan para hacer que una relación perdure. Las relaciones fructíferas y duraderas no están compuestas por dos partes comprometidas con la perseverancia. (Si sólo se necesitara eso para que una relación durase, la tasa nacional de divorcios no andaría en Estados Unidos cerca del sesenta por ciento.) Las relaciones más productivas están compuestas por personas comprometidas a agregar valor de manera coherente, allí donde el valor es más necesario. La incubación es el proceso por el cual usted agrega congruentemente valor a un cliente durante todo el tiempo que ambas partes se mantienen haciendo negocios, sabiendo que con el tiempo esto asegurará que la relación alcance su plena madurez. Póngalo en estos términos: una muchacha no sigue de novia con un muchacho porque él la abrume con su persistencia. Lo hace debido al valor que él agrega a su vida y el que ella añade a la de él.

LAS RELACIONES QUE ALCANZAN LA MADUREZ

El vendedor que agrega valor después de lograr su venta demuestra claramente que la relación es más importante que el dinero y la persona más importante que las ganancias. La incubación no consiste en mantener viva una relación de negocios. Para eso está el sistema de ventas de alta confiabilidad. La incubación consiste en mantener fluyendo una relación comercial. Si bien agregar valor es crucial para el proceso de ventas, seguir la ley de la incubación estriba en utilizar la transferencia de valor a largo plazo como herramienta de retención de su cliente principal.

> **El vendedor que agrega valor después de lograr su venta demuestra claramente que la relación es más importante que el dinero y la persona más relevante que las ganancias.**

Los vendedores son notorios por lograr una venta y no hacer más nada después por mantener la relación. La mayoría no dan a sus clientes ocasionales una razón para continuar el vínculo con ellos y por eso siempre están atascados en la modalidad de adquisición, donde el estrés abunda y las probabilidades nunca son seguras. Lo cierto es que la mayoría de los vendedores pueden lograr una venta si la anhelan bastante. Esto no quiere decir que la estén consiguiendo en la forma apropiada, sino que si hacen suficientes llamadas, tocan suficientes puertas y ruegan lo suficiente, algún alma caritativa acabará compadeciéndose de ellos y encargándoles negocios. No por gusto hay tantos vendedores que odian sus trabajos.

No le cuento esto para deprimirle, sino para mostrarle que muchas veces la diferencia principal entre el vendedor mediocre y el profesional de ventas de alta confiabilidad estriba en la manera en que tratan a sus clientes después de una transacción. El mediocre busca de inmediato a la próxima víctima, dejando que la relación con su último cliente se marchite y al final muera. Por su parte, los vendedores de alta confiabilidad saben que las relaciones más lucrativas son resultado de una inversión de tiempo y por tanto emprenden los pasos necesarios para retener a sus mejores compradores tanto como sea posible: mientras más larga la relación, más lucrativa puede ser. Y usted debe hacer lo mismo si aspira a realizar su potencial.

Para triunfar en ventas de alta confiabilidad usted debe mantener siempre un equilibrio entre los prospectos que espera convertir en clientes primerizos y los clientes primerizos que espera convertir en clientes de por vida. Y aunque el porcentaje de tiempo que usted dedica a asegurar nuevos clientes probablemente decrecerá en la medida en que maduren sus relaciones con clientes ya existentes, la ley de la incubación asegura que todos aquellos con quienes usted hace negocios se conviertan en clientes de por vida.

El impacto a largo plazo más obvio de la estrategia de incubación es el margen de ganancias que deja un cliente: obtener de aquellos con quienes hace negocios la mayor cantidad posible de ellos. El menos obvio –pero igualmente significativo– tiene que ver con las referencias que haga un cliente regular. Un nexo fundado en la mutua confianza y que se cultive con el paso del tiempo mediante una estrategia consistente de agregación de valor es el tipo de relación más lucrativo que puede lograr un vendedor profesional. Y además, ¿Por qué desearía usted invertir en una relación y no cosechar todos los beneficios? Una vez que ha realizado el calentamiento inicial para determinar que el vínculo vale la pena, parece lógico llevarlo hasta su plena madurez. No hacerlo es el equivalente de andar detrás de una persona, salir con ella y cortejarla sólo para terminar la relación el día antes de la boda. Y nadie desea las consecuencias de eso.

ASEGURE UNA FRACCIÓN JUSTA

A menudo los vendedores miden su éxito basándose en las cifras de la fracción del mercado que poseen sus compañías. Y aunque pienso que esa porción del mercado es un importante indicador del éxito de una empresa, su «fracción del cliente» es la verdadera medida del éxito de un vendedor en sus relaciones.

La manera más fácil de comprender el concepto de la fracción del cliente es pensar en esta como un concepto vertical y en la fracción del mercado como un concepto horizontal.

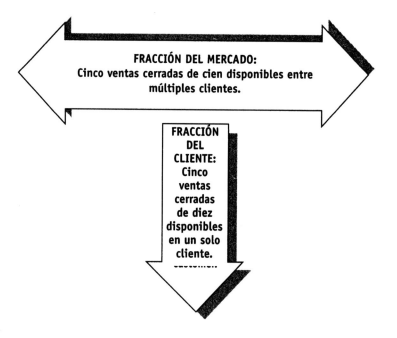

FRACCIÓN DEL MERCADO:
Cinco ventas cerradas de cien disponibles entre múltiples clientes.

FRACCIÓN DEL CLIENTE: Cinco ventas cerradas de diez disponibles en un solo cliente.

Digamos que en el curso de un mes, se producen en su territorio cien ventas que están disponibles para usted y para sus competidores. Si usted cerró cinco de esas ventas disponibles terminará ese mes con una fracción del mercado del cinco por ciento. En términos generales, para maximizar su fracción del mercado debe vender tanto como

LA LEY DE LA INCUBACIÓN

pueda de su producto a tantos clientes como sean posibles. En esencia, debe extenderse tanto como pueda: a mayor número de clientes, mayor será su cantidad de ventas. Y después que todo haya sido dicho y hecho, si termina con una fracción promedio del mercado de siete por ciento por mes, probablemente le habrá ido bastante bien en la mayoría de los mercados de ventas. Pero el problema es que eso casi siempre implica pasar mucho menos tiempo con muchas más personas. En efecto, para incrementar su fracción del mercado usted debe «untarse» sobre una superficie mayor pero con una capa más fina, lo cual resulta en relaciones menos profundas y explotables y en una base de negocios muy inestable.

En contraste, si estuviera esforzándose por incrementar su fracción del cliente, se enfocaría en fomentar relaciones más profundas con menos personas, «untándose», por así decirlo, en una capa más espesa. Para usar el ejemplo anterior: si en los mismos treinta días usted se concentrara en un solo cliente que le ofreciera el potencial de diez ventas (directamente por mediación suya o indirectamente por medio de sus referencias) y lograra asegurar la mitad de ellas, terminaría con una fracción del cliente de cincuenta por ciento. Y en ello radica la belleza de esta estrategia: aunque usted termina con la misma cantidad neta de ventas (cinco) hay mucho más espacio para mejorar, porque trabajar con un solo cliente demanda mucho menos tiempo y esfuerzo. De hecho, su fracción promedio del cliente podría incluso reducirse mientras sus ingresos aumentan. Le explico cómo.

Digamos que al mes siguiente se las arregló para terminar con una fracción del cliente de sesenta por ciento con su comprador original, pero sólo logró un cuarenta por ciento con otro que captó, al cerrar sólo tres de las diez ventas potenciales que este ofrecía. Si por una parte su fracción promedio del cliente se redujo ese mes a cuarenta y cinco por ciento, de todos modos consiguió cerrar nueve ventas, casi duplicando su producción respecto al mes anterior. No sé a usted, pero a mí invertir menos tiempo en menos clientes para hacer más dinero me parece mucho mejor que zapatear las calles o llamar por teléfono interminablemente procurando tratar con más y más prospectos que no saben ni quien soy. Supongo que a usted también.

Concentrarse en la fracción del cliente consiste en incrementar el potencial de cada relación comercial sin incrementar el tiempo que dedica a trabajar. Esencialmente, la diferencia entre una mentalidad de fracción del mercado y una estrategia de fracción del cliente es como la que existe entre disparar con una escopeta de cartuchos o con un arco y flechas. La primera tiende a tener muy poca precisión; el segundo es eficiente y muy preciso. Lo cierto es que si usted procura poner en práctica regularmente la ley de la incubación, fomentando las relaciones que estableció por medio del SVAC, descubrirá que no tiene por qué estresarse vendiendo y que la profesión puede ser cada día muy gratificante, porque todo se reduce en definitiva a iniciar y preservar relaciones leales.

MENOR COSTO, MAYOR POTENCIAL

Para aplicar la ley de la incubación, usted debe esforzarse por incrementar su fracción del cliente en lugar de su fracción del mercado: todo se reduce a costos de adquisición versus costos de retención.

En líneas generales, la fracción del mercado se incrementa por adquisición. Mientras más clientes adquiera en su territorio, mayor será su fracción del mercado. Mientras tanto, la fracción del cliente se incrementa principalmente por retención. Mientras mayor sea su retención de clientes, mayores serán sus cifras de ventas a cada uno de ellos y de ahí que sea mayor su fracción del cliente. Considere ahora los costos de adquisición comparados con los de retención. ¿Cuál de las dos diría usted que cuesta más en términos de esfuerzo, tiempo y dinero, asegurar una nueva venta a un cliente nuevo, o asegurar la repetición de una venta a un cliente existente? Obviamente, conseguir ventas repetidas cuesta mucho menos, porque los costos de adquisición ya no cuentan. Por otra parte, conseguir continuamente nuevas ventas de clientes primerizos significa incurrir continuamente en más costos de adquisición, lo cual según investigaciones, son de cinco a siete veces mayores que los costos de retención. Póngalo en estos términos: cuando usted se concentra en incrementar la fracción del cliente (retención), los costos siempre se reducirán mientras más tiempo permanezca ese cliente con usted. Y si continúa aplicando esta estrategia, llegará finalmente a un punto en el cual sus costos de adquisición serán mínimos, porque la mayoría de sus negocios provienen de compradores a los que ha retenido creando con ellos relaciones de alta confianza.

COSECHE LOS FRUTOS

¿Relaciones profundas o poco profundas? Es su decisión. Si se decide por las primeras, estará arando y sembrando constantemente para mantener a flote su carrera de vendedor. Esto demandará como requisito absoluto una constante infusión de nuevos prospectos para que usted sobreviva en la profesión. Y es un trabajo duro. Pero si profundiza sus mejores relaciones, plantando en cada cliente la confianza y luego cultivándola, no tendrá que dedicarse a sembrar muy a menudo. En lugar de ello, como en una cosecha que requiere pocos cuidados, dedicará su tiempo a cosechar los frutos de su trabajo por medio de negocios repetidos y un número mayor de referencias.

A lo largo de los años, planeando los cursos de miles de estudiantes de ventas, he encontrado que una cosa que actúa como un significativo catalizador para comprometerse a seguir la ley de la incubación es determinar el valor monetario vitalicio de los clientes. Comprender el valor a largo plazo que puede agregar un cliente a su negocio suele impactar fuertemente a un vendedor, pues puede visualizar de manera tangible la enorme recompensa que le aguarda si la relación madura.

Los siguientes ejemplos del valor a largo plazo que un comprador puede reportar a una empresa de ventas (incluyendo la mía), confirman la importancia de aplicar la ley de la incubación.

Modelo de valor del cliente del grupo Duncan
(Productos)

A. Valor de la transacción promedio	$ 250
B. Número de ventas por año	2
C. Ingresos anuales (A x B)	$ 500
D. Ciclo de vida del cliente	5 años
E. Valor del ciclo del cliente	$ 2.500

Valor indirecto/ informal

F. Cliente de alta confianza refiere a otros diez (E x 10)	$ 25.000
G. Ingresos por referencias al 25 por ciento	$ 6.250
Valor vitalicio de un cliente (G + E)	$ 8.750

El proveedor de computadoras para la oficina

A. Valor de la transacción promedio	$ 3.500
B. Número de ventas por año	5
C. Ingresos anuales (A x B)	$ 17.500
D. Ciclo de vida del cliente	5 años
E. Valor del ciclo del cliente	$ 87.500

Valor indirecto/ informal

F. Cliente de alta confianza refiere a otros diez (E x 10)	$ 875.000
G. Ingresos por referencias al 25 por ciento	$ 218.750
Valor vitalicio de un cliente (G + E)	$ 306.250

Concesionaria de Mercedes Benz

A. Valor de la transacción promedio	$ 70.000
B. Número de ventas cada tres años por comprador	1/3
C. Ingresos anuales (A x B)	$ 23.300
D. Ciclo de vida del cliente	20 años
E. Valor del ciclo del cliente	$ 466.000

Valor indirecto/ informal

F. Cliente de alta confianza refiere a otros diez (E x 10)	$ 4.660.000
G. Ingresos por referencias al 25 por ciento	$ 1.165.000
Valor vitalicio de un cliente (G + E)	$ 1.631.000

Como puede ver una vez que conoce el valor que representa para usted y para su compañía una relación de alta confianza, deseará retenerla tanto tiempo como pueda. Cuando usted revisa los anteriores modelos de valor vitalicio, es fácil ver que existe un valor sustancial en la retención a largo plazo de un cliente. Incrementa la rentabilidad, fomenta la lealtad, amplía las referencias y asegura el flujo de efectivo. Resumiendo, es el primer paso para asegurar la mayoría de las relaciones comerciales. Y en líneas generales, en lo que se refiere a retener a los mejores clientes, debe recordar una simple verdad:

usted debe hacer más para retener a un cliente que lo que hizo para conseguirlo. Esto no significa que constantemente deba estar conquistando su confianza. Sólo quiere decir que las relaciones de alta confianza deben ser continuamente alimentadas si desea obtener la mejor cosecha. Como en cualquier relación, una vez que la confianza se ha establecido, madura con el tiempo gracias a la consistencia y la integridad.

> **Usted debe hacer más para retener a un cliente que lo que hizo para conseguirlo.**

En pocas palabras, para retener mejor a los clientes de alta confianza que usted ha adquirido, deberá con el tiempo trasladar la relación de un nivel profesional a un nivel de asociación. No le estoy aconsejando que sacrifique su nivel de profesionalismo y asuma una mentalidad de «amigotes sentados en el sofá comiendo papas fritas». Lo que digo es que para que maduren sus relaciones de alta confianza debe llevarlas más allá de las fronteras de la afiliación vendedor-comprador, a un nivel de asociación gobernado por el toma y daca.

Es sencillo: si usted desea maximizar las relaciones que ha formado, tampoco puede ser el único que dé. Aunque siempre continuará agregando valor a sus clientes más íntimos, sus relaciones no alcanzarán su potencial hasta que ellos también le retribuyan en la forma de negocios repetidos y referidos. Esta es la culminación de aplicar la ley de la incubación. Sin embargo, como seguramente conoce por sus relaciones extralaborales, este toma y daca nunca sucede accidentalmente. La motivación del cliente para entregarle más negocios y mantenerse en contacto con usted es mayormente una función de su iniciativa y liderazgo. En otras palabras, debe pensar estratégicamente tanto acerca de la formación de asociaciones productivas como de su fomento.

Esencialmente, formar una asociación estratégica consiste en procurar con toda intención términos agradables para una relación mutuamente beneficiosa. Y es eso lo que usted debe hacer con cada uno de sus nuevos clientes de alta confianza si desea alcanzar su potencial. Dos de los míos, Tim Braheem y Terry Moerler, entienden esto muy bien.

Tim tenía referencias de Terry antes de que los dos se asociaran. Terry tenía una reputación excelente como una de las mejores vendedoras profesionales en su industria. Y como comprendió primero

Tim, existía un potencial tremendo para que ambos incrementaran radicalmente sus ganancias si integraban una relación estratégica. Sólo había un problema: Terry había mantenido durante siete años una relación con otro vendedor en la industria de Tim, y era muy leal a ese individuo, algo que Tim respetaba mucho. Ella le refería negocios a esta persona y también los recibía de ella. Parecía funcionar bien; no obstante, Tim esperó la oportunidad adecuada para conocer a Terry. Sabía que cualquier relación comercial a largo plazo con ella tendría que comenzar con una amistad fundada en la confianza. Y la oportunidad de conocerla no se hizo esperar.

En aquella primera reunión, Tim se limitó a tratar de conocer a Terry, algo que causó en ella una impresión duradera. La reunión, que se suponía durara menos de una hora, se prolongó por casi dos y se enfocó por completo en intercambiar ideas y cimentar una amistad, no en procurar negocios de cada cual. Eso vendría más tarde. Durante varios meses, continuaron reuniéndose de manera regular para compartir e intercambiar ideas que podrían aplicar en sus respectivas industrias a sus relaciones existentes. Durante este período Tim se mantuvo cultivando la relación para que madurara, lo cual sabía tomaría algún tiempo. Luego, al cabo de varios meses de reuniones, un día ocurrió. Terry se estaba sintiendo muy insatisfecha con el socio que había estado utilizando en la industria de Tim, y le planteó a este la idea de formar con él una nueva sociedad estratégica. Por supuesto, ya Tim estaba preparado, así que le explicó sus ideas sobre el tema. Y aquel día Tim y Terry llevaron sus relaciones de confianza al siguiente nivel.

Actualmente, el vínculo entre ambos está todavía madurando. Continúan reuniéndose una vez al mes durante un par de horas para asegurar que están haciendo todo lo que pueden para cubrir las necesidades del otro y maximizar el valor de la relación. Y aunque esta no ha realizado aún todo su potencial, ciertamente ha producido en los últimos años mucho fruto. El año pasado Terry le refirió a Tim más de 18 millones de dólares en ventas. Y este año, sólo las referencias de Tim le reportarán a Terry más de 100.000 dólares en ingresos. Esta es la clase de relación valiosa que resulta de aplicar la ley de la incubación.

Para que sus clientes se conviertan en asociados y lo sigan siendo toda la vida, usted debe participarles su interés en su propio éxito, como han hecho Tim y Terry. En realidad, existen cuatro pasos que usted debe emprender a fin de agregar valor en forma consistente a sus clientes y maximizar el potencial de sus relaciones. Mientras considera cada uno de ellos, entienda que una vez que el sistema está vigente, debe sostenerlo mediante su carrera de vendedor.

Paso de incubación 1: Desarrollar una clasificación de sus clientes en tres niveles. Tim y Terry encabezaban respectivamente la lista de clientes de cada uno. Terry le refería a Tim tanto o más que cualquiera de sus demás asociados y él hacía lo mismo por ella. ¿Cuáles son sus más valiosos compradores? ¿Cuáles producen el porcentaje más alto de ventas? ¿Cuáles tienen más probabilidades de referirle más negocios? ¿Qué clientes tienen el mayor potencial para usted y su firma? Cuando responda a estas preguntas podrá establecer un sistema de clasificación. (Recuerde que según la ley del reloj de arena probablemente una pequeña parte de sus clientes produce los mayores ingresos a su negocio.)

He aquí un ejemplo:

Clasificación de clientes	# de clientes	porcentaje de ventas
Nivel uno: Muy importantes	5	60
Nivel dos: Premier	60	25
Nivel tres: Estándar	35	15

Paso de incubación 2: Comprométase a una inversión específica para cada prospecto o cliente. Por ejemplo, si yo supiera que un cliente leal de nuestra compañía representa 500 dólares al año, entonces debería responder a la pregunta: «¿Cuánto queremos invertir regularmente en este asociado para asegurar una firme lealtad?» Generalmente les digo a mis estudiantes que deben establecer tres niveles de inversión. Por ejemplo, en los clientes del nivel uno (aquellos con quienes usted ha establecido una relación de alta confianza y que pueden ser los más lucrativos), invierta el quince por ciento de su valor. En los del nivel dos (aquellos con los cuales hace poco comenzó a hacer negocios), invierta el diez por ciento de su valor. Y en los clientes del nivel tres (aquellos con quienes intenta hacer negocios en algún momento), invierta un cinco por ciento. En definitiva será usted quien decida la cantidad que quiere invertir en los clientes para retenerlos, pero no hay nada de mágico en ello. Como en cualquier inversión, usted espera poder medir sus retornos. Sencillamente invierta más donde exista mayor confianza y potencial de negocios. Esa es la razón de que Tim y Terry continúen invirtiendo el uno en el otro. Se debe invertir menos allí donde el valor y la confianza de los clientes están aún por establecerse. Fíjese que este paso también se aplica a su inversión de tiempo.

Paso de incubación 3: Para cada nivel, determine un plan de contacto anual. Esto significa para Tim y Terry reunirse formalmente por lo menos doce veces al año. Como ellos, usted debe poseer un plan anual de control de contactos con cada uno de sus compradores. Al final de este capítulo, le mostraré cómo usar el control de contactos para dominar el procedimiento de seguimiento con cada asociado. Aquí sin embargo, sólo necesita comprender que debe planear más contactos con los mejores clientes que con los marginales. Aquí va una muestra de la frecuencia de contactos en el curso de un año para grupos de los tres niveles.

PLAN DE CONTACTO CON LOS CLIENTES

Nivel uno: Los clientes muy importantes reciben trece contactos anuales.

Nivel dos: Los clientes del grupo premier reciben nueve contactos anuales.

Nivel tres: Los clientes del grupo estándar reciben cinco contactos anuales.

Estos puntos de contacto no incluyen necesariamente llamadas o reuniones que haya que hacer para discutir o generar ventas. Son estrictamente para crear lealtad y fomentar la confianza.

El objetivo del paso tres es estructurar relaciones con clientes importantes, cultivarlas con los del grupo premier, y mantenerlas con los clientes y prospectos regulares que ofrecen potencial futuro.

Paso de incubación 4: La mayor ventaja que usted posee sobre sus competidores es conocer mejor a sus clientes que ellos. Aunque no tiene que repetir constantemente el proceso de entrevista de alta confianza (que vimos en la ley del cortejo), usted debe hacerse el hábito de entrevistar continuamente a sus asociados mediante sesiones semanales o mensuales de planeamiento de la asociación, en las cuales podrá establecer las necesidades presentes e indagar para descubrir otras nuevas; y también mediante revisiones anuales de su clientela en las cuales podrá chequear su progreso en el último año y determinar si existen formas de mejorar la productividad de la relación. Además de sus reuniones formales cada mes, Tim y Terry hablan por teléfono varias veces a la semana a fin de intercambiar negocios y asegurar un servicio de máxima calidad a los clientes de cada uno.

> Como en cualquier relación, mientras mejor sintonía exista
> entre usted y las necesidades de su asociado,
> más fácilmente podrá satisfacerlas.

No existen fórmulas perfectas para emplear una rutina regular de descubrimiento de necesidades de su clientela. El objetivo es simple: como en cualquier relación, mientras mejor sintonía exista entre usted y las necesidades de su asociado, más fácilmente podrá satisfacerlas.

Este tipo de estrategia de asociación hace avanzar continuamente sus relaciones y asegura que un primer pedido no sea el único de un cliente. Le ayuda a permanecer en contacto con ellos a fin de evitar cualquier deficiencia en la satisfacción de sus necesidades. También le ayuda a saber que debe esperar de ellos en términos de negocios repetidos o referidos. Como recordará, en el capítulo 10 (la ley de la balanza) le conté acerca de un cliente llamado Tim Broadhurst, cuyos ingresos anuales valorados en 80 millones de dólares provienen de los negocios repetidos y referidos por sólo doce clientes. (¡Por no hablar de que esto le permite a él y a su familia darse el lujo de vacacionar tres meses al año!) Sus resultados son una función de su aguda capacidad para cultivar continuamente sus principales relaciones de alta confianza, agregar valor a sus asociados y maximizar así el potencial que ellos aportan a su negocio. Y lo mismo podría ocurrir con usted si aplica cuidadosamente a su empresa la ley de la incubación.

Si les da seguimiento, seguirán con usted

No hay disciplina más importante en el proceso de ventas de alta confiabilidad que la agregación de valor. Una dosis de valor regular reduce la probabilidad de que sus compradores sean atraídos por sus competidores, e incrementa por tanto la estabilidad de su propio negocio. De hecho, cuando usted agrega de manera congruente un valor significativo a sus clientes a través del tiempo, ellos llegarán a un punto en el cual no podrán imaginarse haciendo negocios o refiriendo personas a nadie más. Es entonces cuando usted sabe que ha asegurado a un lucrativo y productivo cliente vitalicio.

Lo cierto es que, desde el principio hasta el final, el proceso de ventas de alta confiabilidad consiste en agregar valor para llevar la relación al siguiente nivel y luego el próximo y así sucesivamente. Fíjese cómo funciona:

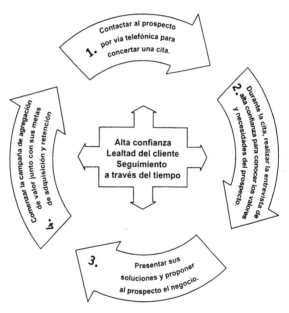

La aplicación fundamental de la ley de la incubación es dar seguimiento a todo prospecto y cliente que usted quiera retener para siempre, de manera que ellos continúen siempre enviándole negocios repetidos y referencias. Este ciclo comienza cuando usted pone en práctica el sistema de ventas de alta confiabilidad, y lo mantiene por todo el tiempo que se dedique a ser vendedor profesional, tanto si se encuentra adquiriendo clientes de alta confianza como si los está reteniendo. A la larga, un seguimiento coherente y capaz de agregar valor a sus prospectos y clientes le distinguirá de la mayoría de los vendedores.

PARA CREAR LEALTAD EN SU CLIENTELA

Ya usted debe saber que la clave del éxito en el campo de las ventas es construir relaciones leales y lucrativas, descubriendo y satisfaciendo coherentemente las necesidades de su clientela. Y mientras mejor les conozca a ellos mejor podrá satisfacer sus demandas y crear más lealtad. Pero quiero dejar claro algo: lo único que garantiza la lealtad de un cliente es una alta confianza cultivada mediante un seguimiento consecuente que agregue suficiente valor.

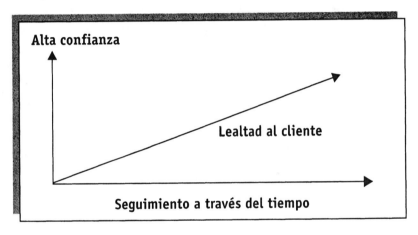

Como puede ver, la lealtad de un cliente es una función tanto de la alta confianza como del seguimiento sostenido. La alta confianza en sí misma incrementará las probabilidades de lealtad de su clientela en su empresa, pero sin acciones que la respalden, su potencial nunca podrá ser explotado. Esto es lo que sucede tan a menudo cuando los vendedores hacen un buen trabajo estableciendo confianza para la primera venta, pero les resulta difícil asegurar una segunda con el mismo cliente porque entre una y otra no han hecho nada para validar su confianza. No se puede tener lealtad sin alta confianza; y los clientes confiados no permanecerán leales a menos que usted tenga sistemas de seguimiento. Si va a invertir su tiempo buscando prospectos para convertirlo en clientes de alta confianza, estoy seguro de que desea retenerlos y esto se logra mediante la disciplina cotidiana del control de contactos.

> No se puede tener lealtad sin alta confianza; y los clientes
> confiados no permanecerán leales a menos que usted
> tenga sistemas de seguimiento.

PARA MANTENERSE EN ESTRECHO CONTACTO

La verdad monda y lironda es que usted no puede agregar valor eficientemente hoy en día sin mantener un banco de información precisa sobre sus clientes. Se necesita conseguir esta información, utilizarla respetuosamente y mantenerla actualizada, a fin de mantener un contacto lo bastante íntimo con sus clientes de alta confianza y añadir valor en forma consistente a sus vidas.

En el esquema general de las ventas de alta confiabilidad, el papel de un sistema de control de contactos es registrar efectivamente y utilizar eficientemente la información sobre los compradores con el propósito de incrementar y asegurar su lealtad: informaciones tales como el nombre de la persona que originalmente le refirió a usted; los valores medulares del cliente; sus necesidades más importantes; su estrategia de compra; sus expectativas respecto a la relación; su fecha de cumpleaños y las de sus familiares inmediatos; la del aniversario de bodas si es casado; y otras informaciones pertinentes que considere útiles para satisfacer las necesidades de su clientela y mantener una relación fructífera. Considere estos datos como un valor económico a largo plazo que debe manejar bien a corto plazo. Mientras más conozca sobre su clientela –lo que necesitan y desean y cómo satisfacer más eficientemente esos deseos– más valiosos serán esos datos y más fácil para usted maximizar el potencial de ganancias de cada relación.

Al final, sin embargo no es la sofisticación de su sistema de control de contactos lo que determinará si usted ha construido una empresa de ventas de alta confiabilidad, sino lo que usted haga con la información que ha recopilado; si agrega o no valor de manera regular, consecuente y relevante a sus mejores clientes. Recuerde que la agregación de valor es la única forma de asegurar lealtad y confianza a largo plazo. Mientras más haga usted, más negocios obtendrá.

Por eso es que, a la larga, todo tiene que ver con el servicio.

APLICACIÓN AL LIDERAZGO EN VENTAS

Como líder, ¿ha transmitido usted a sus vendedores la idea de que pueden conseguir un éxito duradero de la noche a la mañana? Si lo ha hecho, sería hora de tragarse sus propias palabras. Aunque los resultados de las ventas de alta confiabilidad pueden conducir a nuevos niveles de éxito en cuestión de meses, alcanzar un nivel de rendimiento máximo no es algo que ocurra como resultado de una buena semana de ventas. Las ventas de alta confiabilidad son un estilo de vida profesional que comienza en el corazón de sus vendedores y continúa cuando ellos aprenden a encontrar, adquirir y retener a los mejores clientes para su empresa. Y esto no sucederá a menos que usted los dote con las ideas, el tiempo y las herramientas para lograrlo.

Hasta este punto del libro, usted ha recibido las herramientas que le permitirán crear un sistema de ventas sólido como una roca para cada vendedor de su equipo. Ahora su tarea es continuar apoyándoles y apegarse a lo que les ha enseñado hasta ahora, de manera que su éxito como vendedores no sea sólo inminente, sino también permanente.

CATORCE | La ley de la repetición

*Mientras mejor es la actuación,
más fuerte es el aplauso.*

R ecientemente llevé a Sheryl, mi esposa, a ver un concierto de uno de mis grupos musicales favoritos de todos los tiempos, Crosby, Stills, Nash y Young. Fue un espectáculo increíble y el pedido de que lo repitieran, provocado por una prolongada ovación del público puesto de pie, fue otro espectáculo en sí mismo. En realidad, yo estaba tan entusiasmado que manejé 120 millas (casi 200 Km) para recoger a mi hermano y ver tocar de nuevo a la banda tres noches después. El concierto fue tan bueno como el primero. Y como si dos en cuatro días no fueran suficientes –y no lo eran– tres semanas más tarde me fui en avión a una ciudad situada a tres estados y dos horas de vuelo más allá para ver, en compañía de tres amigos, la última presentación de la gira.

Como resultado de la calidad del primer espectáculo, yo regresaba en busca de más... y más. Y lo mismo se cumpliría con sus clientes si usted se compromete a seguir las leyes de las ventas de alta confiabilidad.

El hecho es que detrás de toda gran actuación hay una persona apasionada, motivada y comprometida, trátese de una banda de rock o de un agente de bienes raíces. Y detrás de toda mala actuación hay una persona aburrida, autocomplaciente e indiferente. En el negocio de las ventas, usted escoge cuál de las dos quiere ser.

Convertirse en un vendedor altamente confiable con un negocio altamente exitoso no es responsabilidad de nadie más que de usted. Podría tener un jefe tiránico, trabajar para una compañía pobremente dirigida, no encontrar un liderazgo que le guíe, sentarse en un cubículo de metro y medio por metro y medio con papeles volando sobre su cabeza todo el día, o tener sólo un teléfono y una mesa con su nombre. Pero usted puede elevarse sobre todo eso. Lo han hecho antes –incluso muchos de nuestros estudiantes– y lo harán de nuevo, cada mes, vendedores que simplemente deciden que están hartos de tantas horas de trabajo, de tanto estrés y éxito mediocre en su profesión. Se hará otra vez cuando usted comience a dar los pasos necesarios para elevar sus esfuerzos de venta al nivel de la alta confiabilidad. Y si bien se demanda mucho de usted en los primeros meses, para reconstruir su empresa sobre una base de confianza, no quiero que se sienta abrumado por la riqueza de información que contiene este libro. Aunque para que alcance su potencial de ventas es esencial que usted implemente los principios y prácticas que hemos discutido, no deseo que termine este libro sin recordar, por lo menos dos verdades simples: en primer lugar, toda venta ocurre como resultado de una confianza: mientras mayor sea la confianza, mayor será la venta. Y en segundo, al final un alto nivel de confianza es el resultado de una sola cosa: un servicio coherente y genuino.

> **En primer lugar, toda venta ocurre como resultado de una confianza: mientras mayor sea la confianza, mayor será la venta. Y en segundo, al final un alto nivel de confianza es el resultado de una sola cosa: un servicio congruente y genuino.**

NUESTRO NEGOCIO ES LA GENTE

Como he dicho antes los vendedores profesionales de alta confiabilidad tienen un propósito diferente al de sus similares. Hay algo más grande que la venta motivándoles a realizar su mejor esfuerzo y es por eso que todos los públicos que presencian su actuación se sienten compelidos a aplaudir. Ellos están en el negocio de las ventas por algo más que las comisiones que ganan o los elogios que reciben. Para los vendedores profesionales de alta confiabilidad todo tiene que ver con la gente. En más de 2,500 llamadas de terreno y más de 350 entrevistas con vendedores de alto rendimiento, he notado que lo único que los separa de otros vendedores es un ardiente deseo de crear una experiencia increíble de servicio para cada cliente. La ley de la repetición postula que mientras mejor sea su actuación, más aplaudirán los clientes. Y si bien su actuación puede mejorarse en muchas formas, la clave de una gran interpretación es nada más y nada menos que un gran servicio.

Contrastes en el servicio

Como podrá imaginar estudio el servicio dondequiera que voy. He visto «el bueno, el malo y el pésimo». He visto a vendedores profesionales que se preocupan por sus clientes y les agregan valor de manera genuina. Y he visto a otros a quienes no podría importarles menos. Y cuando usted está en el otro extremo de la transacción, la diferencia se hace bastante evidente.

Experiencia de servicios # 1. Se llamaba Mona. Era domingo y Sheryl y yo íbamos a viajar al Caribe a la mañana siguiente para presentar nuestro programa de «Maestría en Ventas» en el hotel Four Seasons de la isla de Nevis. Pero antes de partir yo tenía que comprarme unos pantalones nuevos. Después de la iglesia nos fuimos a Nordstrom e hicimos arreglos para ver a Mona.

Cuando llegamos, ella se presentó e inmediatamente preguntó qué necesitábamos. Se lo dije y los tres nos trasladamos al área del departamento de caballeros. Guiados por Mona, encontramos dos pares de pantalones de buena calidad y me los probé. Me quedaron muy bien, excepto que los bajos no estaban terminados, como suele ser el caso con alguien de mi estatura (mido más de 1,80 metros); eran las 11:30 A. M. y salíamos para Nevis al día siguiente a las 6:00 A. M. Preocupado, pregunté:

—¿Para cuándo los podría tener listos?

Ella respondió:

—¿Para cuándo los necesita?

Entonces le confesé que partíamos muy temprano a la mañana siguiente y que probablemente los necesitaría ese mismo día. Ella hizo una rápida llamada telefónica al sastre y me aseguró que no habría ningún problema.

—Estarán listos para las 5:00 P.M. —me confirmó. Entonces, sin perder un solo compás repuso:

—Todd, usted tal vez va a estar muy ocupado haciendo las maletas para su viaje, así que en lugar de volver aquí, ¿por qué no se los entrego en su casa a las 5:00 P.M.? ¿Le parece bien?

—¿De veras haría usted eso? —repliqué sorprendido.

—Por supuesto —me aseguró.

Con la confianza que nos inspiró Mona, Sheryl y yo salimos de la tienda despreocupados. Ella había aliviado cualquier estrés. Hacer negocios con ella resultaba fácil.

Más tarde ese mismo día, estábamos en nuestra habitación haciendo las maletas cuando timbró el intercomunicador. Recuerdo haber mirado mi reloj: eran las 4:00 P.M. Apreté el botón y escuché:

—Todd, es Mona. Sé que he llegado una hora más temprano, pero aquí tengo sus pantalones.

Le abrí la reja y nos encontramos en la puerta del frente.

—Estoy segura de que le quedarán perfectos —dijo Mona mientras me entregaba los pantalones—, pero por si acaso, ¿por qué no va y se los prueba? Si no le quedan bien, los sastres trabajan hasta las 9:00 P.M.

Atendiendo su sugerencia volví a la habitación, me probé los pantalones y, como esperaba, me quedaron perfectos. Regresé a la entrada con el pulgar en alto y le agradecí su increíble servicio. La acompañé afuera y observé que en la entrada de autos había un Mercedes SL descapotable. Le pregunté a Mona:

—¿Es suyo?

—Sí —respondió.

—¿Cómo puede costearse un auto como ese? —le pregunté.

—Pues, haciendo por mis clientes lo que acabo de hacer por usted.

—¿Por qué? —volví a inquirir.

—Todd —me dijo—, usted me va a seguir comprando por el resto de su vida. Y también Sheryl. Y eso es muy importante para mí. Quiero que sepa que lo que necesite, si lo tenemos en Nordstrom, puede conseguirlo por mediación mía. Y aun si no lo tenemos, yo se lo conseguiré.

Entonces comprendí por qué Mona es miembro del Club Pacesetters, lo cual significa que vende más de 580.000 dólares anuales en productos de Nordstrom.

Mientras caminábamos por detrás de su auto, observé alrededor de la placa un letrero que decía: «SERVIR». También noté que en la parte trasera había colgadas cinco entregas más para otros clientes. Y era un domingo. Entonces comprendí que tenía razón. Mi esposa y yo nunca más le compraríamos a otro dependiente en Nordstrom. Sólo a Mona. Seríamos sus clientes de por vida.

Experiencia de servicio # 2: Su nombre era Luis. Sheryl y yo habíamos acabado de salir del mismo hotel de Nevis al que habíamos viajado cinco años antes cuando conocimos a Mona. Nuestro avión

LA LEY DE LA REPETICIÓN

llegó a Puerto Rico, donde abordamos nuestro vuelo a Dallas, ciudad en la que haríamos la conexión para nuestro vuelo final a San Diego. Ya sentados en el avión, presentí que algo andaba mal; y no me equivoqué. La hora del despegue llegó y pasó y todos nos preguntábamos qué estaría ocurriendo. Fue entonces cuando el capitán dijo por el intercomunicador: «Señores, no hay ningún problema con el avión, pero para poder despegar, necesitamos autorización de nuestro centro de mantenimiento en Estados Unidos; sólo entonces estaremos listos para partir. Ellos nos enviarán un correo electrónico, lo haremos imprimir y saldremos». Parecía bastante simple. Pero casi noventa minutos más tarde y todavía en tierra, empecé a preguntarme qué pasaría. Entonces nos dijeron que sólo había una impresora y estaba rota.

Por fin despegamos, pero para entonces comprendí que nuestra conexión en Dallas iba a ser bastante apretada. Me imaginé que si aterrizábamos a tiempo, podríamos llegar a la puerta de salida de nuestro vuelo a San Diego veinte minutos antes. Todo sucedió como estaba planeado, pero para estar seguros, pedimos a la aeromoza en nuestra puerta de llegada que hiciera contacto con la puerta de salida, para informarles que estábamos en tierra y que llegaríamos tan pronto como pudiéramos.

Ella hizo la llamada y echamos a correr. Diez minutos después llegamos, sofocados, a la puerta y le presentamos nuestros boletos a Luis.

—Lo siento —dijo—, el vuelo ya está cerrado.

—¿Cómo? —respondí aturdido—. ¡La agente de la otra puerta le llamó y le informó que ya veníamos hacia acá!

—Entiendo —dijo—, pero la política dice que si usted no está aquí veinte minutos antes de la partida, sus asientos pueden ser asignados a otras personas.

—Tengo dos boletos de primera clase —repliqué, ya frustrado—. Además, soy un viajero frecuente de esta aerolínea. Usted recibió una llamada de otra empleada informándole que veníamos, ¿y aún así asignó mis asientos?

—Señor —dijo—, esa es nuestra política y este vuelo está completo. Como puede ver nos estamos preparando para el despegue y ya no puedo dejarle pasar.

—¿Tampoco puede llamar a la aeromoza para que me devuelvan mis asientos? —le pregunté.

—No, señor.

—Si el vuelo ya está saliendo —continué—, ¿cómo es que todavía están cargando el equipaje?

—No lo sé señor —replicó en tono monótono—. Ese es otro departamento.

Una media hora más tarde, cuarenta minutos después de que llegáramos a la puerta de salida, el avión con destino a San Diego desatracó de la terminal y nosotros no íbamos a bordo.

Dos horas después abordamos otro avión hacia San Diego. Las puertas estaban cerradas y estábamos listos para empezar a retroceder. Pero para mi sorpresa, la puerta del avión estaba abierta y dos pasajeros entraron. Entonces la cerraron de nuevo. Cinco minutos más tarde, se volvió a abrir. El capitán dijo por el intercomunicador que la razón de que la hubieran abierto dos veces había sido acomodar a pasajeros con conexiones apretadas. Podrá imaginar mi frustración.

Días después de llegar a casa, envié una carta a la aerolínea para informarles sobre mi frustrante experiencia. Una semana después recibí un formulario con un crédito de 10.000 millas sobre mi millaje acumulado. No se si conoce los programas de millaje, pero para alguien como yo que vuela miles de millas al año, 10.000 millas no son nada. Era lo último que necesitaba. Lo que Luis comenzó, el departamento de servicio al cliente lo terminó. Y como resultado perdieron a un cliente leal. He volado casi 4 millones de millas con esa aerolínea. Era la que siempre usaba. Pero debido a una estupidez y a una incapacidad para encontrar una solución justa, me perdieron por el resto de mi vida. ¿Y sabe qué más? También podrían perder a las personas a quienes les cuente esa experiencia. Al final, un servicio deficiente destruyó mi confianza en la aerolínea. Y no han hecho nada por reconquistarla.

El costo de un mal servicio

No he exagerado ni una pizca este contraste de servicios que le he referido. Lo cierto es que por mediación de Mona, Nordstrom ganó un cliente vitalicio y que gracias a Luis, esa importante aerolínea perdió a otro. En el capítulo anterior le mostré cuán valiosos pueden ser los clientes cuando usted retiene con ellos una relación de alta confianza de por vida. Espero que ya esté convencido de que necesita servirles continuamente a fin de maximizar su fracción del cliente. Ahora quiero mostrarle lo que sucede cuando usted crea clientes insatisfechos, para que entienda que las relaciones de alta confianza son un tesoro que se debe proteger y cuidar, incluso luchar por él cuando se comete un error.

Utilizando el modelo de valor de productos de mi compañía que presenté en el capítulo anterior, comencemos por suponer que el valor perdido de un cliente leal se basa en el hecho de que no volverá a comprarle a usted.

A. Valor perdido del cliente insatisfecho	- $2.500
Costo indirecto*	
B. Cliente insatisfecho lo cuenta a 10 personas (A x 10)	-$25.000
C. 13% de «B» lo dirá hasta a 20 personas (1.3 x 20 x $2.500)	-$65.000
D. Costo total indirecto	-$90.000
E. Ingresos perdidos por referencias negativas (B + C x 50 %, suponiendo que un 50 % que hubiera comprado no lo haga)	-$45.000
Costo total de un cliente descontento (A + E)	-$47.500

*Las estadísticas son de US Technical Assistance Research Laboratories en Washington D.C.

La moraleja es que sale más costoso defraudar las expectativas de los clientes que mantener las relaciones con ellos. De hecho, generalmente cuesta más perder a un cliente que lo que costó ganarlo. Lo que quiero que entienda es que una vez que ha construido una relación de alta confianza, no debe nunca permitir que esta se estanque, o lo que es peor, hacer algo que la arruine sin tratar de recuperarla. Esto podría arruinar su carrera de vendedor y posiblemente su carrera. Y la única manera de evitar que ocurra es comprometiéndose con un servicio coherente de agregación de valor.

EL SERVICIO ES LA SOMBRILLA DE LAS VENTAS DE ALTA CONFIABILIDAD

Si recuerda bien el capítulo 1, uno de nuestros estudiantes, Steven Marshall, reportó en su declaración de impuestos de 1992 un ingreso bruto ajustado de alrededor de 10.000 dólares; luego saltó en sólo seis años a ingresos de 800.000 dólares anuales. Pero eso es sólo parte de la historia. El año pasado duplicó sus entradas al ganar 1.6

millones de dólares en comisiones netas. Y lo hizo aplicando continuamente los mismos principios y prácticas que usted ha aprendido en este libro. Sencillamente creó alta confianza cliente por cliente y luego implementó un sistema para ofrecer en forma congruente a cada uno brillantes experiencias de servicio y agregación de valor.

> **Si usted se convierte en un vendedor confiable, puede construir una consumada empresa de ventas añadiendo valor significativo a sus clientes mediante un servicio de primera.**

Como ve, servir a su clientela no es sólo otro paso del proceso de ventas de alta confiabilidad, es la encarnación del proceso mismo, la culminación de una actuación de alta confianza que merece un aplauso pidiendo que le brinde su servicio de nuevo.

Todo lo que ha aprendido aquí se reduce a esto: Si usted se convierte en un vendedor confiable, puede construir una empresa de ventas consumada añadiendo valor significativo a sus clientes mediante un servicio de primera.

Hemos discutido cómo convertirse en un vendedor confiable. Hemos hablado de cómo construir un negocio de ventas confiable ofreciendo excelencia en las ventas y empleando sistemas de seguimiento de la mejor calidad. Lo único que nos queda por examinar es cómo mantener a sus clientes de pie y aplaudiendo aun después de que usted haya realizado sus negocios con ellos. Y eso es una cuestión de servicio.

Los siguientes son seis pasos ordinarios para proveer servicios extraordinarios a sus clientes hasta el día de su jubilación. Conviértalos en parte del credo de su empresa y en la sombrilla que amparará y sostendrá a su nueva compañía de alta confiabilidad.

Paso # 1: Decida el grado de calidad de su servicio al cliente. Hablo en serio. Usted debe fijar sus normas y conocer lo que espera de sí mismo, porque el servicio al cliente es una filosofía, no un departamento. El servicio es el corazón de las ventas de alta confiabilidad y debe correr por sus venas. Usted, y sólo usted, es responsable de cómo es tratado un cliente. Ninguna otra persona ni departamento de su compañía, ni la oficina de correos, ni Fed Ex, ni Xerox.

Y lo cierto es que si asimiló la ley del accionista, esta será una decisión fácil para usted. Examinando a numerosos vendedores profesionales de alta confiabilidad, he visto que todos asumen los elevados estándares de servicio de sus compradores. No hace falta decir que todos miran a las estrellas y asumen plena responsabilidad por el resultado.

No me destaqué muy temprano en mi carrera de vendedor, así que no entendía bien este concepto de servicio al cliente. Recuerdo con claridad una experiencia: No envié los formularios para una venta al lugar indicado en el momento indicado y mi clienta se enfureció. Me llamó por teléfono y empezó a recriminarme, a decirme que era un fracasado, me juró que nunca más haría negocios conmigo. Le respondí que no había sido mi culpa y que no era el fracasado que ella creía, que no me importaba si no volvía a hacer negocios conmigo otra vez. Tuvimos este intercambio, los dos alzando la voz y al final, ella colgó y yo creí que había ganado, pero en realidad había perdido. En cuestión de cinco días, otros cuatro clientes con los que trabajaba escucharon su historia y mis negocios con los cinco terminaron.

Decidir el grado de calidad que usted desea al servir a sus habituales es en realidad asunto suyo. Nadie lo hará por usted. Su compañía podrá advertirle que debe ofrecer un buen servicio. Incluso podrían entrenarle para ello. Pero hasta que usted lo crea internamente, no se manifestará externamente. Crear una gran cultura y experiencia de servicio comienza siempre por una visión. Y una visión es anticipación, con conocimiento, sobre la base de la experiencia. Una vez que articule su visión y la ponga por escrito, su enfoque en cuanto a las ventas cobrará nueva vida y usted creará una cultura de servicio que le conquistará clientes de por vida.

Paso # 2: Publique sus valores medulares y sus estándares de servicio. Oblíguese a rendir cuentas ante sus clientes. Hágales saber desde el principio a qué se compromete. Esta es la ley de la palanca en acción. Usted se sentirá compelido a actuar al más alto nivel si los valores y estándares de su servicio a los clientes están por escrito y los ha compartido con ellos. Por ejemplo, he aquí una copia de lo que nuestro cliente Tim Broadhurst, comparte con los suyos.

Broadhurst & Co.
Valores medulares

Los siguientes principios representan el compromiso que hacemos con cada cliente a quien tenemos oportunidad de servir. Estos principios han sido establecidos y afirmados y son vividos por cada miembro de mi talentoso y dedicado equipo.

Hemos decidido que, sin excepciones

➢ haremos preguntas y escucharemos a nuestros clientes a fin de comprender perfectamente sus necesidades,

➢ crearemos soluciones hipotecarias que complementen la estrategia financiera general de nuestros clientes y les permitan obtener de manera más efectiva sus metas financieras a corto y largo plazo,

➢ seremos sensibles a los temores que muchos propietarios de casas sienten en cuanto a tener un préstamo hipotecario y nos ganaremos su confianza como asesores confiables,

➢ respetaremos el tiempo de nuestros clientes y minimizaremos la cantidad de esfuerzos requeridos de ellos, aplicando nuestros conocimientos, experiencia y recursos,

➢ utilizaremos tecnología de vanguardia para complementar el servicio a nuestros clientes, haciendo cuando sean necesarios ajustes para evitar abrumar a aquellos con menor habilidad técnica,

➢ aseguraremos cierres fáciles y en tiempo, presentando por anticipado los costos y las condiciones,

➢ proporcionaremos a nuestros clientes el lujo de obtener en el futuro préstamos hipotecarios con poco esfuerzo de su parte, por mediación de una revisión anual de hipotecas,

➢ mediremos nuestro éxito por la disposición de nuestros clientes a recomendarnos con confianza,

➢ asumiremos plena responsabilidad por nuestros actos y seremos honestos en todo momento,

➢ procuraremos mejorar la calidad del servicio que proveemos, estimulando a cada cliente a evaluar críticamente nuestro desempeño,

➢ nos esforzaremos por honrar a Dios en todo lo que hagamos.

Una vez que usted ha publicado estos valores y estándares, garantice que se cumplan. Eso va más allá de las garantías de su producto. Tiene que ver con su nivel de servicio. En cuanto sea posible, *elimine los riesgos de hacer negocios con usted.* He conducido personalmente más de 3,500 seminarios o conferencias privadas para corporaciones grandes y pequeñas. Mi compañía siempre ha prometido plena satisfacción, con elementos específicos de lo que garantizamos. En el curso de estos eventos he hablado ante más de un millón de estudiantes. Nunca nos han solicitado un reembolso corporativo ni hemos hecho más de diez reembolsos por seminarios públicos. Cuando usted ofrece una garantía, refuerza su compromiso de cumplir.

Paso # 3: Acepte solamente los negocios que pueda manejar. Si no puede servir a sus clientes como debe, no acepte sus pedidos. Asegúrese de que sabe quién puede cumplir con el servicio prometido antes de generar una tonelada de negocios.

Recientemente hicimos una de las primeras reservaciones en un nuevo restaurante del centro comercial de San Diego. Era su primera noche en el negocio y mi esposa y yo estábamos impacientes por verles en acción. Los propietarios habían invertido millones de dólares en la decoración, decenas de miles en publicidad y miles en los empleados. Pero esa noche con nuestro servicio las cosas no salieron exactamente como las habían planeado.

Sheryl y yo fuimos rápidamente acomodados e informados de las ofertas especiales; nos entregaron nuestras cartas y nos preguntaron si queríamos algo de beber. Las bebidas llegaron y nuestro camarero tomó la orden de aperitivos y platos fuertes. Yo pedí el pollo *rotisserie* y Sheryl una combinación de carnes a la parrilla. Hasta ese punto todo iba bien.

Los aperitivos llegaron pronto y nuestro servidor nos prometió que los platos fuertes estarían listos en veinte minutos. Pero los veinte minutos pasaron y cuando ya llevábamos treinta esperando, el mozo nos informó que el cocinero había tenido un problema con el pollo y que todavía no estaba listo. Nos aseguró que sería cuestión de otros cinco minutos. De acuerdo. Pedimos otra bebida y seguimos charlando mientras pasaban otros diez minutos. Para entonces nos empezamos a preocupar. Unos cinco minutos después, a los cuarenta y cinco de haberlos pedido, llegaron nuestras bebidas y nuestros platos fuertes. Hemos tenido que esperar antes por una cena de calidad, así que hasta ese momento no estábamos pensando lo peor. Pero eso cambió rápidamente.

Mientras cortaba mi pollo, este explotó sobre mi traje y mi corbata. ¿Ya le dije que teníamos pensado ir al teatro después de la cena? Aparentemente para acelerar el proceso de cocción, el cocinero puso el pollo en una olla de presión y entre la piel y la carne de la pechuga quedó agua atrapada. No me veía muy elegante que digamos. Miré a Sheryl y vi que apenas podía cortar su *carne*. Estaba demasiado cocinada. Al parecer había esperado pacientemente bajo la lámpara de calor mientras mi pollo se motivaba. Yo, definitivamente, no estaba de buen humor.

Por fortuna para el restaurante, la historia no terminó allí. Pero eso se lo contaré en el paso 7. En cuanto al paso 3, recuerde que nunca debe abrir sus puertas a menos que esté listo para cumplir.

Paso 4: Encueste a sus clientes antes, durante y después de la venta. Si publica sus valores medulares y sus estándares de servicio y los comparte con sus clientes, entonces siempre tendrá un propósito para encuestarlos. Un error que cometen los vendedores profesionales –además de no encuestar en absoluto a su clientela– es realizar encuestas sólo después de que la transacción se ha completado y la venta se ha hecho. Entonces es demasiado tarde. Si en algún momento no están satisfechos y usted continúa con la transacción, habrá estampado en sus mentes la experiencia negativa. A partir de ahí todo irá cuesta abajo.

Recientemente mi esposa yo compramos un nuevo auto utilitario deportivo Toyota Sequoia, en el concesionario Toyota de Orange. Fue la experiencia de servicio más increíble que hemos tenido. El concesionario realizó una larga entrevista inicial que sin duda creó confianza y condujo a nuestra compra. Sin embargo, como habíamos puesto una orden especial, la entrega del auto sería en dos semanas. A pesar de ello, me llamaron en múltiples ocasiones entre la orden y la entrega. Recibí tarjetas y llamadas de agradecimiento aun antes de recoger el vehículo. Cuando llegué al concesionario, Joe, el gerente general, me preguntó cómo había sido mi experiencia hasta ese momento. Se me dijo que Toyota estaría realizando una encuesta después de la compra y que deseaban saber cómo respondería yo si me preguntaran. ¿Qué podía decirle, sino que la experiencia había sido impecable?

Bill, el vendedor profesional, pasó media hora conmigo mostrándome cómo operar todas las funciones del automóvil y antes de que me fuera inquirió si tenía alguna otra pregunta. Luego, de camino a casa, me llamó al teléfono móvil para preguntarme cómo me iba y si tenía alguna pregunta. Tres días después recibí una tarjeta de agradecimiento del gerente general, el gerente de ventas y mi vendedor. Luego, una llamada telefónica del departamento de servicio al cliente del concesionario. Y un mes más tarde, una encuesta de Toyota. Después de devolver el cuestionario, me enviaron un hermoso portadocumentos para la guantera.

No importa si la venta es tan grande como la de un automóvil, o tan pequeña como la de una cena agradable: la experiencia de servicio puede hacer o deshacer la alta confianza. Recientemente Sheryl y yo cenábamos en un maravilloso restaurante de San Diego llamado Plateau. Había sido una increíble experiencia hasta ese momento, suave como la seda. Habíamos terminado con nuestros platos fuertes y nuestro camarero se acercó con lo que parecía ser la cuenta. Me pareció raro, hasta que nos dijo: «Les damos las gracias por venir esta noche. Esperamos que regresen. Sabemos que tenemos que ganarnos su lealtad, así que antes de traerles su cuenta quisiera ofrecerles un postre o un licor digestivo, cortesía de la casa a cambio de que llenen este breve cuestionario. ¿Les parece bien?» Era un inmejorable servicio que merecía un aplauso.

Paso # 5: Promesas conservadoras y entregas abundantes. Uno de los errores más grandes que cometen los vendedores es prometer demasiado y entregar poco. No diga a los clientes que sus pedidos serán servidos en un día si esto no es posible. No les diga que estará en la cita a las 6:00 P.M. si no podrá estar a esa hora. Nunca les diga que les llamará de vuelta en cinco minutos. Tampoco, que la cuenta es de 3.000 dólares si les va cobrar 3.200. Los vendedores profesionales de alta confiabilidad no necesitan hacer esto. Cuando usted tenga un sistema eficiente en vigor para diseñar y entregar soluciones a las necesidades de sus clientes, será capaz de fijar y satisfacer con precisión las expectativas de estos sin necesidad de ofrecer promesas insustanciales. Y además, si ha establecido alta confianza no sentirá la necesidad de prometer demasiado a fin de retener el interés de un habitual. Recuerde que ellos confían en usted.

Paso # 6: Conozca sus puntos impresionantes. Esta es fácil. Quédese sentado por los próximos treinta minutos y haga una lista de los cinco a diez puntos del proceso de ventas que la mayoría de sus clientes consideran más importantes. Estos se convertirán en los puntos del proceso de ventas donde usted dará a los clientes actualizaciones del estatus de sus pedidos para mantenerlos bien informados. Por ejemplo, si el pedido ha sido presentado hágaselo saber. Cuando la orden se esté procesando, infórmeselo también. Cuando se haga el envío, déjele saber al cliente. Luego automatice este sistema y siga la pista a estos puntos clave. Lo que esto consigue –particularmente cuando usted dice a sus clientes desde el principio que lo piensa hacer– es eliminar en lo posible las ansiedades y dudas del comprador.

Paso # 7: Recuperación maestra del cliente. Una de las estrategias de servicio más soslayadas para mantener la lealtad de un habitual se encuentra en el área de la recuperación de clientes. La mayoría de los vendedores no saben reparar ni recuperar relaciones que han sido dañadas. Pero cuando usted comience a ver una falla en el servicio a un cliente como un fracaso del cien por ciento en la atención al mismo, deseará emprender pasos para recuperar confianza.

Déjeme contarle una historia sobre un cliente nuestro llamado Tom Ward. Durante varios años él y su equipo habían asistido a nuestro evento de «Maestría en Ventas». Invertían fácilmente 25.000 dólares por año en nuestros seminarios y recursos de aprendizaje.

Pero desde muy temprano en mi carrera de conferencista he dejado que mi ego se interponga en el camino de mi propósito y hubo un año particular en el que mi cabeza estaba un poco llena de humo. A decir verdad, me portaba como un zoquete. No estaba ofreciendo a mis estudiantes el mismo valor que en años anteriores. Apenas me concentraba en mi presentación. Vendía mi producto como si fuera un representante de los cuchillos Ginsu. Básicamente lo estropeé todo y perdí a Tom y a su equipo como clientes. En los dos años siguientes se ausentaron de nuestros eventos.

> *Cuando la eche a perder con un cliente,*
> *no huya de él: ¡Corra hacia él!*

Pero antes de terminar con la historia de Tom permítame ofrecerle un ejemplo de cómo recuperar a un cliente. Le llevo de regreso a mi «pollo con actitud».

¿Recuerda el pollo que estalló sobre mi corbata y mi camisa en aquel restaurante recién inaugurado? He aquí lo que sucedió después de aquella experiencia desastrosa. El camarero se disculpó y nos dijo que preguntáramos por él la próxima vez para asegurarse de que no volviera a suceder. Luego nos presentó la cuenta. Sin descuentos. Me sentí defraudado, así que envié una carta al propietario, esbozando lo que el camarero debió haber hecho. Son los mismos pasos que se deben dar para recuperar a un cliente de alta confianza a quien se ha servido deficientemente:

> ➤ Confesar. Dígale al cliente que usted ha cometido un error y discúlpese. No culpe a nadie.

> ➤ Corregir. Dígale lo que piensa hacer para solucionarlo.

> ➤ Comunicar. Hágale saber al cliente que usted lo valora y que desea otra oportunidad y ofrézcale un incentivo para que vuelva.

El propietario me envió una carta en la cual:

> ➤ se disculpaba y asumía plena responsabilidad,

> ➤ descontaba de mi tarjeta American Express la cantidad
>   que importó la cena y ofrecía pagar la cuenta de mi traje
>   en la tintorería,

> ➤ me enviaba un certificado de regalo para cuatro personas,
>   sin límite monetario.

¿Sabe que ocurrió? Pues que regresamos, disfrutamos de un ser-vicio increíble y desde entonces hemos cenado allí varias veces. Es uno de nuestros restaurantes favoritos. Esto demuestra que aunque usted pueda recibir un mal servicio un día, un cliente efectivamente recuperado puede convertirse en uno de los mejores.

Volviendo a Tom, el empresario a cuyo equipo impartí un defi-ciente seminario, hice por él lo mismo que el propietario del restau-rante hizo por mí. Me desajuste, presté atención a lo que debí haber hecho, puse mi ego a un lado, le comuniqué mi nuevo compromiso con él y le pedí que nos diera otra oportunidad. Hoy en día Tom y yo somos los mejores amigos y el año pasado fue reconocido como «Cliente del año» de mi compañía, una distinción que se otorga al cliente que agregue el mayor valor a nuestra empresa en cuanto a ideas que nos ayuden a servirles mejor.

Siempre que esté dentro de sus posibilidades realizar una tarea que ellos le pidan, diga a sus clientes de alta confianza que puede hacerlo.

Paso # 8: Haga lo que tenga que hacer. No les diga a los clientes que no puede hacer algo sólo porque no es «típico» o «normal»: si ya hizo sus deberes, reclutó y consiguió a los mejores prospectos y aseguró una alta confianza con sus clientes, tiene que seguir compro-metido a hacer lo que sea necesario por mantenerlos, como hizo Mona en Nordstrom por mí. Ella no tenía que entregar los pantalo-nes en mi casa. Era domingo, fin de semana. Pero lo hizo porque reconoció que podía agregarme más valor permitiendo que Sheryl y yo nos quedáramos en casa haciendo las maletas para nuestro viaje.

Siempre que esté dentro de sus posibilidades realizar una tarea que ellos le pidan, diga a sus clientes de alta confianza que puede hacerlo. Haga lo que sea necesario para permitirles experimentar su firme compromiso de proveerles exactamente lo que necesitan y desean, más un diez por ciento adicional en cada ocasión. A eso se le llama excelencia en el servicio.

VENDER TODA LA VIDA

Hemos completado el ciclo. Hemos pasado horas juntos discutiendo lo que se necesita para convertirse en una persona digna de la mayor confianza de sus prospectos y clientes. Hemos hablado sobre cómo construir un negocio de ventas lucrativo sobre cimientos de alta confianza y bajo la sombrilla de un servicio que agregue valor. Hemos conversado acerca de muchos pasos y conceptos vitales para su éxito y satisfacción como vendedor. Pero hasta este momento todo lo que hemos hecho es hablar. Ahora es el momento de echar a andar por la senda de las ventas de alta confiabilidad.

No puedo hacer nada para evitar que usted lea este libro y siga sin hacer nada diferente en su carrera de ventas. Pero espero que no sea ese el caso, porque los principios y prácticas de ventas que hemos discutido harán adelantar inmensamente algo más que su carrera de vendedor: las ventas de alta confiabilidad mejorarán radicalmente su vida. Ahora somos vendedores de alta confiabilidad y eso significa que no vendemos sólo por vender. No estamos en esta profesión sólo para enriquecernos. Vendemos porque creemos que lo que hacemos mejora las vidas de otras personas. Creemos que cuando nos asociamos con otros –sea para proveerles copiadoras, automóviles, servicios financieros, o viviendas– les ofrecemos una forma más abundante de trabajar y de vivir... y eso nos proporciona una carrera y una vida más abundantes.

Como profesionales de las ventas de alta confiabilidad, sabemos que una verdadera realización se logra como resultado de haber agregado valor significativo a las vidas de otros, no sólo con el producto o servicio que les suministramos, sino también con el método por el cual nos hemos comunicado, la honestidad con la cual hemos realizado nuestros negocios, la integridad con la cual hemos preservado la relación y el respeto con el cual hemos honrado a cada individuo. Estas son las cosas que hacen de nuestra profesión una de las mejores que existen. Son las cosas que hacen importantes las ventas.

Y son las prioridades que no sólo nos proporcionan más y más negocios; sino que nos infunden más y más vida.

Al final, vender sólo importa cuando uno ha proporcionado más vida: a sus clientes y a sí mismo. Comprendo esto ahora más que nunca. Mientras termino de escribir este libro, mi esposa Sheryl acaba de finalizar su sexta y última ronda de quimioterapia. La semana próxima, comienza el tratamiento de radiaciones. Hace unos meses, cuando los médicos descubrieron el cáncer en su cuerpo, fue uno de los momentos más terroríficos de nuestras vidas. Desde ese día nuestras vidas y las de nuestros dos hijos de cuatro y seis años han cambiado en formas que nunca imaginamos. Pero por la gracia de Dios, estábamos preparados. No sólo como individuos que colocamos nuestras vidas en las manos de Dios, sino también como una familia que considera a cada uno de sus miembros como la más alta prioridad en su lista. Sí, yo soy un vendedor profesional. Pero no soy el mismo de hace veinte, diez o hasta cinco años. Afortunadamente ha habido muchas escalas a lo largo del camino en las que he aprendido y aplicado las diferentes lecciones y principios que hemos discutido en este libro. Y nada ha sido tan importante –especialmente en estos tiempos– como aprender que existen cosas de más relevancia en la vida que los artículos que vendemos. Cuando el arte de vender complementa estas cosas, cuando agrega valor a lo que es más preciado en nuestras vidas y en las de nuestros clientes, entonces vender tiene sentido. Entonces es un verdadero privilegio. Entonces podemos estar complacidos y orgullosos de ser vendedores profesionales.

Reconocimientos

U n libro como este no sucede de la noche a la mañana. En realidad me tomó treinta años escribirlo. Mi entrenamiento como vendedor comenzó desde la época en que salí a vender por primera vez caramelos puerta por puerta para las Ligas Infantiles. Cometí muchos errores mientras aprendía el oficio y desde la primera venta hasta ahora me he convencido de que el éxito en esta profesión no sucede accidentalmente: ocurre por diseño. Muchas personas tuvieron una influencia significativa sobre mí al principio de mi carrera y sin ellos este libro no habría sido posible.

Puedo decir sin reservas que Norman Vincent Peale y W. Clement Stone contribuyeron en gran medida a mi éxito –y por tanto a este libro– mientras yo era un adolescente. Sus obras *The Power of Positive Thinking* y *Success Through a Positive Mental Attitude*, se clasifican entre las primeras de mi lista de libros de todos los tiempos que no debe dejar de leer cualquier vendedor que esté luchando por triunfar.

Antes de que fueran mis amigos, Tom Hopkins, Zig Ziglar, Ken Blanchard y Brian Tracy me suministraron las ideas, el conocimiento, la orientación y la asesoría necesarias para triunfar muy temprano en mi carrera de vendedor. Su inspiración, su entrenamiento en ventas y liderazgo y su motivación me dieron el constante impulso ascendente que necesitaba para elevarme como profesional de las ventas y propietario de negocios. Gracias a ustedes cuatro.

También quisiera agradecer a mi amigo y colega Bill Bachrach, autor de *Values Based Selling* y una temprana inspiración de muchos de los principios de alta confianza que he desarrollado en los últimos quince años. Aprecio mucho su amistad.

En 1996 conocí al Dr. John Maxwell. En enero 14 del 2000 cenamos juntos y aquella noche cambió el curso de mi futuro como ninguna otra. John se ha convertido en un querido mentor y amigo.

Como resultado, desarrollé una relación con Dennis Worden, actual presidente del Grupo Duncan y bajo su liderazgo la organización ha alcanzado nuevas alturas de éxito. Gracias, Dennis, por tu corazón de siervo y tu compromiso con el liderazgo: estás haciendo una gran diferencia.

Quiero dar las gracias a todo el equipo del Grupo Duncan: a David, Chris, Matt, Peggy, Vivienne, Paul, Suzanne, Tiffani, Jonathan, Melony, Shelly y mi asistente ejecutiva, Amy, por haberse unificado bajo nuestro propósito y visión comunes a fin de utilizar los principios de las ventas de alta confiabilidad para ayudar a decenas de miles de personas cada año a llevar sus negocios y sus vidas a nuevos niveles de éxito.

Quiero agradecer a mi escritor, Brent Cole. Eres un verdadero regalo para nuestra institución y para mí. Tomar mis palabras y organizarlas en una obra abarcadora y atractiva es una tarea increíble. Este libro es un tesoro de información gracias a lo que tú hiciste. Nuestra relación me ha bendecido y quiero que sepas que en este y en cualquier otro proyecto en que nos hemos asociado, tú nos has elevado a un nuevo nivel. Estoy muy agradecido por eso.

Muchas gracias a mi querido amigo y asociado, Daniel Harkavy, presidente de Building Champions. Tu compromiso con ayudarme a lograr un final fuerte fue inapreciable.

Por último, a las decenas de miles de estudiantes que han demostrado que las ventas de alta confiabilidad funcionan: quiero darles las gracias por confiarme su carrera y les aliento a mantener el rumbo mientras continúan en su papel de asesores confiables de sus clientes. Que su viaje por la vida sea bendecido con más éxito y significación de la que han soñado.

Acerca del autor

inston Churchill dijo una vez:

«Usted puede avanzar cada día. Cada paso suyo puede ser fructífero. Sin embargo, delante de usted se extenderá un sendero que siempre se alarga, siempre asciende y siempre mejora. Usted sabe que no llegará al final del viaje. Pero esto, lejos de descorazonarle, sólo contribuye al gozo y la gloria del ascenso».

➢ En los últimos veintidós años, Todd Duncan ha sido partícipe del «gozo y la gloria del ascenso», ayudando a profesionales de las hipotecas en su viaje hacia la excelencia profesional y personal.

➢ El sendero «siempre ascendente» de Todd le ha llevado de Novato del Año a Vendedor del Año, a actual líder del Grupo Duncan, reconocido como una de las más importantes compañías de entrenamiento en ventas de Estados Unidos.

➢ Él es el autor de cinco libros.

➢ Todd ha conducido más de 3,500 seminarios y talleres, impactando a vendedores de todo el mundo; más de un millón de vendedores profesionales pueden dar testimonio de la efectividad del entrenamiento en ventas proporcionado por Todd Duncan, y muchos de estos profesionales han logrado ganancias bien documentadas de entre 28% y 300%.

> ➤ Todd se mantiene actualizado y con los pies en la tierra entrevistando de manera regular a vendedores de élite que ingresan entre 250.000 y 2 millones de dólares anuales en comisiones. Y, en asociación con Building Champions, monitorea regularmente los resultados de sus entrenamientos, lo que ha ayudado a convertir al Grupo Duncan en una de las compañías de entrenamiento en ventas más respetada a nivel profesional y personal de los Estados Unidos.

TRAMPAS DEL TIEMPO

DISPONIBLE EN INGLÉS

FROM THE AUTHOR OF THE NATIONAL BESTSELLER HIGH TR

TODD DUNC

TIME

TRAPS

PROVEN STRATEGIES FOR SWAMPED SALESPEOPLE

ISBN: 0785263233

CARIBE-BETANIA EDITORES
Una división de Thomas Nelson Publishers

www.caribebetania.com